Gunter Holzweißig · Zensur ohne Zensor

Gunter Holzweißig

Zensur ohne Zensor

Die SED-Informationsdiktatur

1997

BOUVIER VERLAG · BONN

ISBN 3-416-2675-6

Umschlaggestaltung: Michael Fischer, Köln. Satz: Bouvier Verlag Bonn. Druck und Einband: Druckerei Plump, Rheinbreitbach. Gedruckt auf säurefreiem Papier.

Für Heide

Inhalt

Vorbemerkungen

"Unsere Presse - die schärfste Waffe der Partei" lautete das auf Lenin zurückgehende Motto der ersten Konferenz des SED-Parteivorstandes im Februar 1950 über die Aufgaben der Presse.[1] Verbunden war damit die Propagierung der "Presse von neuem Typus" und es begann die planmäßige Einbindung der gesamten Presse, des Hörfunks sowie bald darauf auch des Fernsehens in die offensive, letzlich jedoch gescheiterte Machtabsicherung der "führenden Rolle" der Partei. Deren Programm und Beschlüsse galten seit ihrer Gründung im Jahre 1946 als Richtschnur für jeden Journalisten, auch wenn er nicht der SED angehörte. Damit waren die Grundlagen zur systematischen Ausgestaltung der Medien zu einem der wichtigsten Herrschaftsinstrumente der SED gelegt. Die alleinige Verfügungsgewalt über die Produktionsmittel, zu denen natürlich auch die Verlage und die Druckereien gehörten, diente in der Folgezeit gleichermaßen dem Machterhalt.

Diese Hypothese mag erstaunen, denkt man bei der Herrschaftssicherung der SED doch zunächst an die menschenverachtenden Praktiken der staatlichen Repressionsinstrumente, die politische Justiz und vor allem an das Ministerium für Staatssicherheit. Doch deren Aufgaben waren vorrangig defensiver Natur. Sie mußten in erster Linie die Kommandowirtschaft und das Meinungsmonopol der Partei vor öffentlicher Kritik und widerständigem Verhalten von Regimegegnern schützen. Nicht von ungefähr verstand sich deshalb das MfS als "Schild und Schwert" der Partei. Die flächendeckende Überwachung und die sogenannte "politisch-operative" Sicherung des Partei- und Staatsapparates, dem auch die Medien unterstellt waren, gelangen dem MfS weitgehend perfekt. Aber auch im Alltag gab es für den Bürger kein Entrinnen vor der "wissenschaftlich begründeten Weltanschauung des Marxismus-Leninismus". Das marxistische Glaubensdogma galt als sakrosankt und rechtfertigte stillschweigend zur pseudowissenschaftlichen Absicherung des staatlichen Macht- und Meinungsmonopols selbst widersprüchliche parteiamtlich verordnete Sprachregelungen des SED-Zentralkomitees, dem gefürchteten "Großen Haus" am Werderschen Markt in Berlin. Man mußte daher die jeweils gültigen Sprachregelungen im Berufsleben, in der Ausbildung oder in der gesellschaftlich organisierten Freizeit kennen, um sich entweder dem System anpassen oder sich kritisch mit ihm auseinandersetzen zu können. Deshalb hält der frühere Bürgerrechtler

Wolfgang Thierse rückblickend auch die Anweisungen des Presseamts für die Blockparteizeitungen für ebenso entlarvend wie die Sprache der Stasi-Akten:

"Die Sprachregelung war ein alles überwölbender Gessler-Hut, den nicht nur die Zeitungsredakteure zu grüßen hatten, sondern eigentlich jedermann zu jeder Zeit. Erkennbar also war die gewünschte 'staatsbürgerliche Einstellung' eines DDR-Bewohners an der Einhaltung dieser Sprachregelung."[2]

Sie prägte im übrigen sowohl die am vorgebenen Feindbild orientierte Schützengrabenmentalität in der Umgangssprache der Funktionäre als auch die der totalitären Systemen eigenen, aus der Unterdrückung heraus erwachsene "Sklavensprache" der Mitläufer. Kennzeichnend waren dafür die einen jederzeitigen Rückzug möglich machenden umgangssprachlichen Redewendungen. Dazu gehörte beispielsweise die Floskel "abnicken" statt der eindeutig autorisierten Zustimmung. Wurde jemand innerhalb einer Arbeitsgruppe zum verantwortlichen Leiter eines Projekts bestimmt, so hatte er lediglich "den Hut auf". Wenn ein "differenziertes Auswertungsgespräch" anberaumt wurde, mußte der Betroffene   Schlimmes befürchten. Wenn auf eine "Zielstellung" - richtig wäre "Zielsetzung" gewesen - "orientiert" wurde, so hatte man dies natürlich als eine verbindliche Weisung zu betrachten. Die Ursachen für eindeutige Fehlerquellen wurden selten präzise benannt. Man umschrieb stattdessen lieber die Gründe, denen sie "geschuldet" waren. In Vorlagen zu Problemlösungen und Entscheidungsfindungen strapazierte man die "Variante" über Gebühr, um notfalls seinen abweichenden Standpunkt sofort korrigieren zu können. Selbstverständlich galten die sogenannten "Empfehlungen" an die Medien - übrigens keinen Deut anders als unter Reichspropagandaminister Goebbels - als verbindliche Anordnungen, die von den Journalisten ohne Abstriche strikt zu befolgen waren. Eine Fülle von Beispielen dieser Art ließe sich noch aufzählen. Sie belegen allerdings keineswegs die von selbsternannten westdeutschen Experten unterstellte Auseinanderentwicklung der deutschen Sprache in der langen Zeit der Teilung des Landes.

Sprachregelungen, so fährt der bereits zitierte Wolfgang Thierse fort, konnten aber auch auf subtile Weise Sprachverweigerung erzeugen:

"Wer 'hier' sagte, statt 'bei uns in der DDR', signalisierte schon eine deutliche Reserve, wer im Vorwort zu einem - sagen wir -

Sachbuch über Getreidemilben den Hinweis auf 'die Errungenschaften der sozialistischen Landwirtschaft im Lichte der Beschlüsse des n-ten Parteitages der SED' unterließ, der mußte sich schon auf Zensur-Prädikate wie 'objektivistischer' oder 'bürgerlicher' Wissenschaftler gefaßt machen."
Journalisten betraf dies ebenso. Manche von ihnen - beispielsweise Feuilleton- oder Wissenschaftsredakteure - meinten und glauben dies auch noch heute, sie hätten dennoch über Freiräume verfügt. So auch der Chefredakteur von Radio Brandenburg, Christoph Singelnstein, der zu DDR-Zeiten unter anderem Kulturredakteur beim Berliner Rundfunk war. Er macht nachträglich "drei Sorten von Journalisten" aus. Solche, die Journalistik studiert hätten und dann in der aktuellen Berichterstattung lügen mußten, andere, die mit einer Fachausbildung in Fachredaktionen Tabus antasten konnten und schließlich solche, die im Bereich von Kunst und Kultur Tabus auch zu brechen vermochten.[3]

Tatsächlich verfügten DDR-Journalisten - was durch einschlägige Beispiele noch zu belegen sein wird - über keine echten Freiräume, sondern allenfalls vereinzelt über eng begrenzte Spielräume, die entweder von der Parteiführung aus taktischen Gründen gewollt oder der Aufmerksamkeit des permanent mit Kontrollaufgaben überlasteten Apparates entgangen waren. Ein Freiraum wäre im übrigen nur dann vorhanden gewesen, wenn beim öffentlichen Antasten von Tabus keinerlei persönliche Konsequenzen zu befürchten gewesen wären. Dies zu belegen, dürfte den Verfechtern von angeblich vorhandenen Freiräumen wohl kaum gelingen. Ihr Verweis auf "Nischen" im Feuilleton einiger Zeitungen und Sender verfängt nicht. Auch die seinerzeit für populäre Medien und Sendungen tätigen Journalisten - beispielsweise bei der "Wochenpost", dem "Sonntag", der Alltagsprobleme kritisch aufgreifenden Fernsehsendung "Prisma" oder bei Jugendradio DT 62 - wissen ein Lied von den Auflagen und Maßregelungen der Agitationsbürokraten des Zentralkomitees zu singen. Einerseits sollten sie das Kunststück vollbringen, unkonventionell, jedoch stets parteilich ihre journalistischen Fähigkeiten einzusetzen, um kritisch eingestellte Intellektuelle und Jugendliche anzusprechen. Andererseits drohten ihnen umgehend Sanktionen, wenn sie dabei unversehens an die Schwelle zur Glaubwürdigkeit gelangten. Deshalb verwundert es nicht, daß sich die Journalisten, sofern sie keine Überzeugungstäter waren, freiwillig der Selbstzensur unterwarfen.

Lothar Bisky, der als Medienwissenschaftler in Leipzig und von 1986 bis 1990 als Rektor der Hochschule für Film und Fernsehen in Potsdam-Babelsberg von seinen Studenten geschätzt wurde, weil er die ihm zugebilligten spezifischen Spielräume extensiv zu nutzen vermochte, macht es sich gewiß zu einfach, wenn er rückblickend meint, man hätte die Vorgaben der Parteiführung auch ignorieren können. Einerseits trägt er damit zur Vergangenheitsverklärung bei, andererseits widerlegt er sich selbst, wenn er versucht, die Folgen politischer Unbotmäßigkeit zu verharmlosen:

> "Ich verachte diejenigen, die jetzt immer sagen, man mußte alles mögliche machen. Das stimmt nicht. Was hatte man denn in der DDR verloren, wenn man nicht mehr Rektor oder Dozent war? Eine Arbeit hat man doch immer irgendwie gekriegt. Es war mehr möglich, als immer behauptet wird."[4]

Da bleibt die Frage: Welcher Journalist oder Wissenschaftler, der an seinem Beruf und auch an seinen Privilegien hing, hätte wohl seine Abschiebung in die Produktion als eine erstrebenswerte Alternative betrachtet?

Agitation und Propaganda dienten den regierenden kommunistischen Parteien als Herrschaftsinstrumente. Beide Begriffe sind außerhalb totalitärer Denkstrukturen negativ besetzt. Sie gehen auf Lenin zurück, der im Leitartikel der "Iskra" (Jg. 1901/Nr. 4) unter der Überschrift "Womit beginnen?" verlangt hatte, die Zeitung müsse ein "kollektiver Agitator, Propagandist und Organisator" sein. Lenins Epigonen wiesen diese Funktionen auch den elektronischen Medien zu, die ihnen noch effektivere Möglichkeiten zur vergeblich angestrebten "Massenwirksamkeit" ihrer Medien zu bieten schienen.

Bei dem übrigens im deutschen Exil verfaßten "Iskra"-Artikel hatte Lenin - was vielfach übersehen wurde - allerdings hauptsächlich die Organisation der vorrevolutionären konspirativen Arbeit im Sinn. Dennoch erhob die SED in den 40er Jahren bei ihrer Übernahme der inzwischen stalinistisch geprägten sowjetischen Medienstrukturen Lenins längst überholte Anforderungen an das Berufsbild des Journalisten zum Dogma. Der im Untergrund wirkende "kollektive Organisator" der Revolution mutierte dabei allerdings zum Planerfüllungsgehilfen der Kommandowirtschaft. Die Tätigkeitsmerkmale des Agitators und des Propagandisten grenzte man in der Praxis nie eindeutig ab. Das Kürzel "Agit-Prop-Arbeit" verwischte zusätzlich deren Aktionsfelder.

Im Selbstverständnis der SED galt die Propaganda als "Herzstück" ihrer ideologischen Arbeit bei der systematischen Verbreitung der Lehren des Marxismus-Leninismus im Rahmen der Schulung ihrer Mitglieder. Die Agitation orientierte sich demgegenüber in erster Linie am tagespolitischen Geschehen und sollte die breite Öffentlichkeit hauptsächlich über die Presse, den Hörfunk und das Fernsehen mit den taktischen Winkelzügen und "jähen" Kurswechseln der Partei im jeweils für zweckmäßig gehaltenen Umfang vertraut machen.

Der parteiinterne Spott brachte den schwer zu vermittelnden Unterschied zwischen Agitation und Propaganda auf den Punkt: Die Propaganda liefert die wissenschaftliche Begründung für die freie Fahrt auf der großen breiten Straße in die lichte Zukunft des Kommunismus, während die Agitation mit der Durchsage der Umleitungen und Schlaglöcher vollauf beschäftigt ist.

Seit Anfang der 70er Jahre erfuhren die hierarchischen Strukturen der SED-Medienbürokratie keine grundlegenden Veränderungen mehr. Deren wechselnde Organisationsformen in früheren Zeiten resultierten zumeist aus der ständigen Unzufriedenheit der Parteiführung über die von ihr nie erreichte, jedoch ständig propagierte "Massenwirksamkeit" der Medien. Dies hatte sie jedoch selbst durch Bevormundung und Gängelung verhindert. Dem letzten und intellektuell überforderten ZK-Agitationssekretär, Joachim Herrmann, blieb es vorbehalten, als skrupelloser Erfüllungsgehilfe Honeckers die Glaubwürdigkeit der Medien und damit auch die der Partei endgültig zu ruinieren.

Folgte man dem Buchstaben des Artikel 27 der DDR-Verfassung, so konnte jedermann "den Grundsätzen der Verfassung gemäß" seine Meinung frei und öffentlich äußern. Niemand sollte benachteiligt werden, wenn er von diesem Recht Gebrauch machte. Auf dem Papier sicherte die Verfassung auch die Freiheit der Presse, des Rundfunks und des Fernsehens zu. In ihrer ersten Fassung aus dem Jahre 1949 fand sich darüber hinaus noch der 1968 eliminierte Zusatz: "Eine Zensur findet nicht statt." Zu den Grundsätzen der Verfassung, die die Presse- und Meinungsfreiheit praktisch zur Makulatur machten, gehörte jedoch die bedingungs- und kritiklose Anerkennung der "führenden Rolle" der Partei. Dies unterschlug Walter Ulbricht natürlich, als er Dubcek kurz vor dem Einmarsch der Warschauer-Pakt-Truppen in die CSSR im August 1968 mit oberlehrerhafter Attitüde und gespielter Verwunderung auf einer gemeinsamen Pressekonferenz in Karlsbad vorhielt:

"Als wir aus der Presse erfuhren, daß Sie eine Pressezensur abgeschafft haben, waren wir bei uns erstaunt, weil wir so etwas nicht kannten. Wir haben nie eine Pressezensur gehabt, und Sie sehen, wir sind ganz gut vorwärts gekommen auch ohne Pressezensur."[5]

Erich Honecker sah dies nach seinem Sturz nicht anders als sein einstiger Lehrmeister und Amtsvorgänger:

"Wir hatten keine Zensur. Zensur bedeutet, man muß die Druckfahnen bringen und dann werden sie durchgeschaut. Von diesem Gesichtspunkt aus gesehen, hatten wir im Unterschied zu anderen sozialistischen Ländern keine Zensur. [...] Bei uns gab es sie nur kraft des Bewußtseins."[6]

Wenn es am richtigen Bewußtsein einmal mangelte, oder, wie sich Honecker verharmlosend und kumpelhaft ausdrückte, "einer mal Mist gebaut hatte", dann sei er eben kritisiert worden. Es sei zwar richtig, daß "da unsachliche Dinge passiert sind", aber im Prinzip habe man "die Dinge laufen" lassen und der einzelne Chefredakteur sei verantwortlich gewesen.

So einfach machte es sich auch Heinz Geggel, der einst gefürchtete langjährige Leiter der ZK-Abteilung Agitation, der am 19. Oktober 1989 auf der vorletzten Argumentationssitzung den Chefredakteuren der SED-Medien unverfroren erklärte: "Wir werden den einzelnen Medien nicht mehr reinreden. Darunter hat besonders das ND ["Neues Deutschland", G.H.] gelitten. Ich bin aber nicht bereit, eine große Vergangenheitsbewältigung zu machen. Die Chefredakteure sind verantwortlich."[7] Formal trugen die Chefredakteure zwar die sogenannte Einzelverantwortung für ihre Redaktion. Tatsächlich waren sie aber nur die Befehlsempfänger und Weiterleiter der Anordnungen des Zentralkomitees. Wenn diese in ihren Redaktionen mißachtet oder unbeabsichtigt von der häufig nicht berechenbaren tagespolitischen Linie abgewichen wurde, waren zunächst die Chefredakteure die Prügelknaben.

Im Frühjahr 1994 strahlte der ORB in Zusammenarbeit mit dem Adolf-Grimme-Institut in Marl eine fünfteilige Serie "Medien in der DDR" aus, die auch von anderen ARD-Anstalten übernommen wurde.[8] Sie stieß bei der Kritik auf ein geteiltes Echo. Die im Verborgenen wirkenden Kräfte der Lenkungsmechanismen der SED-Medienpolitik vermochte selbst der sachkundige Zuschauer nur in Umrissen zu erkennen. Dies lag zum einen daran, daß man ausschließlich ehemalige DDR-Journalisten ungeachtet ihrer zweifellos authentischen, aber dennoch subjektiven Sicht mit der Lösung dieser schwierigen Aufgabe betraut hatte. Zum anderen verzichtete man auf die zwar fragmentarische aber dennoch aufschlußreiche Aktenüberlieferung aus dem Agitationsbereich des SED-Zentralkomitees, des Presseamts und des MfS. Die Rüge der Kritik, man hätte mehr betroffene Journalisten nach ihren einschlägigen Erfahrungen mit den Kontrolleuren befragen müssen, ist zwar gerechtfertigt, doch die Betroffenen können in der Regel in Unkenntnis der jeweiligen Hintergründe nur aus ihrer persönlichen Sicht über ihre Erfahrungen und Maßregelungen berichten. Obwohl die Journalisten notwendigerweise zu den am besten informierten DDR-Bürgern gehörten, galt für sie gleichermaßen: Jeder durfte nur "auf seiner Strecke" Bescheid wissen.

Ein vollständiges Bild über die Mechanismen der ausgeklügelten "Zensur ohne Zensor" ergäbe sich nur dann, wenn mehr Akteure aus dem kleinen Kreis der hochrangigen Entscheidungsträger befragt werden könnten. Diese stehen aber entweder nicht mehr alle zur Verfügung oder sie verweigern aus Verdrossenheit und wegen ihrer tiefgreifenden Verstrickung jegliche Auskünfte. Deshalb habe ich ihre noch vorhandene schriftliche Hinterlassenschaft in den Beständen des Bundesarchivs und partiell auch in denen der "Gauck-Behörde" ausgewertet und sie durch die gezielte Befragung von Journalisten und anderen kompetenten Zeitzeugen ergänzt. Daraus entstanden die folgenden miteinander verwobenen Themenfelder, die die ohne einen institutionalisierten Zensor so außerordentlich effizient funktionierende Medienlenkung des SED-Regimes transparent machen sollen: Die ständig perfektionierte Arbeitsweise und Organisation der Medienkontrollbürokratie im Partei- und Staatsapparat, der auch die SED-Generalsekretäre in einem bisher nicht vorstellbaren Ausmaß ihre Arbeitszeit widmeten; die "politisch-operative" Absicherung der Medien durch das MfS; die Rolle der zu Weiterleitern und Handlangern der SED-Führung degradierten Journalisten sowie die erst jetzt im vollen Umfang erkennbare Bedeutung der West-Medien für die Medien- aber auch für die gesamte Innen- und Außenpolitik der SED.

Bei den Recherchen zu diesem Buch waren mir die Kolleginnen und Kollegen aus der "Stiftung Archiv der Parteien und Massenorganisationen der DDR" (SAPMO-BArch) sowie der Abteilung DDR im Bundesarchiv Berlin eine große Hilfe, für die ich mich herzlich bedanke. Gleiches gilt für die mir zur Hand gegangenen Mitarbeiter beim Bundesbeauftragten für die Unterlagen des Staatssicherheitsdienstes der ehemaligen Deutschen Demokratischen Republik (BStU), der sogenannten Gauck-Behörde. Für mündlich oder schriftlich erteilte Auskünfte und Hinweise danke ich u. a.: Achim Baatzsch, Ralf Bachmann, Karl-Heinz Baum, Stefan Berg, Günter Bohnsack, Hans Otto Bräutigam, Günther Buch, Karl Wilhelm Fricke, Eberhard Grashoff, Holger Haase, Gerd Knauer, Franz Knipping, Arno Kossert, Egon Krenz, Sylke Kunath, Erich Loest, Lothar Loewe, Jürgen Nitz, Klaus Polkehn, Peter Pragal, Detlef-Diethard und Isa Pries, Lutz Rackow, Günter Schabowski, Jürgen Schlimper, Wolfgang Schnedelbach, Hans-Dieter Schütt, Frank Schüttig, Erich Selbmann, Gerhard Thomas, Rudolf Turber, Manfred Uschner und Björn Wirth. Einige Zeitzeugen aus den alten und den neuen Bundesländern, die mir bei der Interpretation der sie betreffenden Akten hätten behilflich sein können, versagten sich einer Befragung mit unterschiedlichen Begründungen. Dies gilt beispielsweise für die in Kapitel V geschilderte DDR-Reise von "ZEIT"-Redakteuren im Jahre 1986. Weder mit dem damaligen Chefredakteur der "ZEIT", Theo Sommer, noch mit seinem seinerzeitigen Ansprechpartner und Betreuer im DDR-Außenministerium, Botschafter a. D. Wolfgang Meyer, kam ein persönliches Gespräch zustande.

Für die kritische Durchsicht des Manuskripts bin ich Barbara Lange und Horst Noetzel zu großem Dank verpflichtet. Gelegentlich versuchten sie beharrlich, mein Temperament zu zügeln. Obwohl ihnen das auch häufig gelungen ist, gehen etwaige noch vorhandene Fehleinschätzungen natürlich zu meinen Lasten.

Berlin, im Januar 1997   Gunter Holzweißig

I. Die Meinungsmacher im SED-Zentralkomitee

Die Agitationsbürokratie im Strukturwandel (1946-1989)

Einen Tag nach der Zwangsvereinigung der SPD mit der KPD zur SED trat am 23. April 1946 der neugewählte SED-Parteivorstand zusammen, um die Arbeitsbereiche des 14 Personen umfassenden, zunächst paritätisch besetzten Zentralsekretariats festzulegen. Den beiden frischgebackenen Parteivorsitzenden Wilhelm Pieck, zuvor KPD-Vorsitzender, und Otto Grotewohl, vorher Berliner SPD-Zentralausschußvorsitzender, fiel auch die Anleitung des SED-Zentralorgans "Neues Deutschland" und der theoretischen Parteizeitschrift "Einheit" zu. Als ihre Stellvertreter fungierten von Anbeginn bis zu seiner am 3. Mai 1971 durch Honecker und die Sowjets erzwungenen unfreiwilligen Ablösung der als Erster Sekretär uneingeschränkt herrschende Parteiführer und Altkommunist Walter Ulbricht sowie der frühere Sozialdemokrat Max Fechner. Zu den Aufgabenbereichen der beiden Zentralsekretariatsmitglieder Otto Meier, ehemaliger Chefredakteur des eingestellten SPD-Organs "Das Volk" in der SBZ, und Anton Ackermann, ehemaliger KPD-Funktionär, gehörte nach der SED-Gründung vorübergehend auch die Aufsicht über die Abteilung Presse und Information beim Parteivorstand, der späteren ZK-Abteilung Agitation.[1]

Zunächst beschäftigte sich die Abteilung Presse und Information nur mit der Anleitung und Kontrolle der SED-Presse in der SBZ. Nach der Abschaffung der sowjetischen Vorzensur im Jahre 1946 erstreckte sich ihre Weisungsbefugnis auch auf die SED-Parteiorganisationen in der Nachrichtenagentur ADN, der 1952 aufgelösten, für die Blockparteipresse zuständigen Ämter für Information Ostberlins und der SBZ-Länder sowie der Hörfunksender und Zeitungen der Massenorganisationen. Die Abteilung Presse und Information erfuhr in der Folgezeit mehrfache Umstrukturierungen und Umbenennungen. So unterzeichnete der Abteilungsleiter Willi Köhler am 11. Juli 1946 einen kritischen Vermerk über das SED-Organ "Thüringer Volk" an Meier und Ackermann unter dem Briefkopf "Presse, Rundfunk und Information".[2]

Otto Winzer, der spätere Außenminister der DDR, erhielt auf der Sitzung des Zentralsekretariats am 11. Januar 1947 seine Bestallung

17

zum Leiter der nunmehr unter der Bezeichnung "Werbung-Presse-Rundfunk" geführten Abteilung.[3] Am 10. Juni des gleichen Jahres beschloß das Zentralsekretariat die Einrichtung eines Referates "Information" in der Abteilung Werbung - Presse - Rundfunk, das "sich ausschließlich mit der Erforschung der öffentlichen Volksstimmung" befassen sollte.[4] Dieses Referat hatte die Aufgabe, das "einlaufende Material" zur "internen Orientierung" des ZK zu sichten, aber vor allem auch für die Argumentation "in der Agitation, in Presse und Rundfunk" zu berücksichtigen. Zu den übrigen Aufgaben der Abteilung zählten neben der Anleitung und Auswertung der Parteipresse und der Hörfunkprogramme auch die Herstellung eines Parteipressedienstes und eines Informationsbulletins, die natürlich auch ihren spezifischen Beitrag zur Gleichschaltung der veröffentlichten Meinung leisten sollten.

Am 2. Februar 1949 beschloß das Kleine Sekretariat des Parteivorstandes, das sich aus fünf Mitgliedern unter Leitung Ulbrichts zusammensetzte, aus der Unterabteilung Werbung der Abteilung Werbung-Presse-Rundfunk eine selbständige Abteilung Massenagitation unter Leitung des damaligen FDJ-Funktionärs und späteren Politbüromitgliedes Hermann Axen zu bilden.[5] Zu deren Aufgaben gehörte auch die Kontrolle und Koordinierung der von den Massenorganisationen, den Verwaltungen, dem Hörfunk, dem Film und von der Presse betriebenen Agitation und Argumentationsführung.

In den 50er Jahren erfolgten weitere organisatorische Veränderungen in den Bereichen der Medienlenkung sowie der Agitation und Propaganda (Parteischulung). 1950 faßte man die Abteilungen Presse und Massenagitation zur Abteilung Agitation zusammen und bildete gleichzeitig eine Abteilung Propaganda. Ende 1952 legte das Zentralkomitee wiederum neue Strukturpläne vor. Nunmehr nahm die Abteilung Presse und Rundfunk die Medienlenkung wahr. Sie ging im Januar 1954 neuerlich in der Abteilung Agitation auf. 1957 wurden die Abteilungen Agitation und Propaganda zusammengelegt. Nach deren Trennung im Jahre 1961 herrschte dann - abgesehen von häufigen internen strukturellen und personellen Veränderungen - bis zur Auflösung der Abteilung Agitation im November 1989 zumindest im Hinblick auf ihren Bestand als selbständige Organisationseinheit Kontinuität. Die nach dem Mauerbau unter leninistisch-stalinistischem Vorzeichen weitgehend abgeschlossene institutionelle Etablierung der Medienhierarchie schuf ideale Voraussetzungen für die Perfektionierung der schon seit der SED-Gründung erprobten Methoden, die Medien straff an der Kandare zu führen.

Dem letzten Abteilungsleiter Heinz Geggel unterstanden Anfang 1989 vier stellvertretende Abteilungsleiter. Seine Abteilung umfaßte insgesamt acht Sektoren, wobei die Sektoren Agitation, Sichtagitation, WAS UND WIE (Redaktion einer gleichnamigen monatlich erscheinenden Agitationsschrift), Bibliothek und Zeitungsarchiv sowie der "B-Sektor" (Vorbereitung auf den Mobilisierungsfall; geleitet vom NVA-Oberst Kurt Langnese) nicht primär in die tagespolitisch aktuellen Medienlenkung involviert waren. Dies traf vielmehr auf den Sektor Presse (Leiter: Dieter Langguth) und den Sektor Rundfunk/Fernsehen (Leiter: Eberhard Fensch) zu. Die Mitarbeiter des von Hans-Joachim Kobert geleiteten Sektors "Arbeit mit den ausländischen Korrespondenten in der DDR" beschäftigten sich schwerpunktmäßig mit der im Kapitel V behandelten Berichterstattung der westdeutschen, ständig in Ostberlin akkreditierten Korrespondenten sowie der Reisekorrespondenten. In die Zuständigkeit Erwin Müllers, fiel die erwähnte, die Medien nur mittelbar betreffende mündliche und schriftliche Agitation, mit der sich die Mehrzahl der insgesamt 49 politischen und 20 technischen Mitarbeiter der Abteilung Agitation zu beschäftigen hatte.[6]

Heinz Geggel amtierte seit 1973 als Leiter der Abteilung Agitation, womit er mit 16 Dienstjahren in dieser Funktion seine Vorgänger bei weitem übertraf. Durch sein grobschlächtiges und kompromißloses Auftreten gegenüber rangniederen Funktionären und Journalisten war er allgemein verhaßt. Geggel (Jahrgang 1921), Sohn eines jüdischen Münchener Kaufmanns, emigrierte 1936 ins westliche Ausland. In Kuba arbeitete er zunächst als Diamantenschleifer und übernahm später unter anderem die Leitung des Komitees der Deutschen Antifaschisten. 1948, nach seiner Rückkehr in die SBZ, begann er als Redakteur bei der Rundfunkredaktion der Sowjetischen Militäradministration. In den 50er Jahren stieg er zum Chefredakteur des Berliner Rundfunks und zum Intendanten des Deutschlandsenders auf. Seit 1960 bekleidete Geggel einflußreiche Positionen im Bereich der Westarbeit des Zentralkomitees, zunächst als stellvertretender Leiter, dann als Leiter der Westabteilung.

Der 1983 aus der DDR geflüchtete Philosophieprofessor der Ostberliner Humboldt-Universität, Franz Loeser, beschrieb nach seinem Übertritt in die Bundesrepublik anschaulich die heute durch schriftliche und mündliche Überlieferungen bestätigten Empfindungen von Chefredakteuren der SED-Medien, die sich donnerstags bei den von Geggel im ZK-Gebäude geleiteten Argumentationssitzungen ("Argus") versammeln mußten: "Wie Schuljungen in einer Klippschule, so sitzen sie demütig vor dem Genossen Geggel. Seine Anweisungen sind exakt und präzise. Sie legen die politische Linie der Massenmedien für die kommende Woche fest, über welche Fragen mit was für einer Priorität und wie zu berichten ist. Nicht selten werden sogar detaillierte Formulierungen vorgegeben. Widerspruch oder Protest ist undenkbar. Schon selbst eine Frage an den Genossen Geggel wird als suspekt angesehen. [...] Jeder weiß natürlich, daß selbst die geringste Abweichung von Geggels Anleitung das Ende der Chefredakteurskarriere bedeuten kann. Und so verlassen die Chefredakteure im wahrsten Sinne des Wortes mit schlotternden Knien das Große Haus, von der ständigen Angst gequält, sie könnten etwas veröffentlichen, was den Unwillen der Abteilung Agitation und Propaganda erregt. [...] Man muß es einmal erlebt haben, um sich vorstellen zu können, diese gedrückte entwürdigende Atmosphäre der Anleitung, den starren Blick der Chefredakteure, der die innersten Gedanken des Genossen Geggel zu ergründen versucht, und den Haß, den sie fühlen, aber nicht auszusprechen wagen. Doch hinter Geggels Rücken, hinter vorgehaltener Hand, da sagen sie, was sie wirklich denken. Da nennen sie den Leiter der Abteilung Agitation und Propaganda im Großen Haus nicht Genosse Geggel, sondern in Erinnerung an einen anderen Propagandisten deutscher Zeitgeschichte Dr. Geggels."[7]

Abgesehen davon, daß Loeser, der eine Vielzahl populärwissenschaftlicher Artikel vor seiner Flucht in Zeitungen und Zeitschriften - insbesondere in der sich kritisch gebenden "Weltbühne" - veröffentlicht hatte, fälschlich stets von der Abteilung "Agitation und Propaganda" spricht, wenn er die Abteilung Agitation meint, treffen seine Beobachtungen als ehemaliger Parteifunktionär und Insider der DDR-Medienszene ins Schwarze. Im Westen stempelte man Loeser seinerzeit zum eher unglaubwürdigen, zu Übertreibungen neigenden Renegaten. Ein Schicksal, das er mit anderen auf ihren Fachgebieten kompetenten "Republikflüchtigen" teilte. Hier wären auch in die Bundesrepublik übergesiedelte Wirtschaftsexperten zu nennen, deren realistische Zustandsbeschreibungen der DDR-Ökonomie leichtfertig ignoriert wurden, was sich nach der Wiedervereinigung bitter rächen sollte.

Zu Geggels Vorgängern, die teilweise im Partei- und Staatsapparat noch größere Karrieresprünge als er machten, zählten neben Hans Modrow (1971 - 1973) und Werner Lamberz (1966 - 1971), der spätere Chefredakteur von "Neues Deutschland" und Vorsitzende des Staatlichen Rundfunkkomitees Rudolf Singer (1963 - 1966) sowie der später zum Politbüromitglied und Volkskammerpräsidenten aufgestiegene Horst Sindermann, der von 1954 bis 1963 Abteilungsleiter war. Zu dessen Vorgängern zählten die Altkommunisten Georg Wilhelm Hansen (1952 - 1953), zuvor Leiter von ADN und später Redaktionsmitglied von "Neues Deutschland" sowie Robert Korb (1948 - 1951). Korb gehörte anschließend zu den Mitbegründern der Hauptverwaltung Aufklärung des Ministeriums für Staatssicherheit, das ihn später zum Generalmajor beförderte.

Die ZK-Abteilung Agitation unterstand dem jeweils zuständigen Sekretär des Zentralkomitees. Diese Funktion bekleideten: Albert Norden von 1955 bis 1967; Werner Lamberz bis zu seinem Tod bei einem nie gänzlich aufgeklärten Hubschrauberabsturz in Libyen im März 1978 und Joachim Herrmann bis zu seiner gemeinsamen Absetzung mit Honecker am 18. Oktober 1989. Vor der Berufung Nordens hatten Hermann Axen (von 1950 bis 1953) und der 1958 von Ulbricht aus dem Politbüro entfernte Fred Oelßner medienpolitische Aufgaben im Zentralkomitee zu erfüllen.

Die genannten ZK-Sekretäre waren zugleich auch Vorsitzende der Agitationskommission beim Politbüro. Ihre Vertetung nahmen dort die Abteilungsleiter Agitation wahr. Von 1966 bis 1981 fungierte allerdings der Vertraute von Werner Lamberz, der Journalist Eberhard Heinrich, als Sekretär der Kommision, der unter Herrmann endgültig mit seinen Bemühungen scheiterte, inhaltlich und strategisch die Medienpolitik handwerklich zu verbessern. Heinrich schob sein Intimfeind Joachim Herrmann auf den wenig einflußreichen Posten des Vorsitzenden des Journalistenverbandes ab. Die Funktion des Sekretärs der Agitationskommission strich man ersatzlos und Geggel leitete dann bis 1989 als Vertreter und gefügiger Handlanger Herrmanns die administrativen Geschäfte der Agitationskommission beim Politbüro.

Bereits 1953 richtete das Politbüro eine "Kommission für Presse und Rundfunk" ein, die am 15. März 1955 die Bezeichnung "Kommission für Agitation beim Zentralkomitee" erhielt. Mit deren

Leitung wurde der ZK-Sekretär Albert Norden beauftragt. Hauptamtliche Mitglieder waren: Horst Sindermann, Emil Dusiska (Wirtschaftsfragen), Erich Glückauf (Westdeutsche Angelegenheiten) und Gerhard Kegel (Außenpolitik und andere Fragen).[8] 1964 verzeichnete ein Strukturplan unter der neuen Bezeichnung "Agitationskommission beim Politbüro" acht hauptamtliche und 17 ehrenamtliche Mitglieder.[9] Zu den letzteren gehörten Spitzenfunktionäre aus dem Medienbereich wie die damaligen Chefredakteure von "Neues Deutschland" und der "Berliner Zeitung", Hermann Axen und Joachim Herrmann, der Presseamtsleiter Kurt Blecha, der Intendant des Deutschen Fernsehfunks Heinz Adameck und leitende Funktionäre aus dem Parteiapparat. Die funktionsbezogene Zusammensetzung der ehrenamtlichen Mitglieder der Agitationskommission blieb im wesentlichen bis 1989 erhalten, woraus sich naturgemäß eine ständige personelle Fluktuation ergab.

Grundsatzdokumente über die Arbeitsweise der Agitationskommission liegen hauptsächlich aus dem Bestand der Büroakten Albert Nordens vor. Dessen zeitweiliger persönlicher Referent, der Fernsehjournalist Günter Herlt, beschreibt ihn als "sehr belesen, etwas eitel, oft pathetisch, immer menschlich, gern patriotisch und meist kollektivistisch im Arbeitsstil".[10] Wenn sich allerdings Ulbricht oder ein anderes Politbüromitglied über eine Nachricht oder eine Sendung beschwert hätten, dann hätten Blitze duch den Raum gezuckt.

Nordens Nachfolger Werner Lamberz galt insgeheim als Hoffnungsträger und "Kronprinz" Honeckers, dem er als Verbindungsmann zu den Sowjets bei der Absetzung Ulbrichts behilflich war. Allerdings kühlte das gute Einvernehmen zwischen Lamberz und Honecker bald ab, weil Lamberz ihm intellektuell weit überlegen war und parteiintern heftig kritisierte. So bezweifelte Lamberz frühzeitig den Erfolg der vom Generalsekretär verfolgten sogenannten einheitlichen Wirtschafts- und Sozialpolitik, von der die Bevölkerung zunächst profitierte, die aber letzlich zum wirtschaftlichen Ruin der DDR führte.[11]

Der letzte Agitationssekretär Joachim Herrmann unterschied sich von Lamberz vor allem durch seine intellektuelle Schlichtheit und seine rüden Umgangsformen. Als bedingungsloser Vollstrecker der ständigen medienpolitischen Eingriffe Honeckers war Herrmann insbesondere unter den Journalisten verhaßt. Vor dem Untersuchungsausschuß der Volkskammer verteidigte sich am 18. Januar 1990 der zwei Jahre später verstorbene Herrmann mit der Unumstößlichkeit von zwei "Gesetzen": Ein "absolutes Gesetz der Anleitung der Massenmedien durch den Generalsekretär" und "die Erfolgspropaganda als ein Gesetz".[12]

Günter Schabowski - Herrmanns Nachfolger sowohl als Chefredakteur von "Neues Deutschland" als auch im Herbst 1989, wenn auch in der kaum vergleichbaren Funktion eines ZK-Sekretärs für Informationswesen und Medienpolitik im kurzlebigen Politbüro von Egon Krenz - vermag in Herrmann nicht nur den "Dämon"[13] zu erkennen, als der er nach der Wende von DDR-Journalisten unisono dargestellt wurde. Vor dem Untersuchungsausschuß der Volkskammer beschrieb Schabowski seine Beziehungen zu Herrmann über viele Jahre als kollegial, in denen keine prinzipiellen politischen Meinungsverschiedenheiten zur SED-Politik aufgetreten wären. Allerdings habe sich ihr Verhältnis angesichts der "penetranten Art des Vorschreibens von Überschriften, Plazierungen, der Formulierung von Meldungen" zugespitzt. In "primitiver Weise" habe Herrmann journalistische Verhaltensregeln durchgesetzt, die jegliche Spielräume für Redakteure eingeengt und stranguliert hätten.[14] Offen bleibt allerdings, ob unter Honecker ein besser qualifizierter Mediensekretär einen positiveren Einfluß hätte ausüben können. Schließlich blieben die von Werner Lamberz in den 70er Jahren initiierten Politbürobeschlüsse zur Verbesserung der Informationspolitik auch nur Wortgeklingel und Wunschdenken.

Die grundverschiedenen Charaktere der Agitationssekretäre prägten auch den jeweilig unterschiedlichen Stellenwert der Agitationskommission. Während Norden sie zum wichtigsten Instrument seiner von Ulbricht gestützten Medienpolitik machte, verlor die Kommission bereits unter Lamberz an Bedeutung. In Herrmanns Büroakten finden sich kaum noch Unterlagen über deren Aktivitäten, sieht man vom letzten verzweifelten Anlauf Eberhard Heinrichs ab, den er im Oktober 1979 mit der Vorlage eines Prioritätenkataloges zur Überwindung der allgemeinen Stagnation nach Herrmanns Amtsantritt unternahm.[15] Zuletzt waren in der Agitationskommission fünf, faktisch der Agitationsabteilung zugeordnete hauptamtliche Mitarbeiter tätig, die als Spezialisten für Fragen der Innen-, Außen-, Wirtschafts- und Landwirtschaftspolitik die entsprechenden Fachredaktionen in den elektronischen und Printmedien über die Vorgaben der zuständigen ZK-Fachabteilungen instruieren mußten. Sie traten auch als Referenten bei den "Donnerstags-Argus" auf und leiteten darüber hinaus das Presseamt beim Vorsitzenden des Ministerrates bei der Koordinierung der sogenannten staatlichen Öffentlichkeitsarbeit an. Darunter war indessen eher die euphemistische Verschleierung beziehungsweise die Unterdrückung von allgemein interessierenden Fakten und Zusammenhängen zu verstehen. Die innenpolitische Nachrichtengebung der staatlichen Nachrichtenagentur ADN lieferte dafür tägliche Belege. Auf der konstituierenden Sitzung der umstrukturierten Agitationskommission beim Politbüro am 14. März 1963 verlangte Albert Norden "einen völlig neuen Arbeitsstil".[16] Die Herausgabe von Tagesinformationen für die Medien sollte gegenüber der Behandlung von Grundfragen der Massenarbeit in den Hintergrund treten. Auf der Basis eines Arbeitsplanes hätten in regelmäßigen Abständen, "am besten alle 14 Tage", Vollsitzungen mit allen haupt- und nebenamtlichen Mitgliedern stattzufinden. Als Beispiele für die Medienarbeit der Kommission nannte Norden "die massenwirksame Behandlung ökonomischer Probleme in Presse, Rundfunk und Fernsehen". Außerdem regte er an, sich mit der Redaktion einer Bezirkszeitung - "wir denken da an den 'Neuen Tag' in Frankfurt" - zusammenzusetzen, um "unmittelbar einzugreifen und für die Verbesserung der Arbeit eine unmittelbare Hilfe zu leisten". Ein weiteres Thema werde der "politisch-ideologische Einfluß im Deutschen Fernsehfunk" sein. Dazu müßten einzelne Mitglieder in Zusammenarbeit mit anderen ZK-Abteilungen Vorlagen erstellen, beraten und auch beschließen, sofern dafür nicht das Sekretariat zuständig sei.

Nordens bürokratische Beflissenheit, die Medien les- und hörbarer zu machen, dokumentiert zugleich die Hilflosigkeit der parteiamtlichen Medienlenkung. Einerseits sollten die Presse, der Rundfunk - so die in der DDR gebräuchliche Bezeichnung für den Hörfunk - und das Fernsehen lebendiger und attraktiver für die Rezipienten sein. Andererseits durften Probleme nur dann öffentlich diskutiert werden, wenn sie lösbar waren. Da dies aber nur selten möglich war, mußten auch die von Norden veranlaßten häufigen Veränderungen der Arbeitsweise der Agitationskommission erfolglos bleiben. Sein missionarischer Eifer bei den von ihm nicht selten mit Hilfe gefälschten MfS-Materials inszenierten Propagandafeldzügen gegen Politiker und Institutionen der Bundesrepublik Deutschland wirkte zudem eher kontraproduktiv.

Die Handschrift Nordens ist auch eindeutig in einem Politbürobeschluß zur Aufgabenerweiterung der Agitationskommission vom

11. Dezember 1965[17] zu erkennen. Dort wird unter anderem verlangt, in der Bevölkerung auftauchende aktuelle Fragen und Probleme zu beantworten und "rascher auf Argumente des Feindes offensiv" zu reagieren. Es sei deshalb erforderlich, kurzfristig wirkungsvolle Argumentationen für die Auswertung in der Presse, im Funk und im Fernsehen zu erstellen. Außerdem erhielt die Agitationskommission den Auftrag, sich mit der Erforschung und Beeinflussung der öffentlichen Meinung zu beschäftigen. Zu geschehen hatte dies auf der Grundlage von Informationen der ZK-Abteilung Parteiorgane, der Analyse von Leser- und Hörerbriefen, der Ergebnisse von Umfragen des 1964 gegründeten, jedoch 1979 wegen zu vieler, dem Politbüro unliebsamen Befunde, wieder aufgelösten Instituts für Meinungsforschung beim ZK sowie "anderer Materialien". Mit den letzteren konnten wohl die des Ministeriums für Staatssicherheit gemeint gewesen sein. Künftig sollte die Agitationskommission regelmäßig alle drei Wochen zusammentreten, um "prinzipielle Argumentationen zu den Hauptargumenten in der DDR und des Gegners" anzufertigen. Der Leiter der Agitationskommission, also Albert Norden, erhielt den Auftrag, ständig eine enge Zusammenarbeit mit dem Chefredakteur des "Neuen Deutschland", dem Vorsitzenden des Staatlichen Rundfunkkomitees und dem Intendanten des Fernsehfunks zu gewährleisten. Das Politbüro ordnete außerdem an, die "Hinweise" der Agitationskommission für die Presse, den Hörfunk, das Fernsehen und das Zentralorgan "Neues Deutschland" seien verbindlich. Ferner wurde eine "aus drei Genossen bestehende aktuelle Argumentationsgruppe" gebildet, "die kurzfristig zu neu auftauchenden Fragen der Bevölkerung und zum Kontern neuer Argumente des Gegners wirkungsvolle Argumentationen" erarbeiten sollte. Die Argumentationsgruppe wurde dem Leiter der Abteilung Agitation unterstellt. Diese Entscheidung sorgte zumindest für Klarheit darüber, daß die Zuständigkeit für die unmittelbare Anleitung der Medien fortan bei der Abteilung Agitation lag, während die zumeist dienstags nach der Politbüro-Sitzung stattfindenden Zusammenkünfte der Agitationskommission unter Joachim Herrmanns Vorsitz in der Erinnerung von Günter Schabowski den Charakter eines Debattierklubs annahmen.[18] Schabowskis eigene Aufzeichnungen von den Agitationskommissions-Sitzungen bei "A. H." (Achim Herrmann) lassen schwerlich einen Debattencharakter erkennen. So notierte Schabowski am 26. November 1980 Herrmanns Auslassungen zur innenpolitischen Krise in Polen und den daraus zu

25

ziehenden Schlußfolgerungen für die Massenmedien der DDR. An die Adresse des Fernsehens richtete er danach den "eindringlichen Hinweis", keinen Film von der Leipziger Dokumentarfilmwoche zu zeigen, der vor dem Hintergrund der Machtkämpfe in der polnischen Bruderpartei "gewissermaßen Anleitung zum Handeln beim Bombenselbstbau" sei. "Bei uns", heißt es in der stichwortartigen Wiedergabe Schabowskis, gelte:
"- Höchste Wachsamkeit
- Höchster Einsatz für die Stärkung unserer Republik
- Eiserne Disziplin
- Mängel (z.B. in der Versorgung) sofort signalisieren
Die Mitarbeiter der Massenmedien der DDR beweisen große Parteitreue. Wenn aber jemand die 'Fühler' ausstreckt, dann voll ausfahren lassen, damit alles an den Tag kommt! Die Genossen, die an den Schalthebeln sitzen, müssen sowohl politisch als auch organisatorisch voll auf der Höhe sein. Jeder Leiter ist voll verantwortlich für seine Institution. Jedes Vorkommnis ist sofort der Abteilung [Agitation, G. H.] mitzuteilen."[19]
1983 feierte man in der DDR unter der Schirmherrschaft der SED-Führung gleichzeitig das "Lutherjahr" (500. Geburtstag) und das "Karl-Marx-Jahr" (100.Todestag). Dazu der O-Ton Herrmanns vom 12. Januar in der Wiedergabe Schabowkis: "Sekretariat ZK hat die Briefmarkensätze zu Karl Marx bestätigt (hohe künstlerische Qualität). Genereller Hinweis: Wehe dem, der mit der Behandlung von Karl Marx hinter der von Luther zurückbleibt."[20]
Weniger als "Debattierklub", sondern vielmehr als demütigende Befehlsausgabe empfand deshalb auch Hans-Dieter Schütt - als Chefredakteur des FDJ-Organs "Junge Welt" ein "geborenes" Mitglied der Agitationskommission - die offenbar weitgehend nur von Herrmann und dem Rapport des Chefredakteurs von "Neues Deutschland" beherrschte Kommissionssitzung. Schütt erinnert sich an das wöchentlich stattfindende gespenstische Szenario folgendermaßen:
"In der Regel warteten wir mehr als eine geschlagene Stunde auf Herrmann, der jedesmal gerade hektisch von Honecker kam, dann monologisierte er drei, vier Stunden über aktuelle Fragen, und das war's. Es handelte sich um eine Vergatterung auf höherer Ebene; und ich habe eine Runde eingeschüchterter, nickender, emsig notierender und vor allem schweigender Medien-Leiter in Erinnerung, mich einbegriffen, die sich im allerhöchsten Falle vielsa-

gende Blicke zuwarfen, und dies sicher schon mit dem Gefühl, jetzt aber geharnischt auf die Pauke gehauen zu haben. Opposition mit der Augenbraue! Zu diesen Sitzungen hatte der Chefredakteur des ND den Aufriß der Seiten 1 und 2 des kommenden Tages auszubreiten, Herrmann fuhrwerkte drinrum, und alle standen wie die Lehrlinge um den Tisch. Der Fernseh-Chef ebenso wie der Generaldirektor der Nachrichtenagentur ADN. Gestandene Leute, die sich ständig dieses Gestammel anhörten, dann in die Redaktion zurückgerast sind und nach Herrmanns Rezept den agitatorischen Einheitsbrei zusammenrührten."[21]

Im nachhinein macht sich Schütt ob seiner "Selbstverleugnung und Feigheit" Vorwürfe, weil er nicht ein einziges Mal aufgestanden sei und die Sitzung verlassen habe. Er habe deshalb auch kein Recht, Herrmann für das verantwortlich zu machen, was er anschließend "partiell" in der "Jungen Welt" umgesetzt habe.

Karl-Heinz Arnold, langjähriger stellvertretender Chefredakteur der "Berliner Zeitung", und Otfried Arnold, Mitarbeiter der ZK-Abteilung Propaganda und in den 70er Jahren hauptamtliches Mitglied der Agitationskommission, beschreiben aus ihrer Sicht den qualitativen Abstieg der Kommissionsarbeit von Norden zu Herrmann in die Niederungen der substanzlosen, ausschließlich gegen den äußeren und inneren "Klassenfeind" gerichteten Erfolgspropaganda:

"Die Kommission trat mehr oder weniger komplett wöchentlich beim Agit-Prop-Sekretär zusammen. Hatte sie ursprünglich einen relativ weiten Spielraum, eigene Ideen für die Gestaltung des Journalismus, für die Bewertung politischer Vorgänge für Argumentationen zu entwickeln - wenn auch nur mit beratender Funktion -, so wurde sie in den siebziger und achtziger Jahren mehr und mehr zur bloßen Zwischenstation bei der Weitergabe der Weisungen und Meinungen des Generalsekretärs. Lieferten sich in den sechziger Jahren in der Agitationskommission solche welterfahrenen Kommunisten wie Rundfunkchef Gerhart Eisler oder Ulbrichts Mitarbeiter Gerhard Kegel (Pseudonym: G. R. Hardtke) und andere noch leidenschaftliche Rededuelle um Argumente und Bewertungen politischer Ereignisse, so beherrschte in den achtziger Jahren der Monolog des Agit-Prop-Sekretärs Joachim Herrmann die Szene."[22]

Tatsächlich durften in der Ulbricht-Ära hohe Funktionäre in geschlossenen Gremien ungeschminkter ihre ohnehin grundsätzlich nicht von der Parteilinie abweichende Meinung artikulieren. Zum Schluß der Debatten hatte natürlich der Parteichef auch damals immer das letzte Wort.

Einige Struktur- und Stellenpläne der Abteilung Agitation beziehungsweise der Abteilung Presse und Rundfunk aus den Jahren 1950 bis 1966 befinden sich in den Akten des SED-Zentralkomitees. Sie vermitteln jedoch keine wesentlichen Erkenntnisse über die tatsächlichen Arbeitsabläufe dieser Abteilung. Es lassen sich daraus jedoch Aufgabenveränderungen aus organisatorischen oder politischen Gründen ablesen. So nahmen in den 50er Jahren die Anleitung der KPD-Presse in Westdeutschland, die Auslandspropaganda, die Auswertung der "feindlichen" Medien oder die Herausgabe eines Pressedienstes noch einen breiten Raum ein. Diese Aufgaben haben später teilweise andere Abteilungen übernommen. Ungeachtet der zahlreichen strukturellen Veränderungen lag der Schwerpunkt der Medienarbeit der Abteilung Agitation kontinuierlich auf der Anleitung und der Kontrolle der gesamten SED-Presse und der Massenorganisationen, des Rundfunks, des Fernsehens, der Nachrichtenagentur ADN, des Journalistenverbandes, der Fakultät beziehungsweise der Sektion Journalistik an der Karl-Marx-Universität Leipzig sowie der Kaderlenkung und -auswahl in den genannten Redaktionen und Institutionen. Für die Anleitung der Presse der Blockparteien diente das in Kapitel II behandelte Presseamt als Transmissionsriemen.

Die Gleichschaltung der Medien erfolgte über tägliche telefonische und fernschriftliche Anweisungen, die nicht nur inhaltliche, sondern auch formale Vorgaben - beispielsweise die Plazierung von Artikeln und Fotos - enthielten. Wesentlicher Bestandteil der Tätigkeit der Abteilung Agitation waren die bereits erwähnten, in der Regel vom Abteilungsleiter durchgeführten sogenannten "Donnerstag-Argus", die "wöchentliche differenzierte Übermittlung der Argumentation an die Genossen Chefredakteure", wie es bereits in einem Beschluß des ZK-Sekretariates vom 15. Dezember 1952 hieß.[23] Von einer "differenzierten Übermittlung" konnte allerdings keine Rede sein. Erinnert sei an die Eindrücke von Franz Loeser. Sehr zu empfehlen ist hierzu auch die Lektüre der verbotswidrig angefertigten, aufschlußreichen stenographischen Mitschriften des stellvertretenden Pressestellenleiters der Nationalen Front, Ulrich Ginolas, der in den Jahren 1982 bis 1989 Zugang zu einigen Argus hatte. Er veröffentlichte sie 1990 - inzwischen überprüfbar durch andere, allerdings im gereinigten Parteijargon verfaßte Überlieferungen - unter dem Pseudonym Ulrich Bürger. Sein Buchtitel: Das bedeutungsschwere und vielstrapazierte Geggel-Zitat "Das sagen wir natürlich so nicht!" Die in der Agitationskommission vertretenen Chefredakteure überließen es übrigens in der Regel ihren Vertretern, den zweiten, von Geggel aufbereiteten Aufguß der dienstags empfangenen Weisungen über sich ergehen zu lassen. Die 14 Chefredakteure der SED-Bezirkzeitungen waren sowohl der örtlichen Bezirksparteileitung als auch der Abteilung Agitation unterstellt, die sie monatlich einmal nach Berlin zur Instruktion beorderte.

In der Amtszeit Albert Nordens überschnitten sich häufig die Aufgaben der Agitationskommission und der Agitationsabteilung. So erteilten beide direkte Anweisungen an die Redaktionen und übten eine Nachzensur aus. Ein Beispiel für die ursprüngliche Aufgabe der Agitationskommission, die mittelfristige Argumentationsführung, ist die Erfindung der viel strapazierten Proganda-Vokabel "antifaschistischer Schutzwall", die sich erstmals in einer Vorlage an das Politbüro vom 1. August 1962 findet. Anläßlich des bevorstehenden ersten Jahrestages des Mauerbaus hatte die Kommission ein umfangreiches Strategiepapier unter dem Betreff "Vorschläge für eine offensive politische Kampagne gegen die Ultras in West-Berlin und Westdeutschland" entworfen, in dem sie allen zuständigen Institutionen einschließlich des MfS spezifische Aufgaben zuwies.[24] Vier Tage zuvor hatte die Kommission noch die Bezeichnung "cordon sanitaire" für die Grenzbefestigung empfohlen, da sie aus dem diplomatischen Sprachgebrauch stamme und deshalb bei ausländischen Staatsgästen einen positiven Eindruck hinterlassen würde.[25] Am 4. August 1962 feierte dann der in Wahrheit als überdimensionale Gefängnismauer errichtete "Schutzwall" - allerdings noch ohne das Adjektiv "antifaschi-stisch " - seine öffentliche Premiere im "Neuen Deutschland". Es ließ den Präsidenten des burmesischen Schriftstellerverbandes verkünden, der "DDR-Schutzwall" hätte vor Jahresfrist die westlichen Militaristen gestoppt.

Die Agitationskommission besaß im Hinblick auf die Unglaubwürdigkeit der Mauer-Propaganda aber auch Realitätssinn. Rudolf Singer schrieb am 30. März 1963 unter dem Kopf der Kommission in einem Rundbrief an die Chefredakteure aller SED-Bezirkszeitungen: "Viele Menschen verstehen bis heute nicht die Bedeutung unserer Maßnahmen vom 13. August 1961 zur Sicherung der Staatsgrenzen."[26] Singer verlangte deshalb, die Ulbricht-Rede auf der XVIII. Deutschen Arbeiterkonferenz gründlicher auszuwerten, in der die bis zum Überdruß verkündeten Argumente für die Notwendigkeit des Mauerbaus aufgelistet waren.

Hans Modrow, der zeitweilig unter Werner Lamberz die Agitationsabteilung geleitet hat, beschreibt im Rückblick die Bandbreite des Verhältnisses zwischen den ZK-Abteilungen und den von ihnen kontrollierten Institutionen zwischen offener und nicht selten grober "Kommandiererei" über "kollegiale Zusammenarbeit" bis hin zu "annähernd konspirativen Methoden", wenn beide Seiten bei der Parteiführung etwas "herausholen" wollten.[27] Allerdings hätten die ZK-Mitarbeiter es im übrigen gar nicht nötig gehabt, sich eines Kommandotons zu bedienen, denn was sie "kollegial empfahlen, hatte ohnehin den Charakter einer Anweisung, die nicht zu beachten äußerst gefährlich werden konnte". Modrow selbst machte diese Erfahrung, als er eigenmächtig aus einer von Erich Honecker zur Veröffentlichung bestimmten Liste, die einen Preisvergleich zwischen der Bundesrepublik Deutschland und der DDR enthielt, die Posten Kalbshaxe und ungarische Salami strich, da man diese in den DDR-Läden kaum bekam. Auf der Sekretariatssitzung hielt man Modrow deshalb vor, er sei doch nicht bei Dubek. Der Generalsekretär entscheide allein, was gestrichen werde.[28] Modrow bemühte sich offenkundig im Gegensatz zu seinem Nachfolger Heinz Geggel um einen "kollegialen" bis "konspirativen" Arbeitsstil, weil er die Glaubwürdigkeit der Medien im Rahmen der selbst auferlegten ideologischen Fesseln erhöhen wollte.

Vor der Enquete-Kommission des Bundestages zur "Aufarbeitung von Geschichte und Folgen der SED-Diktatur in Deutschland" ließ Modrow übrigens am 26. Januar 1993 auch medienpolitische Divergenzen mit dem im persönlichen Umgang gelegentlich sprunghaft agierenden Lamberz durchblicken. Modrow sei eher "auf strategische Probleme" eingestellt gewesen, während "Werner Lamberz im Prinzip der war, der am Abend bis mindestens 22. 00 Uhr in diesem Hause [die Sitzung fand im ehemaligen ZK-Gebäude statt, G. H.] selber die 'Aktuelle Kamera' und alles steuern und darauf Einfluß nehmen wollte."[29]

Neben der inhaltlichen Anleitung und Überwachung der Medien gehörte die Kaderlenkung in den Redaktionen - nicht nur im Hinblick auf die Nomenklaturkader in leitenden Positionen, sondern auch bezüglich der Auswahl und des Einsatzes von Nachwuchsjournalisten - zu den vorrangigen Aufgaben der Abteilung Agitation. Dazu zählte auch die Disziplinierung von Journalisten, die vermeintlich oder auch tatsächlich von der Parteilinie abwichen. Während dies in den 50er Jahren häufig zur völligen beruflichen und gesellschaftlichen Ächtung führte, bedeutete es später in der Regel Strafversetzung - beispielsweise zu Betriebszeitungen - oder "Bewährung" in der Produktion, was für die Betroffenen nicht minder schwer wog.

Größere intellektuelle Anstrengungen unternahmen die Fernsehverantwortlichen der Abteilung Agitation bei ihren vergeblichen Versuchen, das Programmangebot gegenüber der erdrückenden Konkurrenz des Westfernsehens attraktiver zu gestalten. Einerseits war man sich bewußt, daß nur eine großzügigere Informationspolitik und die Gewährung von künstlerischer Freiheit in der Fernsehdramatik die Zuschauer zum Umschalten von ARD und ZDF auf das DDR-Fernsehen bewegen konnten. Andererseits durfte das Fernsehen nicht von der Parteilichkeit in der Berichterstattung und im Filmangebot abweichen. Sogenannte Tauwetterperioden waren deshalb nichts anderes als Experimentierphasen, in denen es auch vorkommen konnte, daß unbequeme Autoren und Regisseure zu ihrem Erstaunen einen versteckten Hinweis erhielten, eine neue Arbeit in Angriff zu nehmen, die das Fernsehen später dann doch nicht - oder allenfalls nur teilweise - realisieren durfte. Diese Erfahrung machte jedenfalls der DEFA-Regisseur Egon Günther, worüber er auf einem Medienhistorischen Hearing des Adolf-Grimme-Instituts im Mai 1993 in Berlin berichtete.

Joachim Herrmann leitete am 6. September 1982 Erich Honecker eine 30 Seiten umfassende Ausarbeitung der Abteilung Agitation zu, die sich mit der inhaltlichen Verbesserung der beiden Fernsehprogramme nach dem X. SED-Parteitag beschäftigt und deutliche Kritik an der Leitungsebene des Fernsehens übt.[30] Zunächst heißt es in der Einleitung: "In zahlreichen Parteikollektiven gibt es ein starkes Drängen, die Fernseharbeit auf ein höheres politisches und fachliches Niveau zu heben." Dies habe zu einer Reihe "guter Einzelleistungen" auf dem Bildschirm geführt. Doch insgesamt reiche das Tempo der Veränderungen nicht aus, da die Qualität und die "weltanschauliche Aussage und der Unterhaltungswert des Fernsehschaffens hinter den gesellschaftlichen Erfordernissen und den Erwartungen der Zuschauer" zurückbleibe. Kritisiert wurden deshalb unter anderem mangelnde "schöpferische Ideenarbeit" und nicht eindeutig abgesteckte Verantwortungsbereiche. Stattdessen werde dort taktiert, "wo eindeutige Meinungen und klare Entschlüsse notwendig wären". Beginnend beim Vorsitzenden und den Mitgliedern des Staatlichen Komitees für Fernsehen sei es notwendig, eine "straffe Führungstätigkeit" zu entfalten, wofür elf konkret terminierte Maßnahmen aufgelistet wurden.

In Abschnitt II verlangen die Verfasser des Berichtes vom "Kollektiv der Aktuellen Kamera" Kampfgeist und Beweglichkeit, da ihre Sendung zwischen den "beiden aktuell-politischen Hauptsendungen des BRD-Fernsehens" liege. Eine Reihe von Mängeln in der inhaltlichen, journalistischen, bildmäßigen und technischen Gestaltung der "Aktuellen Kamera" gelte es zu überwinden. Zu den vorgeschlagenen Maßnahmen zählt der zeitweilige Einsatz von leitenden Mitarbeitern der "AK" in der Abteilung Agitation beziehungsweise in der Agitationskommission, um Erfahrungen "in der zentralen politischen Führungstätigkeit" zu gewinnen. Außerdem seien gezielte Maßnahmen zur politischen und fachlichen Qualifikation der Nachrichtenredakteure und der Sprecher der "Aktuellen Kamera" zu treffen.

Weitere Abschnitte betrafen die Magazinsendungen, die Fernsehspiele und -filme, die Unterhaltungssendungen, das Kinder- und Jugendfernsehen, das Bildungsfernsehen, die Sportberichterstattung und den verstärkten Ankauf von westlichen Spielfilmen. Schließlich erging an die 1.800 Mitglieder der Parteiorganisation im Fernsehen der DDR - insgesamt gab es "ca. 7.500 journalistische, künstlerische, studio- und verwaltungstechnische sowie handwerkliche Kader" - die Verpflichtung, einen noch "entschiedeneren erzieherischen Einfluß" auf die Leitung und die Mitarbeiter auszuüben sowie die "massenpolitische Arbeit dort zu verstärken, wo der Parteieinfluß noch nicht groß genug ist".

Zu den Aufgaben des Sektors Rundfunk und Fernsehen zählte neben der Auswertung der Ergebnisse der Zuschauerforschung auch die Abnahme von politisch brisant erscheinenden Sendungen. Darunter fiel beispielsweise ein am 16. April 1980 ausgestrahlter Film "Geisha ohne Kimono", den am Tag zuvor der Sektorenleiter Eberhard Fensch zusammen mit dem Vorsitzenden und dem stellvertretenden Vorsitzenden des Staatlichen Komitees für Fernsehen, Heinz Adameck und Günter Leucht, abgenommen hatte. Fensch berichtete darüber Joachim Herrmann unter dem Datum des 15. April 1980: "Unser gemeinsamer Standpunkt ist, daß dieser Film gesendet werden kann, ohne daß staatspolitische Interessen der DDR beeinträchtigt werden."

Dazu seien aber noch verschiedene Änderungen notwendig. Sie beträfen vor allem die Streichung verschiedener "verallgemeinernder sozialkritischer Wertungen". Dadurch werde die Stoßrichtung des Filmes verändert und nicht mehr einseitig auf "die Frage der Emanzipation der Frau" konzentriert, sondern mehr darauf, wie Japan die Traditionsgebundenheit der Japaner mit der Entwicklung einer modernen Industriegesellschaft in Einklang bringe. Obwohl dabei soziale Konflikte im dunkeln blieben, glaubte Fensch nicht, "daß sich dadurch für die Zuschauer Eindrücke von einer beschönigenden Art herstellen, daß die Sendung klassenmäßig unvertretbar würde". Abschließend meldet Fensch in militärisch knapper Sprache: "Leitungsmäßig ist die Entstehung dieses Filmes, besonders durch Genossen Helmut Lange [von 1970 bis 1983 stellvertretender Vorsitzender des Staatlichen Komitees für Fernsehen; G.H.], wenig verantwortungsbewußt beeinflußt worden. Darüber wird auch noch eine Auseinandersetzung nötig sein. Jetzt aber sind klare Weisungen erteilt, deren Durchführung durch Genossen Adameck auch noch einmal kontrolliert werden wird."[31]

Die Medienkontrolleure im SED-Zentralkomitee schienen unverdrossen geglaubt zu haben, auf dem Befehlswege die Quadratur des Kreises vollbringen zu können. Angesichts des nahezu ungehinderten Informationsflusses aus der Bundesrepublik Deutschland mußte der Apparat jedoch zwangsläufig bei dem Versuch scheitern, den ideologischen Anspruch mit dem durchaus vorhandenen ernsthaften Bemühen um die Akzeptanz der eigenen Medien in Einklang zu bringen. Die medienpolitischen Erfüllungsgehilfen Ulbrichts und Honeckers versuchten sich in diesem aussichtslosen Unterfangen mit unterschiedlichen, meist fragwürdigen Mitteln. Als Zwischenbilanz bleibt jedoch festzuhalten: Zu keiner Zeit wollte man den Medien in der SBZ/DDR echte Freiräume zugestehen. Die häufigen organisatorischen und personellen Veränderungen innerhalb der Agitationsbürokratie des Zentralkomitees erklären sich vor allem aus dieser Vorgabe. Von ihr durfte kein Millimeter abgewichen werden, auch wenn zeitweilig gewährte, strategisch gewollte und allenfalls in Ausnahmefällen oppositionell genutzte Spielräume oder Kommunikationspannen in den Lenkungsmechanismen und auch

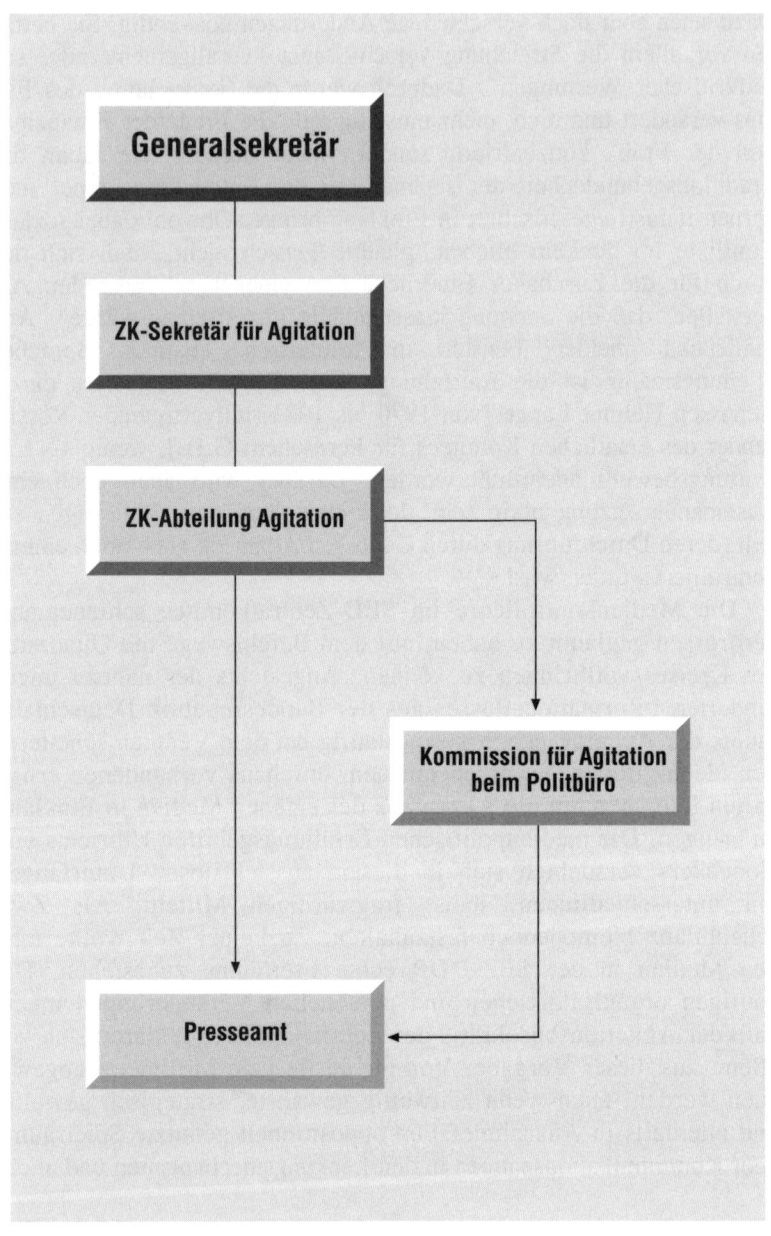

Hierarchie der SED-Medienbürokratie

Abteilungsleiter	Heinz Geggel
Stellvertretende Abteilungsleiter	Dieter Langguth, Eberhard Fensch, Hans-Joachim Kobert, Erwin Müller

Sektoren	**Leiter**
Presse	Dieter Langguth
Rundfunk/Fernsehen	Eberhard Fensch
Arbeit mit den ausländischen Korrespondenten in der DDR	Hans-Joachim Kobert
B-Sektor	Oberst Kurt Langnese
Agitation	Erwin Müller
Sichtagitation	Peter Seifert
Was und Wie/ Information	Ulrich Kalinowski
Bibliothek und Zeitungsarchiv	Jürgen Danisch

ZK-Abteilung Agitation (Stand 1989)

gelegentlich versuchte Alleingänge einzelner Journalisten dem scheinbar widersprechen.

Kapriolen aus der Praxis der Medienlenker

Zwei willkürlich herausgegriffene Presseanweisungen aus dem Alltag totalitärer Systeme in Deutschland verraten die gleiche Geisteshaltung ihrer Verfasser bei der Bevormundung der Öffentlichkeit durch gezielte Nachrichtenunterdrückung. Sie lauten: "Über die Einfuhr von Vollblutpferden soll nichts berichtet werden." und "Absolutes Tabu: Produktion von Lkw und Pkw ". Die erste Tagesparole wurde am 4. Mai 1936 auf der Reichspressekonferenz ausgegeben[32] und die zweite stammt vom 28. Juli 1988 aus der Abteilung Agitation des SED-Zentralkomitees. Sie findet sich unter diesem Datum in den wöchentlichen redaktionellen Hinweisen Dieter Eberles, des damaligen Chefredakteurs des CDU-Organs "Neue Zeit".[33] Er hatte sie auf dem üblichen Wege im Presseamt bei der wöchentlichen Instruktion der Chefredakteure der Ostberliner Blockparteizeitungen erhalten. Eberle ließ seine Aufzeichnungen routinemäßig - deklariert als "Parteiinternes Material - nur für den persönlichen Gebrauch!" - bei seinen zur exklusiven Kenntnisnahme befugten Redakteuren kursieren und von ihnen abzeichnen. Typisch für die pressepolitische Behandlung von Konflikten zwischen "Bruder"- oder befreundeten Ländern ist auch Eberles weiterer Hinweis: "Außerordentliche Achtung ist bei der Berichterstattung über die Meinungsverschiedenheiten zwischen Ungarn und Rumänien geboten. Keine Seite darf bevorzugt werden. Die Berichterstattung steht unter persönlicher Kontrolle des Chefredakteurs." Auch während des Krieges zwischen dem Iran und dem Irak waren die DDR-Medien zu strikter Neutralität verpflichtet. Beide Kriegsparteien mußten in der Berichterstattung jeweils mit der gleichen Zeilenzahl bedacht werden.

Im Gegensatz zu den nahezu komplett erhaltenen Presseanweisungen des Dritten Reiches existieren zur tagespolitischen Medienanleitung in der SBZ/DDR lediglich fragmentarische Überlieferungen. Diesbezügliche Belege müssen aus einer Vielzahl von Aktenbeständen verschiedenster Provenienz herausgefiltert und mosaikartig zusammengesetzt werden. Dazu zählen insbesondere die des SED-Zentralkomitees, der Massenorganisationen, der Blockparteien, des Presseamts, der Nachrichtenagentur ADN oder die der Staatlichen

Komitees für Rundfunk und Fernsehen. Hinzu kommt, daß die SED-Agitationsbürokraten - abgesehen von ihren durch aktuelle Ereignisse gelegentlich schon bei der Übermittlung überholten Fernschreiben - die mündliche oder telefonische Kommunikation mit den Chefredakteuren der Massenmedien bevorzugten. Durch die "Last-Minute-Befehle" der obersten Medienleitung im Zentralkomitee geriet dann die übliche Hektik vor Redaktionsschluß nicht selten zur Panik. Daraus resultierende Pannen führten häufig zu einer für die Betroffenen folgenreichen schriftlichen "Nachbehandlung". Sofern solche Vorgänge erhalten geblieben sind, vermitteln sie, ebenso wie persönliche Aufzeichnungen von Beteiligten, eine Vorstellung von den aberwitzigen Kapriolen in der alltäglichen Praxis der Medienlenker.

Derartige Kuriosa finden sich in den Tagebüchern und Notizen von Dieter Langguth, dem langjährigen Chefredakteur des FDJ-Organs "Junge Welt", der anschließend - von 1984 bis 1989 - stellvertretender Leiter der ZK-Abteilung Agitation war. Als einziger hoher Medienfunktionär meldete er sich nach der Wende im "Stern" (Nr. 23 vom 31. Mai 1990) mit einem Vorabdruck seiner Erinnerungen zu Wort. Sie sollten danach im Berliner Dietz-Verlag erscheinen, was aber vermutlich geharnischte Proteste der von Langguth drangsalierten Journalisten verhinderten. Sie hatten ihn als arrogant und zynisch auftretenden Karrieristen noch in allzu schlechter Erinnerung. Nunmehr gefiel sich Langguth in der Rolle des Satirikers in eigener Sache, der die von ihm mitverantworteten Verbote und Tabus für die Berichterstattung der Medien in launigen Worten zu schildern wußte. So habe sich - laut Langguth - Joachim Herrmann im höchsten Maße über "Neues Deutschland" erregt, als es 1987 den Auftritt des Pariser "Lidos" im Friedrichstadtpalast anläßlich der 750-Jahr-Feier Berlins nur mit einer "mürrischen Kurzrezension" auf der unteren Ecke der Kulturseite bedachte. Die Parteijournalisten hatten sich wissentlich oder unwissentlich darüber hinweggesetzt, daß das mit Honeckers Unterstützung zustande gekommene Gastspiel beträchtliche Devisen gekostet hatte, die schließlich als prestigeträchtiger Erfolg der auswärtigen Kulturpolitik und als eindrucksvolle Demonstration der "Weltoffenheit" im eigenen Lande zu Buche schlagen sollten. Das Parteiorgan mußte als "Strafarbeit" eine ausführliche und wohlwollende Besprechung nachveröffentlichen. Vorsichtshalber, weil "Unheil witternd", habe die Agitationsabteilung bei den Wochenzeitungen und Illustrierten angerufen, deren späterer Redaktionsschluß die Berücksichtigung der zweiten, nunmehr verbindlichen ND-Version in ihrer Berichterstattung zuließ. Ihnen sei lediglich bedeutet worden:"Das Pariser Lido war doch nicht schlecht, wie?". Sie hätten es alle verstanden. Meistens seien die Vorgaben jedoch weniger verklausuliert gewesen. Seinen Tagebüchern entnahm Langguth humoristisch verbrämte, tatsächlich aber schlimme, den bevormundenden Staat auf drastische Weise entlarvende Beispiele für die immer länger gewordene Liste der verbotenen Wörter und Themen:

"-Nicht das Wort Staatszirkus verwenden (das könnte den Staat lächerlich machen. Aus Trotz schrieb eine Zeitung dann: DDR-Zirkus. Prompt wurde das Verbot dieses Begriffs nachgereicht).

-Nichts über Formaldehyd (die Bürger könnten Angst vor Krebs bekommen).

-Nicht das Wort Volksschwimmhalle verwenden (für wen sind unsere Schwimmhallen denn sonst da?).

-Nichts über Putten, Bowlingbahnen, Schlößchen und Boulevards (das weckt Bedürfnisse, die wir nicht befriedigen können).

-Nichts gegen Pakistan (wir müssen uns die Start- und Landerechte in Karatschi erhalten).

-Nichts über das Kombinat Schiffbau (das hat Schulden gemacht, der Direktor wird abgestraft).

-Keine Fotos aus der Vogelperspektive (oder wollt ihr die Schuld haben, wenn ein Fotograf von der Leiter fällt).

-Kein Protokollobst auf den Tischen fotografieren (sonst wird die Bevölkerung neidisch).

-Nichts über Bratwurststände (die Leute essen schon genug Fleisch).

-Nichts über Atomkraftwerke (sonst wird ein sensibles Thema hochgepuscht).

-Nichts über selbstgebaute Fluggeräte (sonst hauen uns die Leute ab).

-Nichts über Formel-1-Rennen (wir können uns die nicht leisten)."

Brigitte Zimmermann, von 1983 bis 1991 Chefredakteurin der zu DDR-Zeiten in einer Auflage von 1,2 Mio erscheinenden und in der Publikumsgunst hoch angesiedelten "Wochenpost", hat schlechtere Erfahrungen mit Langguth als mit seinem Chef Heinz Geggel gemacht. Letzterer habe zumindest ihr gegenüber unter vier Augen

Zweifel an der Effizienz des SED-Meinungsterrors erkennen lassen. Langguth hätte ihr demgegenüber das Leben schwer gemacht. Seine Triebkraft sei unbändiger Ehrgeiz gewesen. Die Journalisten und die allgemeinen Lebensverhältnisse seien für ihn nur Spielmaterial gewesen, um noch höhere Sprossen auf der Karriereleiter erklimmen zu können. An Langguths rabulistische Auftritte bei den Donnerstags-Argus oder vor Angehörigen der Sektion Journalistik der Leipziger Universität erinnern sich die Teilnehmer nur mit Schrecken. Brigitte Zimmermann über eine Begegnung mit dem Stellvertreter Geggels:

"Der hat mir einmal, so zwei Jahre vor der Wende, übrigens in Gegenwart von Heinz Geggel, eiskalt gesagt, unsere Aufgabe sei es nicht, über die Gründe von Ausreisewünschen zu schreiben, sondern so zu arbeiten, daß die Leute zum Sozialismus ständen, auch wenn es ein halbes Jahr keinen Zucker gäbe."[34]

Unmittelbar nach ihrer "Unabhängigkeitserklärung" von der SED/PDS veröffentlichte die Rostocker "Ostsee-Zeitung" (20./21. Januar 1990) eine aus der Mitte der 80er Jahre stammende Auswahl von Anweisungen, die sie per Fernschreiben aus Berlin erhalten hatte:

„-Wir bitten von der Behandlung des 17. Juni 1953 in Veröffentlichungen abzusehen.

-In der Ausgabe für Sonnabend steht der Gruß Erich Honeckers an die 12. Weltfestspiele an der linken Spitze Seite 1.

-Ein Nachdruck der Veröffentlichung im ND '20 000 Ehemalige wollen zurück' in anderen Zeitungen ist nicht vorgesehen. Ebenso ist von eigenen Beiträgen bzw. Kommentierungen in dieser Angelegenheit abzusehen.

-Am morgigen Donnerstag findet die Übergabe der zweimillionsten Wohnung in Anwesenheit des Generalsekretärs statt: Wir bitten, darüber auf Seite 1 vom Freitag sehr groß aufgemacht zu berichten.

-Wir bitten Euch, bis auf weiteres von jeglicher weiterer Vorankündigung des DEFA-Films 'Der rote Kandidat' , ein DEFA-Film über einen entscheidenden Abschnitt im Leben von Ernst Thälmann, abzusehen. Das gilt sowohl für redaktionelle Beiträge jeglicher Art wie auch für Annoncen.

-Für die Ausgaben vom Sonnabend erhaltet Ihr den 'Aufruf zum 35. Jahrestag der Gründung der DDR'. Wir bitten Euch, den

Schriftgrad so zu wählen, daß die Seiten 1 und 2 ausschließlich diesem Material gewidmet sind.

-In Stellungnahmen von Eltern und Pädagogen sollten Bekenntnisse zu unserer Politik der Stärkung des Sozialismus und der Sicherung des Friedens (Interview Erich Honeckers) wiedergegeben werden. Dabei gilt es, die großen Leistungen unserer Volksbildung in den 35 Jahren DDR, in Geborgenheit und Zukunftsgewißheit für unsere Kinder und Enkel in der sozialistischen Gesellschaft hervorzuheben. "

Die freundlichen "Bitten" der Agitationsabteilung waren in Wirklichkeit strikt einzuhaltende Weisungen, deren Vollzug einer systematischen Überwachung und Nachzensur durch die Lektoren in der Agitationsabteilung und im Presseamt unterlag. Dabei kannten die Chefredakteure oftmals selbst nicht die Hintergründe einzelner Ver- und Gebote. Dennnoch waren sie gezwungen, sie als ihre eigene Auffassung in der Redaktion zu vertreten. Wenn es beispielsweise hieß: "Kein Wort über Erdöl", da gerade geheime und schwierige Verhandlungen mit der Sowjetunion über ausstehende Erdöllieferungen geführt wurden, mußten die Redaktionen, ohne den Grund zu kennen, aus allen Texten das Wort "Erdöl" streichen. Da dies in Korrespondentenberichten aus dem Nahen Osten oft beim besten Willen nicht zu vermeiden war, ließ man sie vorsichtshalber ganz unter den Tisch fallen. Dem rat- und hilflosen Chefredakteur blieb dann häufig nichts anderes übrig, als insistierenden Fragestellern mit dem Blick nach oben zu antworten, um verstanden zu werden.[35]

Im Grunde gab es kein Thema, nicht einmal die Veröffentlichung von Küchenrezepten, das nicht tabuisiert werden konnte. Erhalten gebliebene Anweisungen und Rügen an die Adresse der CDU- und LDPD-Presse belegen dies.[36] So erhielt die "Liberal-Demokratische Zeitung" in Halle am 17. September 1982 für die Veröffentlichung eines Rezepts mit den Zutaten Karotten und Mandeln diesen Rüffel: "Das geht doch nicht. Wir provozieren doch nur Fragen und regen Wünsche an." Am 15. Oktober 1982 verordnete man äußerste Zurückhaltung bei Umweltschutzthemen. Auch Leserbriefe zur Luftverunreinigung wären überhaupt nicht hilfreich, "wenn diese Zustände in absehbarer Zeit nicht verändert werden können." Das gelte auch für die Denkmalspflege. Sechs Jahre später war man einer Lösung eingestandenermaßen immer noch nicht näher gekommen, denn es wurde am 1. September 1988 gewarnt: "Vorsicht bei ökologischen Problemen. Es gibt auf dem Gebiet des Umweltschutzes viele Forderungen, die nicht zu erfüllen sind." Versorgungsprobleme galt es stets mit besonderem Fingerspitzengefühl zu behandeln. Allgemein gehaltene Kritik an der Konsumgüterindustrie war ohnehin strengstens untersagt. Bedürfnisse sollten nicht zusätzlich stimuliert werden. Deshalb galt den LDPD-Zeitungen auch der ausdrückliche Hinweis vom 19. November 1982, auf keinen Fall aus dem Artikel "Festvorbereitung ohne Hektik" aus dem "Guten Rat" (Nr.4/1982) etwas nachzudrukken. Ergänzend hieß es: "Unter Bezug auf Telefonat am 10.11.'82 bitten wir noch einmal nachdrücklich darum, bei Veröffentlichungen über Weihnachtsmärkte und Weihnachtsvorbereitung im allgemeinen die Eß- und Kauflust nicht noch besonders anzureizen. (Bitte auch Anzeigenabteilung informieren)."

Besondere Vorsicht war also geboten bei der publizistischen Behandlung von Umweltproblemen, von Versorgungsfragen, der Altbausubstanz - übrigens ein zeitweilig aus naheliegenden Gründen ausdrücklich untersagter Begriff -, der Fluchtproblematik, aber auch generell bei statistischen Angaben aus allen Lebensbereichen. Spezifizierte Daten zur Kriminalitätsentwicklung oder zur personellen Stärke der bewaffneten Organe waren ohnehin ein Tabu.

Als Faustregel für die von den Medien erwünschte Beschäftigung mit Problemen galt: Sie mußten lösbar sein. Das war aber allenfalls in Ausnahmefällen möglich. Dabei handelte es sich um vermeidbare Ärgernisse des Alltags, Behördenschlampereien oder persönliche Versäumnisse von Staats- und Wirtschaftsfunktionären auf der mittleren und der unteren Ebene. Von diesen Themen profitierte das seit 1963 vierzehntäglich ausgestrahlte Fernsehmagazin "Prisma", womit es eine für DDR-Verhältnisse hohe, bis zur 20-Prozent-Marke reichende Sehbeteiligung erzielte. Doch mehr als oberflächlich kritischen Alibijournalismus konnte auch "Prisma" nicht leisten. Die langjährige Leiterin und Moderatorin des Magazins, Rosi Ebener, nannte zwei Standardargumente, die wie ein Damoklesschwert über nahezu jedem Beitrag geschwebt hätten: "Wir würden dem angenommenen Gegner - insbesondere dem Westfernsehen - Agitationsmaterial liefern, respektive eigene wirtschaftliche Interessen gefährden."[37]

Wie abenteuerlich und bedrückend zugleich es für Fernsehjournalisten war, die vom Zentralkomitee verordnete Erfolgspropaganda für vermeintliche industrielle Spitzenprodukte zu betreiben, schilderte Horst Mempel am 22. Januar 1990 im DDR-Fernsehmagazin "Klartext".[38] Vor der Wende war Mempel Redakteur der 1985 eingerichteten Sendereihe "Wettlauf mit der Zeit", die vorrangig die Erzeugnisse der Schlüsseltechnologie ins parteilich erwünschte Bild zu setzen hatte. Nicht nur das jeweilige Thema, sondern auch die Konzeption der Sendungen stammten aus dem Zentralkomitee. Für deren inhaltliche Umsetzung galten strikte Regeln: "1. daß es sich um internationale Spitze handelt bei der Technologie, 2. daß die Arbeitsproduktivität steigt, 3. daß die Kosten, Arbeitszeit, Material und Einsatz von Arbeitskräften gesenkt werden, 4. daß es Arbeitserleichterungen gibt, 5. daß andere Sozialleistungen mit der Investition verbunden sind und 6. daß die Beteiligten sich zu Interviews bereitfinden." Auch für die in den Interviews erwünschten Statements existierte ein verbindlicher Leitfaden, der vorgab: "Stolz auf die moderne Technologie, Bereitschaft zu höheren Leistungen, Zuversicht in die Politik der Partei, Dankbarkeit für die Sozialleistungen, Stolz auf die Republik." Probleme durften nur genannt werden, wenn sie bereits gelöst waren. Firmennamen westlicher Firmen sollten nach Möglichkeit ausgespart oder überklebt werden. Die Textbeiträge hatten sich generell an die Formulierungen der letzten Parteibeschlüsse anzulehnen. Zur Abnahme eines Filmes über die nach Mempels Meinung "wirklich guten Perfekta-Schneidemaschinen" aus Bautzen sei die Zustimmung von nicht weniger als zehn Verantwortlichen erforderlich gewesen: "1. der Redaktionsleiter, 2. der zuständige Bereichsleiter, 3. der zuständige Parteisekretär, 4. ein eigens für diese Reihe zuständiger ZK-Mitarbeiter, 5. mindestens ein Fachmann aus dem Betrieb, 6. der für Publizistik zuständige Leiter des Staatlichen Komitees für Fernsehen, 7. ein Vertreter des zuständigen Ministeriums, 8. ein Vertreter der zuständigen Fachabteilung im ZK der SED, 9. der Leiter der Abteilung Sozialistische Wirtschaftsführung im ZK der SED, 10. Günter Mittag persönlich."

Die Vorgaben und die Abnahmeprozedur beim Fernsehbeitrag über die "Perfekta-Schneidemaschinen" verdeutlichen zweierlei: Zum einen wäre eine Zensurbehörde, wenn es sie in einer institutionalisierten Form gegeben hätte, völlig überfordert gewesen, alle tagespolitisch und ideologisch abträglich erscheinenden Text- und Bildsequenzen zu verändern oder herauszuschneiden. Zum anderen hatten es die Regisseure und Produzenten von Spiel- und Dokumentarfilmen mit Heerscharen von Vor- und Nachzensoren zu tun, deren Eingriffe und Weisungen noch schwerer nachvollziehbar waren als die eingespielten

42

Lenkungsmechanismen für die Argumentationsführung in der aktuellen Berichterstattung. Hinzu kam, daß auch andere jeweils fachlich zuständige ZK-Sekretäre dem Sekretär für Agitation ins Gehege kommen konnten. So besaßen beispielsweise für den Bereich der Spiel- und Fernsehfilmproduktion Kurt Hager, ZK-Sekretär für Wissenschaft und Kultur und Politbüromitglied, oder bei der informationspolitischen Behandlung ökonomischer Themen Joachim Herrmanns Politbürokollege, der Wirtschaftssekretär und Honecker-Vertraute Günter Mittag, ein gewichtiges Mitspracherecht.

Die Einflußnahme Günter Mittags, "eines Menschenverächters sondersgleichen", auf die zentralen Medien ist Insidern zufolge, selektiv ausgeübt worden.[39] Den bei "Neues Deutschland" für Wirtschaftspolitik zuständigen Leitern hat er auf direktem Wege bestimmte Themen und Diktionen befohlen. Die fertigen Manuskripte, die daraufhin unter Mithilfe seiner neun ihm unterstehenden ZK-Abteilungen sowie seines Büros entstanden seien, waren ihm vor der Veröffentlichung vorzulegen. Mittag vermied in der Regel die persönliche Konfrontation mit Journalisten. Stattdessen ließ er die von ihm veranlaßten Sprachregelungen, deren Umfang die der anderen ZK-Sekretäre um ein vielfaches übertraf, über seine ZK-Abteilungen der Agitationsabteilung oder der Agitationskommission übermitteln, die sie dann an die Chefredakteure weiterzuleiten hatten. Wenn, was häufig vorkam, Mittag Veröffentlichungen mißfielen, beschwerte er sich stehenden Fußes unmittelbar bei Herrmann oder Honecker, um sie zu disziplinarischen Maßnahmen zu veranlassen. Sofern SED-Bezirkszeitungen Mittags Unmut erweckten, zog er die 1. Sekretäre der Bezirksleitungen zur Rechenschaft.

Mittag ließ aber nicht nur die Wirtschaftsberichterstattung beobachten, sondern auch die Anzeigenteile der Zeitungen studieren. Am 18. Juli 1981 fertigte Heinz Geggel eine Aktennotiz für Joachim Herrmann folgenden Inhalts: "Zu Deiner Information teile ich Dir mit, daß wir nach einem Hinweis von Genossen Mittag Ende Juli ein generelles Verbot festgelegt haben, Kauf- oder Tauschanzeigen für den japanischen PKW 'Mazda' zu veröffentlichen. Die Ursache für dieses generelle Verbot liegt darin, daß bereits ein schwunghafter Handel über die Annoncen eingesetzt hatte (siehe Anlage)."[40] Beigefügt waren 36 säuberlich ausgeschnittene und aufgeklebte Kleinanzeigen aus der "Berliner Zeitung", der "BZ am Abend" und der "Neuen Zeit" mit "Mazda"-Bezug.

Für den amtierenden Verlagsdirektor und Anzeigenleiter der Weimarer "Thüringischen Landeszeitung" der LDPD sollte eine dort am 28. Juli 1981 veröffentlichte Tauschanzeige "Mercedes-Mazda" allerdings ein unangenehmes Nachspiel haben. Bereits zwei Tage später unterrichtete Chefredakteur Hans-Dieter Woithon über das "Fehlverhalten" seines Anzeigenleiters den Chefredakteur des Berliner LDPD-Zentralorgans "Der Morgen", Gerhard Fischer, der zugleich für die Anleitung aller LDPD-Zeitungen mitverantwortlich war. Zur Entlastung des Anzeigenleiters führte Woithon zwar dessen familiäre Sorgen und gesundheitlichen Probleme an, doch er habe dennoch "fixiert, bei Rückkehr des Verlagsdirektors am Montag, 3. August, ein Disziplinarverfahren einzuleiten, in dessen Ergebnis Leitungsmaßnahmen zur Gewährleistung noch größerer politischer Sicherheit festzulegen sind."[41]

In ihrer permanenten Sorge um die "Gewährleistung der politischen Sicherheit" gestaltete sich für die Agitationsbürokraten der Umgang mit gesellschaftskritischen DEFA-Spielfilmen und Fernsehspielen als besonders kompliziert. Obwohl Filmprojekte von der Vergabe des Drehbuches bis zur Schlußabnahme unter Parteikontrolle standen, entstanden immer wieder Filme, die den Verantwortlichen ideologische Bauchschmerzen verursachten. Das galt Ende 1978 beispielsweise für Frank Beyers Fernsehspiel "Geschlossene Gesellschaft" mit Jutta Hoffmann und Armin Mueller-Stahl in den brillant gespielten Hauptrollen eines im und auch am Sozialismus gescheiterten Ehepaares ebenso wie für Egon Günthers TV-Spiel "Ursula" nach einer Novelle von Gottfried Keller. Der für beide Produktionen verantwortliche Leiter des Bereichs Dramatische Kunst beim DDR-Fernsehen, Hans Bentzien, mußte daraufhin seinen Hut nehmen. Bei der Programmankündigung für den Sendetermin der "Geschlossenen Gesellschaft" am 29. November 1978 um 21.30 Uhr fehlten in der Fernsehzeitschrift "FF dabei" im Gegensatz zu westdeutschen Medien jegliche erläuternden Hinweise. Damit der Film möglichst unter Ausschluß der Öffentlichkeit lief, verlegte man obendrein in letzter Minute den Sendebeginn um eine Stunde, eine für die meisten DDR-Bürger nachtschlafene Zeit. Selbstredend unterblieb auch eine anschließende öffentliche Diskussion über Frank Beyers erst nach der Wende wieder gezeigten Film. Bei Egon Günthers Film "Ursula" traten allerdings Übermittlungspannen bei der Instruktion für dessen publizistische Nachbehandlung auf. Drei SED-Bezirkszeitungen veröffentlichten zwar kritische, aber dennoch differenzierte Rezensionen, die Geggel mit folgenden Bemerkungen an Herrmann schickte:

"1. Alle Bezirkszeitungen, die noch keine Rezension veröffentlicht haben, werden angerufen und es wird ihnen gesagt, daß wir ihnen dringend empfehlen, zu diesem Film - mit seinen anarchistischen Zügen und Schweinereien - keine Rezensionen zu bringen. (Ich habe absichtlich den Genossen gesagt, sie sollen mit zwei Worten bei dem Telefongespräch eine Wertung geben, damit man in den Bezirken unsere Meinung kennt.) 2. Dem Chefredakteur der 'Märkischen Volksstimme' wird mitgeteilt, daß er eine Leserdiskussion zu diesem Film unterlassen soll."[42]

Knapp ein Jahr später war Ralf Kirstens DEFA-Film "Lachtauben weinen nicht" nach dem Drehbuch von Helmut Baierl im Zentralkomitee Stein allerhöchsten Anstoßes. Das Szenarium war zwar in der stets angemahnten Arbeitswelt angesiedelt, doch es vermittelte allzu realistische Einblicke in Probleme, die es in sozialistischen Betrieben längst nicht mehr geben sollte: Konflikte zwischen der Leitung und den Arbeitern und die Erkenntnis, daß Kritik nur Nachteile bringt. Obwohl DEFA-Spielfilme im allgemeinen erst ein Jahr nach ihrer Erstaufführung im Fernsehen gezeigt wurden, wählte man überraschend eine neue Variante, um diesen Film möglichst schnell abzuhaken. Bereits 14 Tage nach seiner Kinopremiere lief er am 2. Oktober 1979 im 1. Programm des DDR-Fernsehens. Heinz Adameck, der Vorsitzende des Staatlichen Fernsehkomitees, übersandte Joachim Herrmann ein 7-Punkte-Papier, in dem er detailliert die Ankündigungsmodalitäten am 1. und 2. Oktober auflistete. Unter Punkt 5 schlug Adameck diesen Text für die Ansagerin Doris Weinkow vor."Guten Abend liebe Zuschauer. Vor 14 Tagen hatte der DEFA-Film 'Lachtauben weinen nicht' in unserer Hauptstadt seine Kinopremiere. Dieser Film von Helmut Baierl und Ralf Kirsten gehört zu einer ganzen Reihe von Werken der Filmschaffenden der DEFA zum 30. Jahrestag. Er erhielt inzwischen das Prädikat 'wertvoll'.[diesen Satz strich Herrmann, G.H.] Ich lade Sie ein zur Geschichte um Rolf Ziener, Spitzname 'Lachtaube'."[43] Statt des Hinweises auf die kurz vorhergehende Kinopremiere formulierte Herrmann handschriftlich "der zur Zeit in unseren Kinos läuft". Adamecks Entwurf für eine entsprechende ADN-Meldung mit der von Herrmann doppelt unterstrichenen Sperrfrist "2.10.1979, 4.00 Uhr" genehmigte der Agitationssekretär ebenfalls unter Berücksichtigung seiner Änderungswünsche.

Probleme ganz anderer Art bereitete bei der Programmgestaltung häufig der Monat August, in den der Jahrestag des Mauerbaus fiel. So sah sich Adameck in einem Schreiben an Herrmann vom 30. Juni 1980 genötigt, vorsorglich auf Terminschwierigkeiten für die Ausstrahlung des fertiggestellten Films "Risiko" aus der Reihe "Der Staatsanwalt hat das Wort" hinzuweisen. Der Film entstand in Abstimmung mit der Generalstaatsanwaltschaft und dem Ministerium für Staatssicherheit. Er basierte auf einer wahren Begebenheit, der gescheiterten Flucht eines Ehepaares, dessen Kleinkind im Kofferraum erstickte. Ursprünglich sollte der Film im zeitlichen Zusammenhang mit dem Prozeß gesendet werden. Zwischen Adameck und Geggel, der sich für das Projekt mit Nachdruck eingesetzt hatte, war bereits eine Sendeplatz in der zweiten Augusthälfte 1980 vereinbart worden. Doch bei Adameck - wohl auch in Sorge vor einem Einsteigen westlicher Medien - kamen neuerliche Bedenken auf, die er Herrmann unterbreitete: "Unabhängig davon sind aber bei dem Einsatz dieses Films in der 2. Augusthälfte [im Original unterstrichen, G.H.] soviel Zusammenhänge zu bedenken, die mich veranlassen, um Deine Entscheidung zu bitten. Ich wende mich auch deshalb an Dich, weil wir für den Ausdruck von FF Dabei 5 Wochen Vorlauf haben und deshalb vorher alle Umstände genau bedacht werden müssen."[44] Darunter fiel auch die Andeutung der Fluchtmotive des Ehepaares, die unter anderem auf unzulängliche Wohnverhältnisse zurückzuführen waren. Man entschied sich letzten Endes gegen eine Ausstrahlung von "Risiko". Es war, so Erich Selbmann, der verantwortliche und deshalb unversehens mit Schuldzuweisungen bedachte Abteilungsleiter für Dramatische Kunst beim Fernsehen, der einzige fertiggestellte Film, der aus politischen Gründen nicht gesendet worden sei.[45]

Altgediente Parteijournalisten neigen dazu, die Informationspolitik in der Ulbricht-Ära als flexibler und ideenreicher als die von Honekker und Herrmann praktizierte zu verklären. Tatsächlich unterliegen sie aber damit bewußten oder unbewußten Verdrängungsmechanismen. Ihre damalige weitgehende, auf innerer Überzeugung beruhende Identifizierung mit der Parteiführung läßt es für sie in Vergessenheit geraten, daß die Schuriegelei der Journalisten seinerzeit noch drastischere Ausmaße hatte, als dies in den beiden letzten Jahrzehnten der DDR der Fall war. Die landläufige "parteiliche" Rechtfertigung, dies sei auf die unüberbrückbar erscheinende Ost-West-Konfrontation im sogenannten Kalten Krieg zurückzuführen gewesen, enthält so nur ein Körnchen Wahrheit. Erhaltene Aktenfragmente aus den 40er und 50er Jahren belegen stattdessen den zielgerichteten Aufbau der "Presse neuen Typs", der nach leninistisch-stalinistischem Vorbild mit permanenten personalpolitischen Säuberungen in den eigenen Reihen verbunden war. Beispielhaft dafür ist ein Bericht Hermann Axens vom 3. Februar 1950 "über die Maßnahmen zur Verbesserung der Rundfunkarbeit", der unter anderem für Ulbricht, Pieck und Grotewohl bestimmt war.[46]

Axen vermeldete zunächst "erhebliche Verbesserungen" in der Rundfunkarbeit, die nach "eingehenden Aussprachen" im Amt für Information, der Vorgängereinrichtung des Presseamtes, zu verzeichnen seien. Es sei eine "entscheidende Wendung in der Behandlung der Probleme der Sowjetunion, der Volksdemokratien, der Fragen unserer Partei und der Deutschen Demokratischen Republik" eingetreten. Dies sei durch die laufende politische Information "der Genossen beim Berliner Rundfunk und in Grünau durch den Gen. Eisler und mich" erreicht worden. Gerhart Eisler, der Leiter des Amtes für Information, dem als Westemigranten von seiten der Partei ohnehin unverhülltes Mißtrauen entgegenschlug, wurde angehalten, täglich politische Unterweisungen der verantwortlichen Leiter beim Berliner Rundfunk und beim Deutschlandsender zu veranlassen, eine Kontrollabteilung in seinem Amt für den gesamten Rundfunk zu etablieren und vor allem Personalveränderungen durchzuführen. Axen hielt daran fest. "In der Unterabteilung Auslandsnachrichten, die früher von ausgesprochenen Faschisten und westorientierten Elementen geleitet wurde, ist nach Säuberung jetzt der Einfluß der inzwischen gewonnenen Genossen maßgebend." Zum ersten Male könnte, laut Axen, von einer wirklich arbeitsfähigen SED-Betriebsgruppenleitung beim Berliner Rundfunk die Rede sein. Auch die Personaldirektion sei von den mit der "'englischen Krankheit' behafteten Genossen gesäubert" worden, womit die während des Dritten Reiches in den Westen emigrierten Kommunisten gemeint waren. Völlig dem NS-Jargon und dem nationalsozialistischen Kunstverständnis entsprechend, wußte Axen der Parteiführung auch über Maßnahmen zur Neugestaltung von Musiksendungen zu berichten: "Bekanntlich war die amerikanische Dekadenzmusik im Berliner Rundfunk Gegenstand der heftigsten Kritik. Vor 14 Tagen wurde eine Beratung mit dem für die Musikabteilung zuständigen Genossen Goldschmidt durchgeführt, auf der die sofortige Ausmerzung der amerikanischen Jazzmusik festgelegt wurde."

Strukturveränderungen insbesondere beim Hörfunk und Fernsehen, aber auch bei der Parteipresse beschäftigten in regelmäßigen Abständen die SED-Führung. Stets sollte dabei in erster Linie die "politische Sicherheit" verbessert werden. Die durchaus erwünschte "Massenwirksamkeit" der Medien blieb dabei zwangsläufig auf der Strecke. Wie sollte etwa ein Hörfunkjournalist noch locker bleiben können, wenn beispielsweise das ZK-Sekretariat unter Leitung Ulbrichts am 13. April 1953 unter anderem beschloß: "Die politische Kontrolle der unmittelbaren Tätigkeit vor dem Mikrofon wird verstärkt durch die Einrichtung einer neuen Abteilung 'Mikrofon-Kontrolle'".[47]

Unter der Titelzeile "Über die ideologischen Schwankungen im 'Eulenspiegel'" findet sich im Nachlaß Walter Ulbrichts eine undatierte und nicht namentlich gezeichnete, jedoch mit kräftigen Unterstreichungen versehene Kurzanalyse.[48] Die darin enthaltenen inhaltlichen und zeitlichen Angaben lassen darauf schließen, daß sie um die Jahreswende 1956/57 in der Agitationskommission entstanden sein könnte. Gerügt werden in dieser Niederschrift unter anderem die "kleinbürgerliche Grundhaltung" der Redaktion, "nihilistische Beiträge" sowie "mehrere offene bauernfeindliche" Artikel und insgesamt die Tendenz, "die ganze Vergangenheit als eine einzige Misere" zu bezeichnen. Zwei Drittel des Platzes würden Fragen der inneren Kritik gewidmet und nur ein Drittel "der Entlarvung unserer Feinde". Im Sommer 1956 habe sich dann das Sekretariat eingeschaltet und Mitglieder der Agitationskommission hätten zusammen mit Mitarbeitern der Abteilung Agitation/Presse-Rundfunk ständige ideologische Auseinandersetzungen mit der Redaktion des "Eulenspiegels" geführt. Als Gründe für die "ideologischen Schwankungen" in dem satirischen Wochenblatt machte man den XX. Parteitag der KPdSU mit seinen Entstalinisierungstendenzen und die vorübergehende Liberalisierung in Polen aus. Dabei wurden dem Blatt nicht so sehr "ideologische Fehler" angekreidet, sondern vielmehr der Mangel an einem "genügend kämpferischen Geist", der den "Gegner haßt und ihm vernichtende Schläge versetzt". Nach harten Auseinandersetzungen, registrierte der Verfasser des Papiers, - möglicherweise Albert Norden, seien "einige Anfangserfolge" erzielt worden. Um den "Eulenspiegel" "entschiedener und wirksamer zu beeinflussen" sei festgelegt worden, daß der Chefredakteur des Blattes zu den Sitzungen der Agitationskommission mit den Chefredakteuren hinzukomme und außerdem jede Woche zwei Kommissionsmitglieder "eine spezielle Beratung mit der Redaktionsspitze des 'Eulenspiegel', den satirischen Mitarbeitern des Rundfunks und der Leitung des 'Stacheltier' (DEFA) abhalten."

Nicht nur auf die ohnehin bei der Parteiführung ungeliebte Satire richtete die Agitationskommission ihr Augenmerk, sondern ebenso auf die Nachrichtengebung der Parteipresse, des Rundfunks und die der Nachrichtenagentur ADN. So monierte der stellvertretende Leiter der Agitationskommission, Horst Sindermann, in einem Bericht vom 3. August 1955 an das ZK-Sekretariat Fehler bei der Berichterstattung über den DDR-Besuch Chruschtschows Ende Juli 1955.[49] Die "Freie Erde" in Neubrandenburg habe am 26. Juli darüber nur 11 Zeilen veröffentlicht. Ein ADN-Korrespondent hatte - was aufgrund der üblicherweise vorfabrizierten Kommuniqués keine Seltenheit war - eine Meldung über Lokaltermine der sowjetischen Delegation durchgegeben, ohne daß diese bereits stattgefunden hatten. Als "besonders groben Fehler" prangerte Sindermann an, der Rundfunk habe in seiner Berichterstattung vom 26. Juli nur die Mitglieder der DDR-Regierung, jedoch nicht die Mitglieder des Politbüros namentlich erwähnt.

Den Chefredakteur von "Neues Deutschland", Georg Stibi, forderte Sindermann, ebenfalls in seiner Eigenschaft als stellvertretender Leiter der Agitationskommission, am 10. Oktober 1955 ultimativ auf, innerhalb von zwei Tagen die seit April jenes Jahres ausstehende Vorlage "über Maßnahmen zur Verbesserung der politischen Leitung der Redaktion 'Neues Deutschland'" zu übersenden.[50] Die Hauptvorwürfe an die Adresse des zu allen Zeiten unter der Willkür der Parteiführung besonders leidenden Zentralorgans lauteten: Unlesbarkeit, mangelnde Aktualität, "keine scharfe Polemik mit den Argumenten des Feindes" sowie Vernachlässigung der Literatur und der Kunst. Stibi legte sogleich einen ausführlichen Strukturplan vor, übte Selbstkritik und gelobte Besserung. Als Sofortmaßnahme sei das Redaktionskollegium genötigt gewesen,"die Kaderleiterin wegen Unbrauchbarkeit abzuberufen".[51] Er selbst mußte ebenfalls seinen Chefredakteursposten im Juli 1956 an den in der Mediengängelei des Zentralkomitees bereits einschlägig erprobten Hermann Axen abgeben. Dessen Verhältnis zur Parteiführung als ND-Chefredakteur sollte sich indessen ebenso wie das seiner Vorgänger und Nachfolger als konflikt-beladen erweisen.

Auch nach dem Mauerbau trat die von der SED-Führung erhoffte Konsolidierung der gesellschaftlichen Verhältnisse nicht ein. Deshalb war in den 60er Jahren die Medienpolitik Nordens und später die von Lamberz keineswegs solider als die des zu Recht viel gescholtenen Joachim Herrmann. Erhaltene Notizen aus einer von Norden geleiteten Sitzung der Agitationskommission am 21. Dezember 1965 offenbaren dessen propagandistische Holzhammermethoden. Der im Stenogrammstil verfaßten Niederschrift zufolge habe Norden unter anderem ausgeführt:

"Bei uns ist Weihnachten ein Zusammenstehen des Volkes und der Familien. In Westdeutschland der Zerstörung der Moral und des Gegeneinanders der Menschen. Die Westdeutschen wollen in der Mehrheit auch anständig leben. Die Mehrheit der Westdeutschen ist für ein Leben in Sauberkeit gegen amerikanische Bindung und amerikanische Einflüsse. Bei uns ist Weihnachten das Fest des Volkes und der Familie. In Gegenüberstellung entlarven wir die volks- und familienfeindliche Bonner Politik."[52]

In den letzten Jahren seiner Amtszeit zeigt sich Norden zunehmend unzufrieden mit der Gestaltung der "Aktuellen Kamera". So drohte er im August 1966 unverhüllt dem stellvertretenden Leiter der Abteilung Agitation, Frank Joachim Herrmann, dem späteren Redenschreiber Honeckers als Staatssekretär und Leiter der Kanzlei beim Staatsratsvorsitzenden: "Nach meinen wiederholten Beschwerden bei Dir über die oft unqualifizierte Nachrichtengebung der Aktuellen Kamera frage ich, wie lange die Abteilung Agitation und besonders ihr amtierender Leiter diesen Dingen ihren Lauf läßt."[53] F. J. Herrmann wies Adameck umgehend an, personelle und organisatorische Veränderungen zu veranlassen. Ab sofort mußten der stellvertretende Intendant und Leiter der Hauptabteilung Aktuelle Politik, Günter Klein, sowie der Chefredakteur der AK, Hubert Kröning, der kurz darauf durch Erich Selbmann ersetzt wurde, persönlich die Sendung abnehmen. Darüber hinaus sollte versuchsweise die AK täglich bis 18.50 Uhr aufgezeichnet werden, wobei bis 19.00 Uhr, also eine halbe Stunde vor Sendebeginn, drei Minuten Sendezeit freizuhalten waren, um bis dahin eingegangene wichtige Meldungen "anhängen zu können."[54]

Der von vielen ehemaligen DDR-Journalisten hochgelobte Werner Lamberz, befleißigte sich zwar einer sachlicheren Diktion als sein Vorgänger Albert Norden, doch im Kern verfuhr er bei seinen Anweisungen nicht weniger rigide. Schon am 30. April 1970 versandte Lamberz einen Rundbrief an alle Chefredaktionen zur "politisch-ideologischen Arbeit in Vorbereitung der Olympischen Spiele 1972 in München."[55] Lamberz forderte, die Zeit bis 1972 zielstrebig zu nutzen, "um ideologische Klarheit über den besonderen [im Original unterstrichen, G.H.] Charakter Olympischer Spiele im imperialistischen Westdeutschland zu schaffen." Lamberz betonte nachdrücklich, dies sei keine Ressortaufgabe der Sportpolitik, sie berühre vielmehr alle Politikfelder, da diese "ideologische Auseinandersetzung" nur "noch der Form nach mit dem Thema Sport zu tun" habe.

Im Herbst 1989 fanden die Kapriolen der Medienlenker im Zentralkomitee ein jähes Ende. Kurz vor Toresschluß leistete sich Joachim Herrmann jedoch noch ein Kabinettsstückchen, als er eine ADN-Meldung vom 2. Oktober 1989 über eine selbstkritische Rede seines Politbürokollegen, Ministerpräsident Willi Stoph, zurückziehen ließ. Stoph hatte sich anläßlich der Übergabe eines Ehrenbanners im VEB Mikromat Dresden zu Mängeln und Versäumnissen der Parteiführung bekannt, die zu der Fluchtwelle vieler Jugendlicher in die Bundesrepublik geführt hatte. Der FDJ-Vorsitzende Eberhard Aurich unterrichtete Egon Krenz schriftlich über die Reaktion aus dem Büro Herrmann, die in dem lapidaren und realitätsfernen Bescheid gipfelte: "Solche Sätze lassen wir künftig auch in der Jungen Welt nicht mehr zu."[56]

Ulbricht und Honecker als "General-Chefredakteure"

Erich Honecker wollte sich angeblich nach seinem Sturz ins Exil nach Nordkorea begeben. Dort wäre ihm beim "Großen Führer" Kim Il-sung und dessen Sohn, dem "Geliebten Führer" Kim Jong-il, wohl der Gesprächsstoff über das Zeitungsmachen nicht ausgegangen. Der alte Kim habe das kommunistische Zentralorgan "Rodong Sinmun" gegründet, und der junge Kim habe sich als gelehriger Schüler seines Vaters erwiesen, indem er der Parteizeitung schon seit langem große Aufmerksamkeit geschenkt habe, verriet deren amtierender Chefredakteur.[57] In Wahrheit sei Kim Jong-il der "Ehrenchefredakteur", dem die wichtigsten Artikel vor dem Druck zur Begutachtung unterbreitet würden. Er korrigiere Fehler und erteile im Sinne seines Vaters konkrete Anweisungen. Jener habe immer wieder gesagt, die Journalisten seien nun einmal "Mund, Ohren und Nase der Partei."

Ob Honecker auch den Geruchssinn der Journalisten instrumentalisieren wollte, sei dahingestellt. Daß er sich jedoch mit der gleichen Intensität wie seine koreanischen Genossen persönlich um sein Parteiorgan "Neues Deutschland" und die anderen zentralen Medien gekümmert hat, enthüllten erst im vollen Umfang die geöffneten Archive und die Berichte von Zeitzeugen. Honeckers, für einen Staats- und Parteichef kaum vorstellbares, zeitraubendes medienpolitisches Engagement ähnelte im übrigen dem seines politischen Ziehvaters Walter Ulbricht, wenngleich die Verschiedenartigkeit ihrer Charaktere auch im Umgangsstil mit den Medien zu Tage trat. Beide Generalsekretäre hätten indes in Anlehnung an ihr Parteiamt durchaus Anspruch auf den Titel eines "General-Chefredakteurs" erheben können, wenn es ihn denn gegeben hätte.

Ulbricht besaß schon als stellvertretender SED-Vorsitzender keinerlei Skrupel, über die Köpfe der Vorsitzenden Pieck und Grotewohl hinweg auch die Pressearbeit der Partei persönlich anzuleiten. Honecker vermied dagegen nach Möglichkeit die unmittelbare Konfrontation und bevorzugte es, seine nicht minder rigiden Eingriffe in die Berichterstattung der Medien durch die zuständigen ZK-Sekretäre und Abteilungsleiter exekutieren zu lassen. Während Ulbricht keine Scheu hatte, in seiner unverwechselbaren Art vor Parteigremien und in Zeitungsredaktionen aus dem Stegreif seinen Zuhörern die Leviten zu lesen oder auch an Hörfunk- und Fernsehdiskussionen teilzunehmen, war es bereits ein Sakrileg, als im Oktober 1971 der Intendant von Radio DDR, Rolf Schmidt, auf eigene Faust Honecker zur Mitwirkung an der Sendereihe "Journalisten fragen" einlud.[58] Honecker versah Schmidts Brief mit der Bemerkung "nicht möglich" und schickte ihn an Werner Lamberz, der die Angelegenheit durch die seinerzeit von Hans Modrow geleitete Abteilung Agitation prüfen ließ. Der zuständige Sektorenleiter Eberhard Fensch berichtete, er habe mit Schmidt eine "grundsätzliche parteimäßige" Aussprache über die Verfahrensweise in solchen Fragen geführt. Ergebnis: "Genosse Schmidt hat von sich aus erklärt, daß er sich bewußt ist, hier einen Fehler gemacht zu haben. Es ist gesichert, daß sich so etwas nicht wiederholt."[59] Damit ließ Honecker schon zu Beginn seiner Amtszeit ein Zeichen dafür setzen, daß DDR-Journalisten kaum auf Zutritt bei ihm hoffen durften.

Über Ulbrichts Schreibtisch liefen in der unmittelbaren Nachkriegszeit alle grundsätzlichen Vorgänge zur leninistisch-stalinistischen Strukturierung der Medienlandschaft in der SBZ/DDR. Darüber hinaus kommunizierte er anfangs häufig direkt mit den Redaktionen, wobei er Lob und Tadel verteilte oder die Bearbeitung von ihm gewünschter Themen verlangte. Aber er schaltete sich auch in die frühzeitig engmaschig geknüpfte Medienlenkung des Parteiapparats ein. So wandte sich Ulbricht beispielsweise mit dieser, als eilig deklarierten Hausmitteilung vom 27. Oktober 1947 an den im Parteivorstand für die Medien zuständigen Otto Meier:

"Ich schlage vor, feststellen zu lassen, wie die SED-Presse in der Ostzone in den letzten 10 Tagen zu den vom Parteitag aufgeworfenen neuen Fragen im Zusammenhang mit Befehl 234 [SMAD-Befehl, der sich unter anderem mit den hygienischen Bedingungen in Kantinen befaßte, G. H.] Stellung genommen hat. Diese Kritik würde ich vorschlagen, den Zeitungen mit dem Pressedienst zuzuschicken. Dabei müßte gleichzeitig an Hand des guten Beispiels von Sachsen [von Ulbricht unterstrichen, G. H.] gezeigt werden, in welcher Weise die neuen Aufgaben im Mittelpunkt der Zeitung zu stellen sind."[60]

In dieser Weise griff Ulbricht auch in der Folgezeit in die Medien-Berichterstattung ein, was nicht nur den Journalisten bei den Printmedien, sondern auch den Filmemachern der DEFA sowie mit der wachsenden Bedeutung des Fernsehens den dortigen Verantwortlichen manche "Beulen" eintrug, wie das die Ehemaligen in ihren Erinnerungen wohl etwas zu euphemistisch verbrämen.

Zu den Besonderheiten der Ulbricht-Ära gehörten häufige, vom Parteichef persönlich initiierte und von seinem Agitationssekretär Albert Norden mit Übereifer betriebene Medien-Kampagnen gegen die Bundesrepublik und deren Spitzenpolitiker. So sollte beispielsweise Konrad Adenauers angebliche Sympathie gegenüber den Nationalsozialisten aufgrund dessen am 10. August 1934 an den preußischen Innenminister gerichteten Gesuchs zur Versetzung in den pensionsberechtigten Ruhestand nachgewiesen werden und propagandistisch ausgeschlachtet werden.[61] Den Anstoß dazu gaben der diensteifrige Direktor des Deutschen Zentralarchivs (Abteilung Merseburg), Heinz Welsch, und der Sekretär der SED-Betriebsparteiorganisation des Archivs, Horst Thieme, in einem gemeinsam unterzeichneten, vom 29. September 1960 datierten Schreiben an den "werten Genossen Ulbricht" mit folgendem Inhalt:[62]

"Beigeschlossen übersenden wie Ihnen die Fotokopie eines Schreibens Konrad Adenauers an den Preuß. Minister des Innern vom 10.8.1934, in dem sich Adenauer selbst als Förderer der NSDAP in den Jahren der Weimarer Republik entlarvt (s. vor allem Seite 2).

Wir haben das Dokument, das von Mitarbeitern unseres Archivs im Rahmen von Recherchierungsarbeiten aufgefunden wurde, die von der Staatlichen Archivverwaltung im Ministerium des Innern angeregt wurden, unmittelbar an Sie übersandt, weil wir glauben, daß dieses Schriftstück in der augenblicklichen politischen Situation, vor allem im Hinblick auf die UNO-Tagung, in der das westdeutsche Regime und damit Konrad Adenauer vor aller Welt entlarvt wird, so am schnellsten und in der geeignetsten Form der Öffentlichkeit zugänglich gemacht werden kann."

Ulbricht bedankte sich am 6. Oktober für "das wichtige Archivmaterial" und versprach, es "in einiger Zeit" öffentlich auszuwerten. Er ließ sich jedoch mit der "Auswertung" der Eingabe Adenauers Zeit, da sie keineswegs, wie auch aus der neueren Adenauer-Forschung ersichtlich[63], zur Desavouierung des Bundeskanzlers geeignet war.

Erst am 11. April 1961 befaßte sich das SED-Politbüro mit dem Brief Adenauers unter Punkt 3 der Tagesordnung "Kampagne zum Prozeß Eichmann in Jerusalem". Berichterstatter war Albert Norden. Er wurde laut Protokoll um Überprüfung gebeten, "wo in Westdeutschland und von wem zum geeigneten Zeitpunkt [...] ein Schreiben Adenauers aus der Zeit 1933/34 über seine Unterstützung der nazistischen Bewegung" veröffentlicht werden könne.[64] Diese Überprüfung verlief offenbar im Sande, denn Norden mußte sich Monate später selbst ans Werk machen. Am 8. November 1961 erschien von ihm im "Neuen Deutschland" ein ganzseitiger, mit "Repräsentant einer untergehenden Zeit" überschriebener Adenauer-Artikel, in dem Norden unter anderem auch erstmals die NSDAP-Bezüge in Adenauers Eingabe vom August 1934 detailliert öffentlich machte. Der Vorzeige-Intellektuelle des Politbüros schickte in der ihm eigenen Bildungsbeflissenheit voraus:

"Es gibt einen Brief, für dessen Original Adenauer wahrscheinlich Unsummen zahlen würde, um ihn vor der Öffentlichkeit zu
verstecken. Aber, um mit König Lears Tochter zu sprechen: 'Was
List verborgen, wird ans Licht gebracht. Wer Fehler schminkt,
wird einst mit Spott verlacht.'"
Damit war der Startschuß zu einer breit angelegten Medienoffensive
gefallen. Die DDR-Presse veröffentlichte faksimilierte Ausrisse aus
Adenauers Eingabe, wobei sie bezeichnenderweise dessen überzeu-
gende Widerlegung des Separatismus-Vorwurfes geflissentlich unterschlug. Ein ungläubiger, aber wohl fiktiver Leserbriefschreiber, A.
Tetzlaff aus Essen, der Auszüge aus Nordens Aufsatz im Deutschlandsender des DDR-Hörfunks gehört haben wollte, kam im "Neuen
Deutschland" zu Wort. Er habe zwar auch Einwände gegen die Politik
Adenauers, habe aber bisher nicht an dessen persönlicher Lauterkeit
gezweifelt. Zum Beweis des Gegenteils übersandte das SED-
Zentralorgan Herrn Tetzlaff angeblich eine Fotokopie von dem Ge-
such Adenauers an den preußischen Innenminister.[65]

Ulbricht und später auch Honecker widmeten einen beträchtlichen, im vollen Umfang erst jetzt erkennbaren Teil ihrer Arbeitszeit
der Kontrolle und der Anleitung des Parteiorgans "Neues Deutschland". Beide Parteichefs nutzten es darüber hinaus ausgiebig zu ihrer
Selbstdarstellung, wovon die zu besonderen Anlässen erschienenen
"Bilderzeitungsausgaben" des Parteiorgans zeugen. In den 50er Jahren war das Verhältnis der Redaktion zur Parteiführung besonders
gespannt, was auch durch den ständigen Austausch ihres Führungs-
personals der Öffentlichkeit nicht verborgen bleiben konnte.

In den SED-Akten des Bereiches Agitation befindet sich ein handschriftlich mit "Gen. Sindermann" versehener, nicht unterschriebener,
undatierter, aber offensichtlich aus der zweiten Novemberhälfte 1955
stammender Briefentwurf an die Mitglieder des Redaktionskollegiums
und den Parteisekretär des "Neuen Deutschland".[66] Der Diktion und
dem Inhalt nach besteht kein Zweifel, daß Ulbricht ihn persönlich verfaßt hatte. Gleich zu Beginn entlud er seinen Zorn:
"Als ich heute aus Leipzig zurückkehrte und einen Brief des stellvertretenden Chefredakteurs, Genossen Hansen, vorfand, glaubte
ich, daß es sich um die längst fällige Selbstkritik und die noch viel
länger überfällige Vorlage über die Verbesserung des Zentralorgans 'N.D.' - Termin war Ende Juli - handele. Stattdessen lese ich
eine Beschwerde über mein Eingreifen in die Herstellung der ND-

Ausgabe vom 19.11. Ich wundere mich, warum man sich nicht auch über mein Eingreifen in der ND-Ausgabe vom 18.11. beschwert !! Wie liegen die Dinge?"

Anschließend erregte sich Ulbricht über die absprachewidrige publizistische Behandlung des Ausgangs der Genfer Außenministerkonferenz, die Geringschätzung der diesbezüglichen öffentlichen Erklärungen führender Mitglieder der Nationalen Front sowie über die vom ZK-Sekretär Albert Norden in letzter Minute geänderte ND-Schlagzeile vom 18. November 1955, die bereits, so Ulbricht, "unter der überaus neutralen Überschrift 'Erklärung W.M. Molotows in Berlin'" in der Republikausgabe erschienen war. Für die Berliner Ausgabe ließ Norden daraufhin zusätzlich als Balkenzeile darunter setzen: "DDR verteidigt die Interessen der Nation". Zum Abschluß seiner Philippika an die Adresse der ND-Redaktionsleitung wetterte Ulbricht:

"Das Schwerwiegendste bei alledem aber ist, dass in einer solch dramatischen Situation wie in der vergangenen Woche kein Mitglied der Chefredaktion abends in der Zeitung war. In der alten KPD war es selbstverständlich, dass die Chefredakteure mindestens bis zum Umbruch der letzten Ausgabe in der Redaktion weilten."

Über einen Besuch Ulbrichts am 15. März 1963 in der ND-Redaktion liegt die Mitschrift eines unbekannten Teilnehmers vor, die der Chefredakteur der "Jungen Welt", Dieter Kerschek, in geradezu konspirativer Manier zusammen mit einem handschriftlichen Anschreiben dem FDJ-Vorsitzenden Horst Schuhmann zukommen ließ.[67] Danach habe Ulbricht von den Journalisten eine lebensnahere und die Probleme des Alltags berührende Schreibweise gefordert. In dem ND-Leitartikel vom Vortage zum 80. Todestag von Marx sei zwar alles richtig gewesen, aber er reiße nicht mit und ginge nicht von den Gegenwartsproblemen aus. Andererseits "brauchen wir keine öffentliche Kritikkampagne in der Wirtschaft", denn dort sei alles im Umbruch und deshalb sollten mehr mündliche Klärungen vor Ort erfolgen. Auch gegen "die Ideologie der ständigen Forderungen" müsse man auftreten. Nachdem die verheirateten Frauen einen Haushaltstag hätten, würden auch die ledigen einen wollen und dann kämen bestimmt auch die ledigen Männer. Solche Forderungen müßten jedoch an Ort und Stelle ausdiskutiert und nicht nach oben gegeben werden. Das ZK sei dann "der schwarze Mann", der alles ablehnen müsse. Ulbrichts Humor strotzte vor Selbstgefälligkeit und beschränkte sich darauf, seine Umwelt der Lächerlichkeit preiszugeben. Er verwandte persönlich viel Energie darauf, unbotmäßige Karikaturen und die politische Satire aus den Medien zu verbannen, so daß sein Nachfolger Honecker auch in dieser Hinsicht ein bestelltes Feld vorfand.

Ulbricht schätzte im Gegensatz zu Honecker zumindest im internen Kreise das offene Wort, dem allerdings keine entsprechenden Taten folgten. So änderte sich natürlich kein Deut an der unglaubwürdigen und zur Karikatur deformierten Berichterstattung über die Bundesrepublik, auch wenn Ulbricht die ND-Redakteure dazu aufforderte, in der "nationalen Politik", kein falsches Bild zu erwecken. Was er damit meinte, notierte der anonyme Protokollant:

"Sind denn die Redakteure davon überzeugt, daß es in Westdeutschland so aussieht, wie das in unseren Zeitungen steht? Das ist zwar alles richtig, gibt aber kein umfassendes Bild. Leute, die im Briefwechsel stehen und andere Dinge hören, nehmen uns das nicht ab. Die ehrlichen Leser glauben es aber aufs Wort und sind erschüttert, wenn sie mit den Fakten konfrontiert werden. Ihr glaubt's nicht, und ich glaube es nicht."[68]

Die "Ehrlichen", also die gläubigen Kommunisten, waren demnach die "Dummen". Ulbrichts Schlußfolgerung, man müsse das System entlarven, aber dabei die Menschen nicht abstumpfen, war illusorisch. Denn eine realistische Darstellung des Lebens in der Bundesrepublik hätte natürlich nicht die Systemauseinandersetzung im Sinne der SED befördert.

Auf der konstituierenden Sitzung der umstrukturierten Agitationskommission beim Politbüro am 14. März 1963 forderte Ulbricht in seinem Schlußwort die "leitenden Genossen" auf, mehr auf "gescheite und richtige Vorschläge" und berechtigte Kritik aus der Bevölkerung einzugehen.[69] Was aber die öffentliche Kritik angehe, so mahnte Ulbricht zur Vorsicht, "weil der Gegner gegenwärtig nur wenig Material gegen uns hat". Er lebe in dieser Hinsicht "nur von unseren Veröffentlichungen". Stattdessen sei es notwendig, in den Partei- und Gewerkschaftsversammlungen die mündliche Agitation zu intensivieren:

"Wir dürfen uns nicht darauf beschränken, nur schriftliche Argumente herauszugeben, sondern es muß die Ordnung herrschen, daß man in den Versammlungen mehr sagt und auch mehr sagen darf, als in den Zeitungen steht. Es soll nicht so gehen, daß nun jedes Wort aufgeschrieben und veröffentlicht wird. Dann kann man überhaupt nicht mehr reden, höchstens das, was vom Außenministerium genehmigt ist. Man muß daher eine solche Ordnung schaffen, daß die wirkliche Agitation in der Partei mündlich durchgeführt wird und daß in den Parteiaktivtagungen und Betriebsversammlungen von den Arbeitern alles gesagt werden kann. Es muß nicht alles in die Presse kommen. Bei Veröffentlichungen von Neuerungen muß man sich das immer reiflich überlegen."

Für das letztere gab Ulbricht ein Beispiel, das ihn offenbar persönlich intensiv beschäftigt hatte:

"Vorgestern gab es im Fernsehen eine Veranstaltung, wo Geschenke verteilt wurden. Als jemand von den Teilnehmern nach der Uhr sah, sagte der Ansager: Ich nehme einmal Ihre Uhr weg und gebe Ihnen meine. Ich habe eine neue, eine elektronische! - Das sagte er so nebenbei. Hatte er die Genehmigung, das zu sagen? *Zwischenruf von Willi Janns:* 'Bestimmt nicht! Das stand aber im 'Neuen Deutschland' Es handelt sich um eine Ruhlaer Uhr. Die Sache ist durch die ganze Presse gegangen.' [...] Warum stelle ich diese Frage? Ich bin nicht gegen diese Uhr. Aber diese Uhr ist momentan noch nicht in der Serienproduktion. Ich kontrolliere das selber. So wichtig ist die Sache."

Anschließend entwickelte sich eine Diskussion über das Verhalten des Werksleiters, der ohne Genehmigung Journalisten eingeladen und informiert hatte. Darauf Ulbricht: "Da habt ihr kein Recht, das abzudrucken. Da habt ihr beim Volkswirtschaftsrat, Abt. Presse anzurufen." Er selbst besitze bereits die vierte elektronische Uhr aus dieser Produktion, die nun endlich funktioniere. Man habe ihm erklärt, er hätte die anderen nicht richtig behandelt, doch er habe sie lediglich auf den Nachttisch gelegt, und da seien sie stehengeblieben. Da die Uhr aber noch nicht serienreif sei, dürften die Medien nichts darüber berichten. Ulbrichts abschließendes Verdikt zu diesem anschaulichen Beispiel für den ständigen informationspolitischen Eiertanz der SED lautete:

"Also, Genossen, in der Frage des wissenschaftlichen Weltniveaus muß Ordnung herrschen. Sonst kann es zu unangenehmen Folgen kommen. Wenn wir sie in Serie herstellen, machen wir Propaganda. Selbstverständlich ist das Weltniveau, selbstverständlich haben wir die Schweiz und die USA und die anderen geschlagen. Aber erst müssen wir soweit sein. Selbstverständlich ist die besser als

die schweizer. Weder die Schweiz noch die USA haben solche Uhren. Aber Garantien bitte! Garantieschein für ein Jahr brauche ich. Da liegt der Haken."
Auch wenn Ulbrichts kabarettreife, von ihm jedoch bitter ernst gemeinte Vorstellung nicht dem üblichen Verhandlungsstil auf den von Albert Norden geleiteten Sitzungen der Agitationskommission entsprochen haben dürfte: Für die Hilflosigkeit der auf plumpe Erfolgspropaganda ausgerichteten parteiamtlichen Medienlenkung war sie charakteristisch.

Zu den Besonderheiten in der Ära Ulbricht gehörte es, daß sich seine Ehefrau Lotte häufig in die Amtsgeschäfte ihres Mannes einmischte, wobei sie ihm auch als Medienkritikerin assistierte und sogar eigenmächtig Artikel für "Neues Deutschland" telefonisch bei Mitarbeitern des SED-Zentralkomitees bestellte.[70] Die gespannten familiären Verhältnisse Honeckers ließen es zu einer vergleichbaren Arbeitsteilung wohl nicht kommen. Karl-Eduard von Schnitzler führt jedenfalls die Erregung des Politbüros über eine Folge seines 'Schwarzen Kanals', in der er bei nur knapper eigener Kommentierung ausschließlich Ausschnitte aus Wolfgang Menges Fernsehspiels 'Das Millionenspiel' brachte, auf Lotte Ulbricht zurück. Sie habe sich darüber beschwert, daß er zu viele 'nackige Popos und Busen' gezeigt habe. Allerdings hätten Ulbricht - was laut Protokoll jedoch nicht zutraf - und Werner Lamberz nicht an der Sitzung teilgenommen.[71]
Doch zunächst der ausnahmsweise umfangreicher ausgefallene Wortlaut des Tagesordnungspunktes 5 aus dem Ergebnisprotokoll der Politbürositzung am 27. Oktober 1970:
"1.Das Politbüro hat die Fernsehsendung "Schwarzer Kanal" vom 26.Oktober 1970 gesehen. Die Wiederholungssendung im 2. Fernsehen am 27. Oktober 1970 sowie alle anderen Wiederaufführungen sind nicht zu senden.
2. Das Politbüro hält die Sendung für politisch unerträglich, da sie objektiv der Verbreitung der westlichen Barbarei dient.
Der Leiter des Staatlichen Komitees für Fernsehen wird beauftragt:
a) Garantien zu schaffen, daß keine solchen Westsendungen bzw. große Auszüge aus Westsendungen gesendet werden.
b) In der Parteiorganisation des Fernsehens ist die Frage zu behandeln. Die Genossen der Parteiorganisation sollen Vorschläge machen, wie verändert werden kann.

3. Genosse E. Honecker wird beauftragt, mit Genossen Adameck und dem Parteisekretär der Parteiorganisation beim Deutschen Fernsehfunk zu sprechen."[72]

Schnitzler und der damalige Chefredakteur der Aktuellen Kamera, Erich Selbmann, der auch die redaktionelle Verantwortung für den "Schwarzen Kanal" trug, erhielten eine Parteistrafe. Nach Auskunft Selbmanns wurde die Sendung allerdings doch im Fernsehen wiederholt. Während der Politbürositzung erhielt er einen Anruf aus dem Zentralkomitee, die Sitzungsteilnehmer wünschten die beanstandete Folge des "Schwarzen Kanals" zu sehen. Da eine Aufzeichnung technisch noch nicht möglich war, einigte man sich darauf, sie in der offiziellen Sendepause des DFF um 13.00 Uhr exklusiv für das Politbüro aus Adlershof auszustrahlen.[73] Die in den Programmvorschauen angekündigte übliche Wiederholungssendung am 27. Oktober im 2. Programm fiel dagegen weisungsgemäß aus.

Bis zu seinem unfreiwilligen Rücktritt nahm Erich Honecker persönlich Einfluß auf die redaktionelle Gestaltung der ersten beiden Seiten des SED-Zentralorgans "Neues Deutschland", an dem sich wiederum alle anderen Zeitungen orientieren mußten. Selbst in die Berichterstattung der "Aktuellen Kamera" des Fernsehens griff Honecker unmittelbar und - zum Schrecken der Redakteure - auch noch kurz vor oder während der Sendung ein. Furore machte am 5. Oktober 1989 sein Anruf bei dem Fernsehjournalisten, Lutz Renner, der kurz vor Beginn der "Aktuellen Kamera" eine anschließende Live-Diskussion mit führenden SED-Ideologen ankündigte und die Zuschauer aufforderte, kritische Fragen an die Teilnehmer zu richten. 17 Minuten vor Beginn der Sendung, so Renner, sei der Befehl des Generalsekretärs gekommen, "keine Probleme zu behandeln, sondern nur rückwärtsgewandt Positives zu erzählen."[74]

Erich Honecker nahm sich unvorstellbar viel Zeit, um Zeitungsartikel, Kommentare und ADN-Nachrichten zu redigieren oder gar selbst zu verfassen. ND-Kommentare mit dem Kürzel "A.Z." verdienten immer besondere Aufmerksamkeit, denn sie erschienen vorzugsweise in innerdeutschen Krisenzeiten. Sie waren, so der frühere ND-Chefredakteur Schabowski, vom Parteichef bestellt, wobei "A.Z." für eine Reminiszenz an Honeckers Jugendzeit stand, denn im Saarland gab es in den 20er Jahren eine kommunistische "Arbeiter-Zeitung".[75]

Zwei im nachhinein bekanntgewordene und im Januar 1990 von seinem medienpolitischen Erfüllungsgehilfen Joachim Herrmann vor dem Untersuchungsauschuß der Volkskammer bestätigte Eingriffe dürften maßgeblich Honeckers politisches Ende beschleunigt haben. Nicht nur große Teile der Bevölkerung, sondern auch SED-Mitglieder und ranghohe Funktionäre reagierten entsetzt auf das Verbot der sowjetischen Zeitschrift "Sputnik" und noch heftiger ein knappes Jahr später über die von allen Medien verbreitete Beschimpfung der Botschaftsflüchtlinge des Herbstes 1989: "Sich selbst aus unserer Gesellschaft ausgegrenzt"[76]. Honecker verschärfte noch eigenhändig diesen von ihm in Auftrag gegebenen und von ADN verbreiteten Kommentar durch den zynischen und menschenverachtenden Satz: "Man sollte ihnen deshalb keine Träne nachweinen." Die von Honecker diktierte, die Endzeit der DDR einläutende ADN-Meldung über das Vertriebsverbot des "Sputniks" vom 19. November 1988 lautete wahrheitswidrig:

"Wie die Pressestelle des Ministeriums für Post- und Fernmeldewesen mitteilt, ist die Zeitschrift 'Sputnik' von der Postzeitungsliste gestrichen worden. Sie bringt keinen Beitrag, der der Festigung der deutsch-sowjetischen Freundschaft dient, statt dessen verzerrende Beiträge zur Geschichte."

In Wirklichkeit hatte der Postminister, Rudolph Schulze (CDU), von Honeckers einsamem Entschluß, den "Sputnik" wegen der kritischen Behandlung der Stalinzeit zu verbieten, erst aus den Medien Kenntnis erhalten. Sein Kollege, Kulturminister und ZK-Mitglied Hans-Joachim Hoffmann, machte aus seinem Zorn über das "Sputnik"-Verbot und die Kampagnen Honeckers gegen die selbstkritische Geschichtsbetrachtung in sowjetischen Spielfilmen kein Hehl, was ihn fast sein Amt gekostet hätte. Die Wiederaufnahme des "Sputniks" in die Postzeitungsliste gehörte im übrigen zu den ersten Amtshandlungen des Honecker-Nachfolgers Egon Krenz. Er begründete dies am 20. Oktober 1989 mit dem die völlige Hilflosigkeit der SED in der Wendezeit charakterisierenden Hinweis: "Es sind sehr viele Briefe im Zentralkomitee eingegangen, die diese Bitte äußern. Genossen aus Leipzig haben informiert, daß auch für ihre Situation eine solche Entscheidung beruhigend wirken würde."[77]

Der damalige Chefredakteur des FDJ-Organs "Junge Welt", Hans-Dieter Schütt, der für seine vernichtende Rezension des sowjetischen Films "Die Reue" schon zu DDR-Zeiten heftig angegriffen wurde, kann heute zumindest geltend machen, daß Honecker selbst die entscheidenden Kürzungen und Ergänzungen vorgenommen hatte.[78] Auf Veranlassung von Egon Krenz sollte Schütt einen Artikel gegen die angebliche Gleichsetzung von Hitler und Stalin in Tengis Abuladses Film in der "Jungen Welt" veröffentlichen, womit gleichzeitig dessen Aufführungsverbot in der DDR begründet werden sollte. Der Film war im Rahmen eines sowjetischen Filmfestivals im Spätprogramm des Zweiten Deutschen Fernsehens bereits gesendet worden. Schütt, der sich heute uneingeschränkt zu seiner Mitschuld bekennt, sandte sein Manuskript, wie das bei heiklen Texten üblich war, an Krenz, der es, wie fast immer in solchen Fällen, kommentarlos an Honecker weiterleitete. Honecker redigierte gleich die ersten beiden Sätze. Schütts Einstieg lautete: "Kürzlich sendete [Honecker machte daraus "servierte uns", was er sich nur kraft seines Amtes erlauben konnte. G. H.] das BRD-Fernsehen den Film 'Die Reue' von Tengis Abuladse. Der Regisseur aus der Sowjetunion, bei uns bekannt durch den poetischen Film 'Baum der Wünsche' [diesen anerkennenden Einschub strich Honecker. G. H.], schildert in seinem symbolisch überhöhten Werk Leben, Tod und Auferstehung des Despoten Warlam." Auf der zweiten Manuskriptseite Schütts erging sich Honecker dann ausgiebig als unerbittlicher Zensor und Geschichtsklitterer. Wenn Schütt beispielsweise im Wortlaut die ZDF-Ansage zitierte, in der von der Abrechnung des Films mit der Stalinzeit gesprochen wurde, so fälschte Honecker die wörtliche Wiedergabe Schütts und machte daraus die Abrechnung mit der "sowjetischen Vergangenheit".

Während in den 70er Jahren die DDR-Medien noch völlig am Nabel der sowjetischen Nachrichtenagentur TASS hingen oder beispielsweise Günter Schabowski nach eigenem Bekunden zuerst aus der sowjetischen Botschaft erfuhr, daß er 1978 Chefredakteur von "Neues Deutschland" werden sollte,[79] änderte sich das in der Ära Gorbatschow schlagartig. Der damalige sowjetische Botschafter in Ostberlin, Wjatescheslaw Kotschemassow, berichtete von massiven Forderungen Honeckers, der durch die sowjetische Presse, durch Politiker und Schriftsteller begünstigten "Konterrevolution" entgegenzuwirken. "Damals", so Kotschemassow, "durfte die DDR-Presse ohne persönliche Absprache zwischen mir und Honecker schon nichts mehr über die Vorgänge in der Sowjetunion berichten, einige Gorbatschow-Reden inbegriffen."[80]

Honeckers Aktivitäten als Nachrichtenredakteur belegen mehrere Vorgänge, die in den SED-Akten erhalten geblieben sind. In der Regel handelt es sich um Entwürfe für ADN-Meldungen von Ministerien oder Massenorganisationen, die er entweder mit nur leichten Korrekturen passieren ließ oder aber wesentlich schärfer abfaßte. So kam es vor dem Leichtathletikvergleich zwischen der Bundesrepublik und der DDR im Juni 1988 in Düsseldorf zu erheblichen Spannungen, weil die westdeutsche Seite den ehemaligen DDR-Diskuswerfer Wolfgang Schmidt in die Mannschaft genommen hatte. Der Vorsitzende des DDR-Sportbundes, Manfred Ewald, gab in seiner Vorlage zu bedenken, daß eine Absage mit Deviseneinbußen verbunden sei. Darüber hinaus könne man auch mit dem zu erwartenden DDR-Sieg von der gleichzeitig in der Bundesrepublik stattfindenden Fußball-Europameisterschaft ablenken. Honeckers Entscheidung in dieser Angelegenheit ist in der von ihm eigenhändig redigierten und verschärften Vorlage des DTSB in der von ADN veröffentlichten Meldung nachzulesen:

"Ungeachtet dieser Provokation und dieses Wortbruchs wird die Mannschaft der DDR in Düsseldorf an den Start gehen. Der DTSB der DDR wird aber die notwendigen Schlußfolgerungen, die sich daraus ergeben, ziehen. Die Vertragsverletzung seitens des Leichtathletikverbandes der BRD wird selbstverständlich in Zukunft bei der Gestaltung der Protokolle über den Sportverkehr mit dem DSB berücksichtigt."[81]

Auch beim morgendlichen Studium der Meldungen westlicher Nachrichtenagenturen griff Honecker gelegentlich zur Feder. In einem Grußwort vor dem Hamburger DGB-Kongreß am 22. Mai 1978 hatte, abweichend vom Redetext, Bundeskanzler Helmut Schmidt laut AP bemerkt, daß es in der DDR keine gewerkschaftlichen Freiheiten gäbe und wörtlich hinzugefügt: "Der 17. Juni war ja eine Niederlage des Freiheitswillens". Diese AP-Meldung strich Honecker komplett durch und bearbeitete stattdessen die folgende dpa-Meldung zur diesbezüglichen Reaktion des in Hamburg anwesenden FDGB-Vorsitzenden Harry Tisch gegenüber den "Nürnberger Nachrichten". Er hatte dort die Äußerungen Schmidts als "deplaziert" und "sehr anmaßend" bezeichnet. Honecker transkribierte die dpa-Meldung in das gestelzte ADN-Deutsch und verfügte anschließend "Gen. J. Herrmann für ADN".[82]

Eine im Parteiapparat bereits abgestimmte ADN-Korrespondentenmeldung aus Bonn über die außenpolitische Erklärung Helmut Schmidts vor dem Bundestag vom 13. April 1978 versah Honecker mit der in dieser Eindeutigkeit nicht zutreffenden Überschrift "Schmidt ist für die Stationierung der Neutronenbombe in der Bundesrepublik". Außerdem entfernte er bezeichnenderweise die Passagen aus der ADN-Vorlage, in denen sich Schmidt in diplomatischen Wendungen erwartungsvoll mit dem bevorstehenden Besuch Breshnews in der Bundesrepublik beschäftigte und die Ergebnisse des gerade beendeten Besuchs des Generalsekretärs der tschechoslowakischen KP, Gustav Husak, würdigte.[83]

Honecker las hauptsächlich bundesdeutsche Zeitungen und Zeitschriften. Der Inhalt des "Neuen Deutschland" war ihm schließlich schon durch die Abnahme vom Vortage bekannt. Artikel anderer DDR-Publikationen, die seinen Zuträgern negativ aufgefallen waren, leiteten sie ihm ohnehin unaufgefordert zu. Aber auch Honeckers eigene Lesefrüchte beschäftigten den Parteiapparat. In der von ihm besonders geschätzten Tageszeitung, dem in Berlin (West) erscheinenden "Tagesspiegel", kreiste er beispielsweise den Absatz eines Artikels in der Ausgabe vom 13. August 1989 ein, in dem die unzureichenden Sportmöglichkeiten der DDR-Jugendlichen geschildert wurden. Er riß die Seite heraus und vermerkte darauf lediglich "Gen. E. Krenz", in dessen Zuständigkeit auch der Sport fiel.[84] Krenz beauftragte die ZK-Abteilung Sport mit der Untersuchung des Falles, denn der Tagesspiegel stützte sich auf Aufsätze der "Wissenschaftlichen Zeitschrift der Deutschen Hochschule für Körperkultur in Leipzig". Die Sportbürokraten der Partei ermittelten, daß die Autoren ihre Untersuchungsergebnisse zur Diskrepanz zwischen der "Notwendigkeit sportlicher Betätigung" und den noch "unzureichenden materiell-technischen Bedingungen" bereits auf der Nationalen Gesundheitskonferenz vorgetragen hatten. Obwohl im "Tagesspiegel" die Fakten völlig korrekt wiedergegeben waren, behauptete die Abteilung Sport, das Blatt hätte sie aus dem Gesamtzusammenhang herausgelöst, "um die Sportpolitik und die Sportpraxis in der DDR zu entstellen und zu diffamieren." Abschließend versprach die Abteilung Sport - verbunden mit der üblichen Rückversicherungsfloskel für solche Fälle, in denen die "Schuldigen" nicht ausdrücklich abgestraft wurden - man wolle "schlußfolgernd" der Redaktion der Zeitschrift erneut "die hohe politische Veranwortung für ihre gesamte politische Tätigkeit" verdeutlichen. Ob es dazu im Spätsommer 1989 noch gekommen ist, geht aus

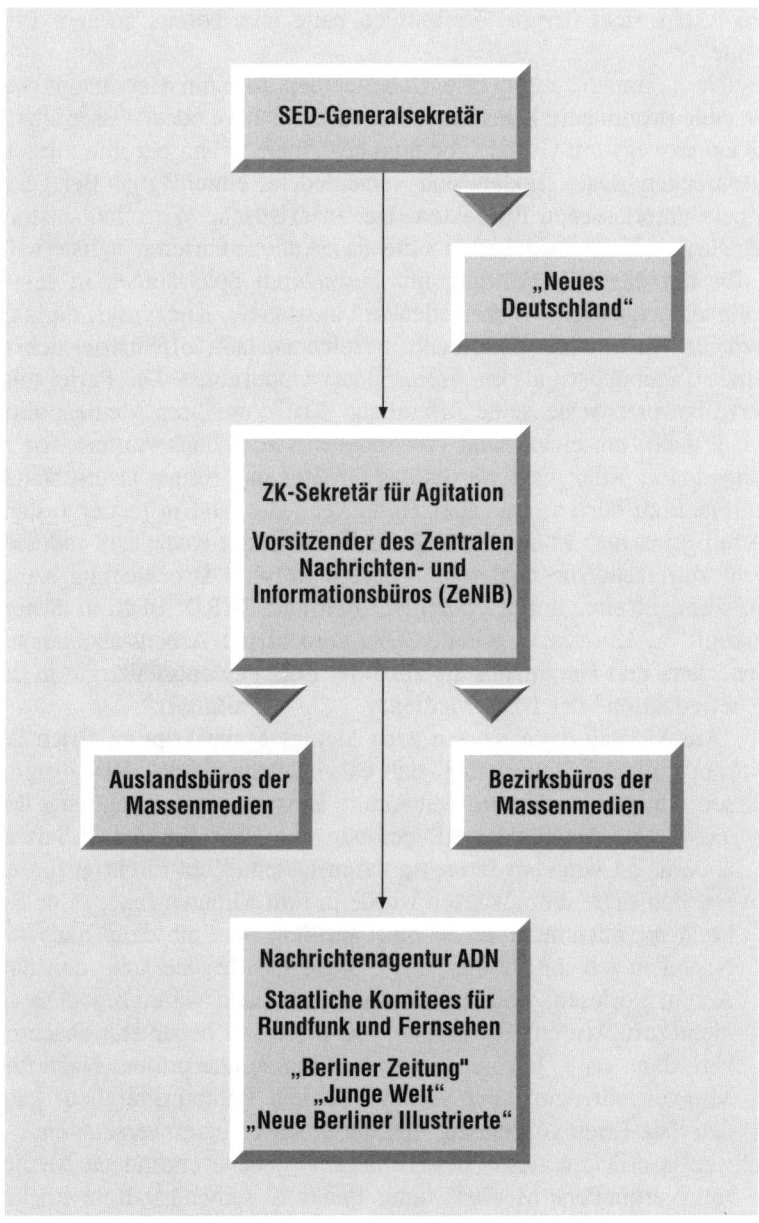

Unterstellung der Massenmedien im Kriegsfalle

den Akten nicht hervor. Vermutlich hatte man bereits größere Probleme.

Die allgemein verbreitete Unbeliebtheit Joachim Herrmanns war für viele prominente Künstler, Kirchenfunktionäre oder Wissenschaftler keineswegs ein Grund, vor plumper Anbiederung bei ihm zurückzuschrecken. Dazu finden sich verschiedene einschlägige Belege in seinen hinterlassenen Büroakten. Der marxistische Wirtschaftshistoriker Jürgen Kuczynski beherrschte das Antichambrieren meisterhaft, wofür ihn die SED-Führung mit besonderen Spielräumen in seiner Rolle als originärer "Vorzeigedenker" ausstattete. Kuczynski, der sich gern als "linientreuer Dissident" bezeichnen läßt, offenbarte sich in seinen Tagebüchern als ein grenzenloser Opportunist. Die Partei tolerierte beispielsweise seine öffentliche Kritik an ihrer Medienpolitik nur deshalb, um einen nicht vorhandenen Pluralismus vortäuschen zu können. Für Kuczynski war es das Größte, im "Neuen Deutschland" schreiben zu dürfen, was aber Honecker jedes Mal in letzter Instanz zu billigen hatte. In seinem Tagebuch beschreibt Kuczynski indessen wohl zutreffend die qualvolle Prozedur vor der Drucklegung seines nur wenige Zeilen umfassenden ND-Beitrages "BRD: Blick in düstere Zukunft"[85]. Kuczynski erhellt dabei sowohl die Arbeitsbeziehungen Honeckers und Herrmanns als auch die Entscheidungslethargie in der "Chefredaktion" der DDR-Medien:

"Am Montag hatte ich ein ganz kleines Manuskript an Erich gesandt mit der Bemerkung, daß es vielleicht für das ND geeignet sei. Am Mittwoch ruft mich Achim Herrmann an, Erich hätte ihm das Manuskript für das ND gesandt, bitte aber den letzten Satz zu ändern, da wir kein Interesse daran hätten, Kohl direkt anzugreifen. Ich sagte ihm also, ich würde in fünf Minuten Inge, seine Sekretärin, mit einem neuen Satz anrufen, was ich dann auch tat. Nachdem ich ihn diktiert hatte, sagte ich ihr, sie solle den Satz Achim vorlesen, und wenn er einverstanden wäre, brauchte sie nicht zurückrufen. Sie meinte, sie wolle ihn lieber erst abschreiben, dann sei es leichter für Achim, ihn zu überprüfen. Nach fünf Minuten ein Anruf von Achim: Er (ein Politbüromitglied) hätte den Satz Erich vorgelesen, und dieser sei völlig einverstanden."

Schwer leserlich notierte sich Honecker "lebensverbundene Medien … volksverbundene Medien" unter Punkt 12 seiner handschriftlichen Aufzeichnungen zur Vorbereitung auf seine letzten Politbürositzungen im Oktober 1989.[86] Sie wurden, was ungewöhnlich und wohl auch ein früher undenkbarer unfreundlicher Akt gegenüber dem abgesetzten Parteichef war, bei den normalerweise inhaltsarmen Ergebnisprotokollen belassen. Wahrscheinlich glaubte Honecker tatsächlich noch fester als sein Vorgänger Walter Ulbricht daran, die angestrebte "Massenverbundenheit" der Medien in bürokratisch administrativer Manier verordnen zu können. Deshalb trugen die SED-Generalsekretäre auch die alleinige Veranwortung für die als Herrschaftsinstrument mißbrauchte totalitäre Informations- und Medienpolitik. Das entlastet ihre willfährigen Helfershelfer allerdings nicht.

Geheime Kommandosache: Die Medien im Kriegsfalle

Der ZK-Agitationssekretär Joachim Herrmann unterzeichnete am 29. September 1986 in seiner - der Öffentlichkeit damals völlig unbekannten - Eigenschaft als Vorsitzender des Zentralen Nachrichten- und Informationsbüros (ZeNIB) eine als "Geheime Kommandosache" deklarierte Beschlußvorlage für den Nationalen Verteidigungsrat. Sie trug den Titel "Grundsätze über die Zensur von Veröffentlichungen in der Deutschen Demokratischen Republik während der Mobilmachung und im Verteidigungszustand".[87] Dazu hatte sich Herrmann vorher die Zustimmung der Politbüromitglieder Egon Krenz, Willi Stoph, Heinz Keßler und Erich Mielke sowie des Innenministers Friedrich Dickel und des Chefredakteurs von "Neues Deutschland", Herbert Naumann, eingeholt.

Laut Vorlage hatte die Neufassung der Zensurbestimmungen der ZK-Abteilungsleiter Agitation Heinz Geggel erarbeitet. Tatsächlich dürfte aber sein ihm unterstellter Leiter des Sektors "B-Arbeit", der vom Verteidigungsministerium abgestellte und bezahlte Oberst Kurt Langnese, der Verfasser gewesen sein. Aus dessen Feder stammt eine Vielzahl überlieferter Dokumente, in denen er mit großer Akribie ständig neue Planspiele für die Einführung der Vorzensur und die Arbeitsbedingungen der Medien im Kriegsfalle entwickelte.

In der Begründung der Vorlage über die Grundsätze der Militärzensur hieß es einführend, die Erfahrungen aus dem Zweiten Weltkrieg und die Erkenntnisse über die Vorbereitung anderer Länder auf einen möglichen Krieg wären berücksichtigt worden. Dementsprechend sollten auch in der DDR sämtliche für die Öffentlichkeit bestimmten Publikationen, Bekanntmachungen, Aufführungen sowie alle anderen durch Wort, Schrift, Bild und Film vermittelten Informationen der Vorzensur unterliegen und etwaige Verstöße gegen erteilte Auflagen durch eine systematische Nachkontrolle ermittelt werden.

Der mögliche Einwand, auch demokratisch verfaßte Staaten träfen Vorbereitungen für den Kriegsfall, ist sicherlich für die Einbeziehung der elektronischen Medien in deren Informationspolitik im Verteidigungszustand zutreffend. Doch sowohl unter der SED- als auch unter der NS-Diktatur war es auf Knopfdruck möglich, rigorose Eingriffe in die gesamte Medienlandschaft zu vollziehen. Sie entsprachen ja bereits in Friedenszeiten - ebenso wie die überzogene Pflege des Feindbildes - der zur Genüge erprobten Praxis.

Die Einführung der Zensur im Kriegsfalle hatte in der DDR auf Weisung des SED-Generalsekretärs beziehungsweise in dessen Auftrag durch den ZeNIB-Vorsitzenden zu erfolgen. Bei der Auswahl der Zensoren war auf deren Parteiverbundenheit und politische Erfahrung zu achten. Außerdem kamen nur "spezialfachlich hochqualifizierte Kader" in Betracht, die nach den "Festlegungen" des MfS zu bestätigen waren.

Die Bildung des Sektors "B-Arbeit" in der Abteilung Agitation am 1. September 1982 ging auf einen Beschluß des ZK-Sekretariats vom 30. Juni 1982 zurück.[88] Die Aufgabenstellung dieses Sektors blieb selbst den Kollegen des Obristen Langnese in den anderen Sektoren der Abteilung Agitation weitgehend verborgen. Sogar die Bedeutung des "B" war allgemein unbekannt. Obwohl vielen zuständigen Funktionären die "B-Arbeit" am Arbeitsplatz in Gestalt von Übungen zur Vorbereitung auf die Mobilmachung im Rahmen der Zivilverteidigung ein Begriff war, wußten sie dennoch nicht, daß sich das "B" bereits seit Anfang der 60er Jahre aus der "Berechnungsarbeit" der Staatlichen Plankommission für die im Kriegsfall benötigten Ressourcen ableitete.[89] Der bis dahin gebräuchliche Terminus "Mob-Arbeit" durfte aus Tarnungsgründen seinerzeit nicht mehr verwendet werden.

Die Gründung des Zentralen Nachrichten- und Informationsbüros (ZeNIB) beschloß der Nationale Verteidigungsrat am 20. September 1974.[90] Am 24. November 1975 bestätigte Honecker eine Anordnung des damaligen ZeNIB-Vorsitzenden Werner Lamberz[91], deren später nur geringfügig modifizierte Festlegungen bis in den Herbst 1989 galten. Danach sollten dem Agitationssekretär im Kriegsfalle die Nachrichtenagentur ADN, das Fernsehen und der Hörfunk, die "Berliner Zeitung", das FDJ-Organ "Junge Welt", die "Neue Berliner Illustrierte" sowie - was später entfiel - die Parteizeitschrift "Neuer

68

Weg" direkt unterstellt werden. Die Anleitung von "Neues Deutschland" behielt sich Honecker weiterhin vor. Allen anderen Zeitungen und Zeitschriften sollten mit Ausnahme der SED-Bezirkszeitungen die Lizenz entzogen werden, wodurch das staatliche Presseamt überflüssig wurde, dessen Personal teilweise dem ZeNIB zur Verfügung gestellt werden sollte.

Hörfunk- und Fernsehen hatten für das Inland jeweils nur noch ein Programm zu senden, während die "Stimme der DDR" für die Bundesrepublik und "Radio Berlin International" weiterhin auf Sendung gehen sollten. Der Seitenumfang der noch zugelassenen Zeitungen war drastisch zu verringern. Darüber hinaus wurden nicht nur detaillierte Regelungen für das Verhalten, die Uniformierung und die Auswahl der vorgesehenen Frontberichterstatter - zumeist ohne deren Wissen - erlassen, sondern in den 70er Jahren auch Vorkehrungen für die Übernahme von Fernseh- und Hörfunksendern "auf dem besetzten Territorium des Kriegsgegners" getroffen. Die Journalisten der Printmedien erhielten damals den Auftrag, sich darauf vorzubereiten, Zeitungen für die "Bevölkerung befreiter Territorien des Kriegsgegners redaktionell zu erarbeiten".[92] Dies lag auf der von Honecker bis zum Ende seiner Amtszeit, ungeachtet seiner öffentlich bekundeten Friedensbeteuerungen, beharrlich verfolgten Linie. Er forderte nämlich auf den unter strenger Geheimhaltung abgehaltenen Sitzungen des Nationalen Verteidigungsrates von den erst nach der Wende namentlich bekannt gewordenen Teilnehmern unablässig ein "kriegsbezogenes Denken und Handeln".[93]

Für den angenommenen Fall, daß "Neues Deutschland" und die "Junge Welt" ihre elektronische Ganzseitenübertragung in den Druck-orten Rostock, Halle, Erfurt und Dresden einstellen mußten, sollten die 1981 gebildeten Bezirksbüros der Massenmedien einspringen, die von den Chefredakteuren der SED-Bezirkszeitungen geleitet wurden. Sie waren, ebenso wie die Auslandsbüros der Massenmedien, im Kriegsfall direkt dem ZeNIB-Vorsitzenden unterstellt. Die Auslandsbüros sollten in der Regel von dem ansässigen ADN-Korrespondenten in Zusammenarbeit mit dem DDR-Botschafter geleitet werden.

Bei Stabsübungen zur Überprüfung der Vorkehrungen für die Anleitung der Massenmedien im Kriegsfall - beispielsweise "Presse 87" am 26. September 1989 oder die noch am 1. April 1989 von Joachim Herrmann geleitete Schulungsmaßnahme "Medium 89"[94] -

führte Oberst Langnese eine penible Regie mit strengem militärischen Ritual, was den anwesenden Journalisten lächerlich erschienen und von ihnen nicht ernst genommen worden sein soll.[95] Wohl auch deshalb hatten die für den Kriegsfall vorgesehenen Zensurorgane dafür Sorge zu tragen, daß die Medien dann "die Kriegsziele des imperialistischen Aggressors, seine Gefährlichkeit, Abenteuerlichkeit und Menschenfeindlichkeit" entlarven und den "Haß auf den Feind" verstärken mußten.[96]

SED
HAUSMITTEILUNG

AN Gen.Lamberz	Albert Norden	DIKTATZEICHEN	DATUM 1.2.66	ERLEDIGUNGS- VERMERK

Lieber Werner !

Zur Ableugnung der Echtheit der Unterschriften Lübkes unter seine
Skizzen für die KZ-Entwürfe:

Man muß die Gelegenheit beim Schopf packen. Dadurch, daß die
Echtheit der Unterschriften geleugnet wird, wird ja zugegeben,
daß es sich bei den KZ-Entwürfen um eine verbrecherische Sache
handelt (sonst würde sich ja der Pressereferent von Lübke nicht
so ins Zeug legen).
In dieser Sache muß schnell etwas Spektakuläres geschehen.
Ich bitte, mit den Genossen Kegel, Kaul und andere eine kurze
Besprechung zu machen. Thema: Wie wollen wir weiter in dieser Sach
vorgehen, die doch ein großartiges Kettenglied in der Aktion zu
werden verspricht. International bekannte Graphologen nach Berlin
rufen? Vor allem auch solche aus Westeuropa? Sollte man nicht auch
unseren Kriminalrat, dessen graphologisches Gutachten vorliegt,
morgen im Mittwoch-Gespräch bei Schnitzler auftreten lassen? Und
was kann man sonst tun? Beweisen wir auch durch westlich anerkannte Persönlichkeiten die Echtheit der Unterschriften, können
die Folgen unabsehbar sein.

Im übrigen soll ADN noch heute eine sehr konkrete Meldung heraus-
geben, in der nachgewiesen wird, wie jedesmal unsere Enthüllungen
zuerst mit der Leugnung der Echtheit unserer Dokumente gekontert
wurde (Globke, Krüger, Oberländer usw.), Aber das muß konkret
belegt sein.

Ich hörte heute morgen um 6 Uhr die Kurzmeldungen von Radio DDR.
Über Lübke brachten sie nichts anderes als den Bericht über die
Versammlung einer Staßfurter Schule. Ich bin überhaupt dagegen, daß
man jetzt ununterbrochen in und um Staßfurt solche Versammlungen
macht - es sei denn mit gewichtigen ausländischen Persönlichkeiten.

(Albert Norden)

(140) NI) Ag 220/59 10 XII.59 18253

*Anweisungen des ZK-Agitationssekretärs und Politbüromitgliedes, Al-
bert Norde, an den damaligen Leiter der Abteilung Agitation im SED-
Zentralkommitee Werner Lamberz zur publizistischen Behandlung der
mit gefälschten Dokumenten geführten Kampagne gegen den Bundespräsidenten Heinrich Lübke (Fundort: SAMPO-BArch, DY 30/IV 2/2.
106/3, Bl. 1).*

Presse, Dienstag, 23. Mai 1978

1. a) (AP) Schmidt schlug gestern in einem Grußwort an den DGB-
Kongreß in Hamburg als künftigen National-Feiertag den Tag
der Verkündung des Grundgesetzes vor. (ADN) "Wir Deutsche
tun uns ja immer mit dem Feiern schwer", sagte Schmidt in
seiner Rede. "Und wir suchen uns auch die Anlässe dazu nicht
immer gerade geschickt aus. Die Zeiten der Schlachten- und
Heldengedenktage oder von Kaisers Geburtstag sind Gottseidank
vorbei. Aber auch der 17. Juni war als Feiertag immer proble-
matisch." Abweichend vom Manuskript, fügte Schmidt hinzu:
"Das ist gewiß keine Verbeugung vor dem anderen deutschen
Staat, in dem es gewerkschaftliche Freiheiten nicht gibt.
Der 17. Juni war ja eine Niederlage des Freiheitswillens."

b) (ADN) In Journalistenkreisen war zu hören, daß sich Vetter
bei Harry Tisch wegen der Bemerkung Schmidts hinsichtlich der
gewerkschaftlichen Freiheit in der DDR entschuldigt habe. Er
habe damit nichts zu tun.

c) (DPA) Gegenüber den "Nürnberger Nachrichten" ~~erklärte Tisch,
die Äußerung Schmidts sei~~ "deplaziert" und "sehr anmaßend".
Da Schmidt diese Bemerkung "in voller Kenntnis unserer Anwesenheit" gemacht habe, erhebe sich die Frage, ob der Kanzler
an einer Weiterentwicklung der Beziehungen FDGB/DGB interessiert sei. Tisch betonte, er habe mit seinem Besuch in Hamburg bewußt die "gute Zusammenarb…
chen wollen. Sie könne zugleich e:
nis zwischen beiden deutschen Sta…

2. (ADN) In einigen Monaten werde er au…
Besuch abstatten, erklärte der irani…
pest vor der Presse. Mit Kadar sei ma…
die Beziehungen kontinuierlich weite…
Seine Besuche in den sozialistischen Ländern seien eine "Demonstration für unsere nationale Unabhängigkeitspolitik. Das heißt,

*Von Erich Honecker redigierte und zur Veröffentlichung für ADN an-
gewiesene Meldungen internationaler Nachrichtenagenturen, deren
Vorlagen er seiner Pressemappe entnommen hatte. Der ZK-Agitationssekretär Joachim Herrmann war für den Vollzug verantwortlich
(Fundort: SAPMO-BArch, DY 30/IV 2/2. 037/2, Bl. 57).*

Berlin (ADN). In der Hoffnung, den Sportverkehr zwischen der
DDR und der BRD zu stören, wurde unter dem Druck sportfeindlicher
Kräfte vom Leichtathletikverband der BRD der ehemalige Bürger der
DDR, Wolfgang Schmidt, für den Länderkampf mit der DDR nominiert.
Schmidt wurde wegen der Verletzung der Gesetze der DDR und seines
unsportlichen Verhaltens bereits vor längerer Zeit aus dem DTSB der
DDR ausgeschlossen. Mit seiner Nominierung verstößt der Leichtatheletik
verband der BRD gegen seine mehrfach auch öffentlich erklärte Position,
Schmidt nicht aufzustellen. ~~Für den DTSB seinerseits zählt Vertrags-~~
~~treue. Deshalb wird~~ die Mannschaft der DDR in Düsseldorf an den Start
gehen. Der DTSB der DDR wird die notwendigen Schlußfolgerungen ~~für die~~
Vertragsverletzung seitens des Leichtathletikverbandes der BRD (für)
~~die künftige~~ Gestaltung der Protokolle über den Sportverkehr mit dem
DSB berücksichtigen.

Von Honecker redigierte

redigierte ADN-
Meldung vom

Der Entwurf dieser ADN-Meldung („Neues Deutschland", 15.06.1988,
S. 7) stammt von Manfred Ewald, dem Präsidenten des Deutschen
Turn- und Sportbundes der DDR. Honecker verschärfte den Text
(Fundort: SAPMO-BArch, DY 30/IV 2/2. 039/261, Bl. 140).

II. Transmissionsriemen des ZK: Presseamt und ADN

Blockparteizeitungen und Kirchenpresse unter Kuratel des Presseamtes

Im September 1949, in den letzten Tagen der SBZ, gab die sowjetische Besatzungsmacht grünes Licht für die Bildung einer "Hauptverwaltung Information" innerhalb der von der SED majorisierten "Deutschen Wirtschaftskommission", der Vorläuferin des DDR-Ministerrates. Die Leitung dieser Hauptverwaltung übernahm Gerhart Eisler, der Bruder des Komponisten Hanns Eisler. Gerhart Eisler war kurz zuvor aus seinem Exil in den Vereinigten Staaten geflüchtet, weil gegen ihn dort wegen illegaler politischer Betätigung Ermittlungen liefen.

Unmittelbar nach der Konstituierung der DDR erhielt Eisler im Oktober 1949 die Leitung des neu geschaffenen "Amtes für Information" der DDR-Regierung, dem Ministerpräsident Grotewohl die früher von der sowjetischen Besatzungsmacht wahrgenommene Kontrolle der Verlage und Druckereien übertrug. Dazu gehörten auch die Lizenzerteilung für sämtliche Druckerzeugnisse und die Papierkontigentierung. Bis zur Liquidierung der Länder im Jahre 1952 gingen Landes-Informationsämter der Ostberliner Zentrale zur Hand.

Seit dem 1. Januar 1953 firmierte das Berliner "Amt für Information" unter der neuen Bezeichnung "Presseamt beim Ministerpräsidenten der Regierung der Deutschen Demokratischen Republik". Sein Domizil an der Wilhelmstraße diente bereits im NS-Regime einschlägigen Zwecken, denn es befand sich im Gebäude des früheren Reichspropagandaministeriums. Die Nachfolge des zeitweise wegen seiner Westemigration in Ungnade gefallenen Gerhart Eisler trat Anfang 1953 Fritz Beyling an, der jedoch bereits 1958 von seinem Stellvertreter Kurt Blecha abgelöst wurde. Bis zum November 1989 leitete Blecha das Presseamt, das Modrow anschließend zum "Presse- und Informationsdienst" seiner Regierung, mit seinem Vertrauten Wolfgang Meyer an der Spitze, umwandelte. Daraus bildete wiederum Modrows Nachfolger, Lothar de Maizière, ein weitgehend kompetenzloses Medienministerium, wobei er einen großen Teil des altgedienten Presseamts-Personals übernahm.

Der aus dem nordböhmischen Aussig stammende Blecha (Jahrgang 1923) dürfte als kompromißloser Erfüllungsgehilfe der

SED-Informationsdiktatur das höchste Dienstalter aufzuweisen haben. Bei seinen Untergebenen im Presseamt und natürlich bei den von ihm drangsalierten Journalisten war er gleichermaßen verhaßt und gefürchtet. Blecha, der 1941 in die NSDAP eingetreten war, geriet 1943 als Gefreiter eines Grenadierregimentes in sowjetische Gefangenschaft, in der er sich im kommunistisch gelenkten Nationalkomitee Freies Deutschland aktiv betätigte. Nach seiner Entlassung nahm er 1946 am 1. Journalistenlehrgang an der SED-Parteihochschule teil und arbeitete anschließend bis zu seinem Eintritt in das "Amt für Information" als Redakteur des SED-Organs "Schweriner Volkszeitung".

Blechas jahrelange enge Anbindung an das MfS belohnte Mielkes "Juristische Hochschule" in Potsdam-Eiche 1971 mit akademischen Ehren. Zusammen mit dem damaligen Leiter der MfS-Agitationsabteilung, Oberst Günter Halle, und Blechas seinerzeitigem Stellvertreter im Presseamt, Günter Köhler, promovierte er mit "magna cum laude" zum Dr. jur. über das im grotesk-martialischen MfS-Deutsch formulierte, aber nichtsdestoweniger die wahre Rolle des Presseamtes entlarvende Thema: "Die Lösung von Aufgaben der staatlichen Öffentlichkeitsarbeit zum Schutz der DDR durch Kooperation des Ministeriums für Staatssicherheit und des Presseamtes beim Vorsitzenden des Ministerrates unter besonderer Berücksichtigung der Durchführung gemeinsamer Aktionen im Kampf gegen die subversive Tätigkeit des Feindes." Darin stellen die Autoren unter anderem fest, daß es politisch unzweckmäßig, "ja falsch und schädlich" für die Arbeit des MfS sei, mit bestimmten Informationen an die Öffentlichkeit zu treten. Daraus ergebe sich auch für das Presseamt eine spezifische Anleitungs- und Mittlerrolle gegenüber den Zeitungen der LDPD, CDU, NDPD und der DBD, zu denen das MfS bis auf wenige Ausnahmen keine direkten Kontakte unterhalte.[1]

Die Zuständigkeiten des Presseamtes veränderten sich seit Anfang der 50er Jahre nur geringfügig.[2] Es entfielen unter anderem die in Zusammenarbeit mit dem MfS zunächst übernommene Betreuung von westdeutschen und ausländischen Journalisten, die Subventionierung der Nachrichtenagentur ADN und des auf westliche Presse spezialisierten Zeitungsausschnittsdienstes "Globus" sowie die Verantwortung für die Herausgabe der Publikationen der Auslandspropaganda. Beim Presseamt verblieben hingegen bis zu dessen Auflösung die Lizenzvergabe für alle Presseerzeugnisse, die Koordination der Öffentlichkeitsarbeit der Ministerien einschließlich des dreimal wöchentlich herausgebenen Regierungspressedienstes "Presse-Informationen", die penible Registrierung des Imports dienstlich benötigter westlicher Zeitungen und Zeitschriften, die Redaktion der Monatszeitschrift "Presse der Sowjetunion" und vor allem die von der Abteilung Lektorat/Lizenzen betriebene Anleitung und Kontrolle der Blockpartei- und Kirchenzeitungen. Keine dieser Aufgaben durften die sich permanent überfordert fühlenden rund 50 Mitarbeiter des Presseamts im Grunde eigenverantwortlich wahrnehmen. Selbst Routinemeldungen, wie beispielsweise die alljährliche Ankündigung über den Beginn der Sommerzeit, bedurften der engen und zeitraubenden Abstimmung sowohl mit den verantwortlichen Ministerien als auch mit der Agitationsbürokratie beziehungsweise anderen jeweils fachlich zuständigen Abteilungen des SED-Zentralkomitees.

In der zuletzt von Arnold Hofert geleiteten Abteilung Lektorat/Lizenzen, der seinem Stellvertreter Heinz Rossow ausschließlich Einblick in das Lizenzwesen gewährte, erfolgte sowohl die tägliche systematische Nachzensur als auch die planmäßige Erstellung von längere Zeiträume abdeckenden Inhaltsanalysen der Blockparteizeitungen. Gefahndet wurde dabei insbesondere nach Eigenmächtigkeiten in Wort- und Bildbeiträgen, wobei man auch pedantisch die Einhaltung der angeordneten Plazierungen kontrollierte. Die Berliner Chefredakteure der bürgerlichen Zentralorgane und die Agitationssekretäre der Blockparteien mußten sich donnerstags - unmittelbar nach der Instruktion der SED-Medienvertreter in der ZK-Agitationsabteilung im "Großen Haus" - bei Blecha oder seinem Vertreter zur Befehlsausgabe im Presseamt einfinden. Die ihnen erteilten, auf die vermeintlichen Bedürfnisse der Blockparteizeitungen zugeschnittenen "Hinweise und Empfehlungen" waren zur Unterrichtung ihrer Redaktionen bestimmt. Dies geschah auch durch hektographiertes parteiinternes Informationsmaterial, das strenger Geheimhaltung unterlag und das nur wenige dienstlich befugte Redakteure zu Gesicht bekommen durften. So belehrte man beispielsweise die Journalisten der CDU-Presse Anfang September 1987 vor dem Honecker-Besuch in der Bundesrepublik, man solle Emotionen anläßlich dieses Ereignisses nur dort wiedergeben, wo sie am Platze seien, und dabei nicht in allzu großen Jubel verfallen. Vor der Veröffentlichung des SPD-SED-Papiers "Streit der Ideologien und die gemeinsame Sicherheit" galt die Parole, friedliche Koexistenz bedeute keinesfalls ideologische Koexistenz, doch die Auseinandersetzungen in der Frage des Klassenkampfes sollten - of-

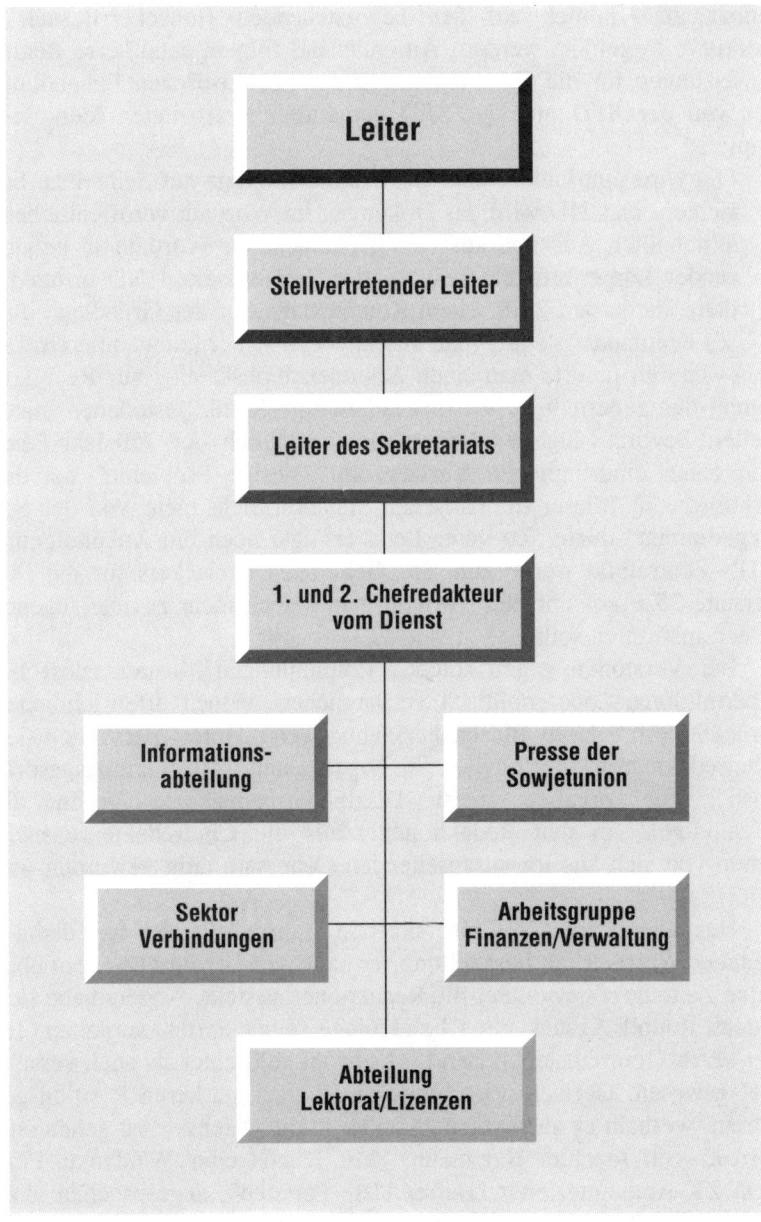

Organisationsstruktur des Presseamts

fenbar im Hinblick auf den bevorstehenden Honecker-Besuch - "kulturvoll" geführt werden. Anschließend folgten detaillierte Regieanweisungen für die CDU-Zeitungen zur publizistischen Behandlung des von der SPD und der SED gemeinsam erarbeiteten Ideologie-Papiers:

"Es wird empfohlen, über die Pressekonferenz auf Seite 1 zu berichten. Das ND wird das Dokument im Wortlaut veröffentlichen. Wir sollten Auszüge aus dem Dokument im Wortlaut in gebührender Länge bringen (keine ganze Zeitungsseite)! ND bringt zu dem Thema am 29.8. einen Kommentar. Auf der Grundlage dieses Kommentars sollte man anschließend selber kommentieren. "[3]

Des weiteren lieferte man einen Argumentationskatalog zur Rechtfertigung der außerhalb Ostberlins auf heftige Kritik gestoßenen materiellen Bevorzugung der "Hauptstadt" anläßlich der 750-Jahr-Feier und einen eindringlichen Verweis auf "riesige Probleme" bei der Ernte, die in "dieser dramatischen Situation nicht mehr von der S.1 wegkommen" dürfe. Zu guter Letzt erfolgte noch die Ankündigung, ADN-Zentralbild werde zum 75. Geburtstag Honeckers für die Bilderseite 35 Fotos anbieten, wovon man jedoch nicht zuviele Jugendbilder auswählen sollte.

Bei Verstößen gegen solche "Empfehlungen" - und selbst bei Übermittlungs- oder politisch verfänglichen, jedoch offensichtlichen Druckfehlern - lasen Blecha beziehungsweise Hofert persönlich den Chefredakteuren die Leviten in sogenannten "Auswertungsgesprächen". Sie ergaben meist Disziplinarmaßnahmen gegen die "Schuldigen" in den Redaktionen, falls die Chefredakteure nicht schon von sich aus im vorauseilenden Gehorsam tätig geworden waren.

Der langjährige LDPD-Vorsitzende Manfred Gerlach legt demgegenüber Wert auf die Feststellung, er hätte sich bei Beschwerden über seine Zeitungen stets hinter die Redaktionen gestellt. Anders habe sich jedoch Rudolf Agsten, der Chefideologe seiner Partei, verhalten. Jener sei in "Journalistenkreisen [...] sowohl gefürchtet als auch verachtet" gewesen. Gerlach wäre hingegen in einer stärkeren Position gewesen, weshalb er auch versucht habe, in die Offensive zu gehen, sofern er von Joachim Herrmann, Kurt Blecha oder Waldemar Pilz, dem ZK-Abteilungsleiter "Befreundete Parteien", angesprochen worden sei. Überdies hätte Gerlach seine Chefredakteure ausdrücklich ermutigt, kritische Artikel und Kommentare zu schreiben und sich bei diesbezüglichen Eingriffen des Presseamts auf ihn zu berufen.[4] Bewirkt hat er damit wohl so gut wie nichts, zumal Gerlach in seiner Selbstüberschätzung den Sozialismus lediglich kosmetisch mit einem liberalen Anstrich verbessern wollte. Es lag eben nicht in seiner Macht, Korrekturen am Parteiauftrag des Presseamtes anzubringen, das als Transmissionsriemen für die Blockpolitik der SED-Führung zu fungieren hatte. Dazu gehörte auch die finanzielle und materielle Benachteiligung der insgesamt 18 Blockparteizeitungen, die 1988 vom Presseamt nur einen Anteil von 8,6 Prozent an der 9,7 Millionen Exemplare betragenden Gesamtauflage aller Tageszeitungen zugebilligt bekamen. Eine Spätfolge dieser gezielten Diskriminierung war der Niedergang der bürgerlichen Zeitungen nach 1989, während sämtliche SED-Bezirksorgane mit Hilfe westdeutscher Verleger Monopolstellungen in den neuen Bundesländern einnehmen konnten.

Die Anleitung und die Vorzensur der Kirchenzeitungen, die Blecha häufig zur Chefsache machte, gehörte innerhalb des Presseamtes zu den besonders sorgfältig abgeschotteten Arbeitsbereichen des Abteilungsleiters Lektorat/Lizenzen. Mit welcher Perfidie man dabei vorging, enthüllte Blecha in seiner bereits erwähnten MfS-Dissertation. Dort heißt es, mit Ausnahme der von "progressiven christlichen Kräften" herausgegebenen Zeitschriften werde der größte Teil der 31 lizenzierten kirchlichen Publikationsorgane lektoriert. Dadurch werde sicher gestellt, daß gegebenenfalls vor der für Kirchenzeitungen obligatorischen Auslieferung durch den Postvertrieb die Zustellung verhindert werden könne. Bei Beanstandungen berufe sich das Presseamt darauf, daß es zu den Lizenzbedingungen gehöre, die "sozialistische Gesetzlichkeit" einzuhalten. Im Laufe der Jahre hätten sich unter anderem folgende Methoden der Einflußnahme bewährt: Kritische Gespräche mit Chefredakteuren mit vorbeugendem Charakter, Gespräche mit Vertretern der dem Chefredakteur übergeordneten Kirchenleitung, um beispielsweise seine Abberufung zu fordern oder die Nominierung eines neuen Chefredakteurs abzuweisen sowie die Beschlagnahme einer beanstandeten Nummer. Darüber hinaus bestännden zwischen Mitarbeitern des Presseamtes und einzelnen Kirchenpublizisten "vertrauliche Informationsverbindungen", über die gezielte Mitteilungen oder Warnungen lanciert, aber auch Kenntnisse von "Interna der Gegenseite" gewonnen werden könnten. Außerdem bestehe die Möglichkeit, "Positionen reaktionärer Verfasser der Kirchenpresse durch polemische Artikel in progressiven Organen ad absurdum zu führen." Dabei sei jedoch darauf zu achten, nicht den Eindruck eines Dialogs entstehen zu lassen.[5]

Zu DDR-Zeiten war Gerhard Thomas Chefredakteur der evangelischen Wochenzeitungen "Mecklenburgische Kirchenzeitung" und der in Berlin erschienenen "Die Kirche". Nach der Wende mußte er sich gegen den gegen ihn erhobenen Verdacht der inoffiziellen MfS-Mitarbeit zur Wehr setzen. Thomas räumte ein, sich mit MfS-Vertretern etwa viermal jährlich getroffen zu haben, um sich einen "relativen Veröffentlichungsspielraum" zu erhalten. In diesen Gesprächen sei es insbesondere um die Behinderung der Zeitungsarbeit durch die Zensur des Presseamts gegangen.

Andererseits unterhielt Thomas ohnehin regelmäßige dienstliche Kontakte zu seinem MfS-Aufpasser, dem Betriebsingenieur in der Druckerei, dem er jeweils vor dem Andruck einen Fahnenabzug übergeben mußte. Weitere Abzüge gingen an das Presseamt beziehungsweise an die Arbeitsgruppe für Kirchenfragen im SED-Zentralkomitee. Falls von irgendeiner Seite Einwände erhoben wurden, stoppte man den Druck und bestellte den Chefredakteur oder einen Vertreter des Herausgebers ins Presseamt. Entweder erzielte man dabei einen Kompromiß, bei dem die Redaktion in der Regel Streichungen oder Änderungen akzeptieren mußte, oder die vorbereitete Zeitung durfte nicht erscheinen. Letzteres widerfuhr den fünf evangelischen Kirchenzeitungen im Jahre 1988 in 17 Fällen. Die katholischen Kirchenzeitungen und die Publikationen anderer Religionsgemeinschaften mieden Reizthemen wie beispielsweise die vormilitärische Erziehung, den Wehrersatzdienst oder sonstige kritische Stellungnahmen zur offiziellen DDR-Politik. Sie beschränkten sich in ihrer Berichterstattung weitgehend auf innerkirchliche Angelegenheiten. Deshalb hatten sie in den 70er und 80er Jahren weniger Konflikte als die evangelischen Medien mit den Zensoren im Presseamt auszutragen. Bei der Vorbereitung von Kirchensendungen für den Hörfunk und das Fernsehen bediente man sich in den Staatlichen Komitees für Rundfunk und Fernsehen ähnlicher Zensurmechanismen.[6]

Manfred Stolpe, der damalige Konsistorialpräsident der Evangelischen Kirche in Berlin-Brandenburg, bedankte sich am 29. Juni 1987 überschwenglich beim ZK-Sekretär Joachim Herrmann für die "offensive Berichterstattung unserer Medien zum Kirchentag".[7] Die sachliche, umfassende und wohlwollende Berichterstattung im Fernsehen, im Rundfunk und in der Presse hätte für die evangelischen

Christen eine "große Ermutigung" gebracht. Bis hierher mag diese Ergebenheitsadresse Stolpes noch aus taktischen Gründen ihren Sinn gehabt haben, wenn die SED damit auch künftig zu einer kirchenfreundlicheren Haltung bewogen werden sollte. Davon hätten auch die kirchlichen Medien profitieren können. Doch die anschließende denunziatorische Verleumdung eines ARD-Fernsehkorrespondenten - 1992 von Stolpe im Fernsehen als "dichterische Freiheit" heruntergespielt - wirft ein bezeichnendes Schlaglicht auf seinen Umgang mit den Machthabern. Der West-Journalist hätte angeblich nach Stolpes eigener Beobachtung in einer nächtlichen Diskussion vergeblich versucht, "christliche Jugendliche zu Aussagen über die Vorgänge am Brandenburger Tor zu provozieren". Gemeint war das brutale Vorgehen von Sicherheitskräften gegen westdeutsche Fernsehteams und Ostberliner Jugendliche, die Pfingsten 1987 ein Rockkonzert vor dem Reichstag auf der anderen Seite der Mauer verfolgen wollten. Die erhalten gebliebene Video-Aufzeichnung der Diskussion widerlegt jedoch eindeutig Stolpes Behauptung, die Jugendlichen hätten den Journalisten mit einem Ei beworfen und zum Verschwinden aufgefordert. Mit der von ihm praktizierten Kirchendiplomatie konterkarierte Stolpe nicht zuletzt die Bemühungen jener Teile der SED-kritischen Kirchenpublizistik, die sich auch über die West-Medien inner- und außerhalb der DDR Gehör zu verschaffen suchte.

ADN - "Pressestelle" des Partei- und Staatsapparates

Am 10. Oktober 1946 erteilte die Propagandaabteilung der Sowjetischen Militäradministration 16 Gesellschaftern aus ostzonalen Zeitungsverlagen und dem Hörfunk die Lizenz zur Gründung des Allgemeinen Deutschen Nachrichtendienstes (ADN), der ersten deutschen Nachrichtenagentur im Nachkriegsdeutschland. Zu den Unterzeichnern des Lizenzantrages gehörte auch der CDU-Politiker Ernst Lemmer, der spätere Bundesminister für gesamtdeutsche Fragen. Mit der Vortäuschung von "Überparteilichkeit" und des mit großem Propagandagetöse verkündeten "antifaschistisch-demokratischen Aufbaus" versuchte die SED auf Betreiben der Sowjets, auch bürgerliche und ehemalige sozialdemokratische Lizenznehmer gezielt in die ADN GmbH einzubeziehen. Sie übten jedoch in der von Beginn an von früheren KPD-Funktionären beherrschten Agentur lediglich vorübergehend eine Alibifunktion aus, denn mit Wirkung vom 1. Mai 1953 wandelte die DDR-Regierung den ADN in eine staatliche Institution um.

In der Folgezeit unterlag die Nachrichtenagentur formal dem Weisungsrecht des Ministerpräsidenten, der es über das Presseamt ausübte. Zur Absicherung des politischen Primats der Bildberichterstattung erfolgte am 1. Januar 1956 die Vereinigung von ADN mit der bis dahin selbständigen Bildagentur "Zentralbild". Ende der 80er Jahre beschäftigte ADN knapp 1400 Mitarbeiter. 1992 verkaufte die Treuhandanstalt ADN an den Deutschen Depeschen Dienst, der der Agentur mit einem inzwischen drastisch verringerten Personalbestand die Regionalberichterstattung aus den neuen Bundesländern zuwies.

Zu DDR-Zeiten besaß der 1986 in 87 Staaten akkreditierte ADN das Monopol für die Auslandsberichterstattung. Lediglich "Neues Deutschland" und die elektronischen Medien verfügten im Ausland über eigene Korrespondenten. Das Gros der von ADN-Auslandskorrespondenten verfaßten ausführlichen Hintergrundberichte waren nicht zur Veröffentlichung bestimmt, sondern diente der exklusiven Information der Partei- und Staatsführung. Nicht wenige davon entstanden auf Veranlassung der Hauptverwaltung Aufklärung des MfS. Andererseits veröffentlichten die DDR-Medien auch Berichte von ADN-Korrespondenten, die ohne deren Wissen in Ostberlin geschrieben wurden. Dem Bonner ADN-Korrespondenten Ralf Bachmann haben mehrere solche, von ihm nicht verfaßte jedoch mit seinem Namen versehene Artikel nach eigenem Bekunden den meisten Ärger verursacht.[8]

Die direkte politische Anbindung von ADN, aber auch des Fernsehens und des Hörfunks an die SED-Führung verschleierte man organisatorisch nach außen hin und erweckte stattdessen den Eindruck, daß sie dem Presseamt unterstanden hätten. Damit war sogar der Agitationssekretär Joachim Herrmann nicht einverstanden. So beschwerte er sich gelegentlich einer Anforderung von Investitionsmitteln für die drei Medien vom 22. November 1988 bei dem dafür zuständigen ZK-Wirtschaftssekretär Günter Mittag darüber, daß diese Medien, obwohl sie "der politischen Führung unmittelbar durch das ZK der SED unterstehen", bei Bedarfsanforderungen als nachgeordnete staatliche Organe behandelt und damit auch gegenüber den Parteizeitungen finanziell benachteiligt würden.[9]

Verbindliche ideologische Arbeitsrichtlinien für ADN-Redakteure ließ die Partei in dem im DDR-Gesetzblatt vom 14. Juli 1966 verkündeten ADN-Statut unmißverständlich verankern. Danach hatte sich die Wort- und Bildberichterstattung von ADN nach dem SED-Programm sowie nach den Beschlüssen des SED-Zentralkomitees und der staatlichen Organe zu richten. Außerdem bestand für ADN die Verpflichtung, "zur Entwicklung und Festigung des sozialistischen Bewußtseins aller Schichten der Bevölkerung" durch eine "partei-liche" Informationsvermittlung beizutragen. Wie bereits im vorherigen Kapitel exemplarisch dargestellt, entwarfen oder bestellten sogar die Generalsekretäre persönlich ADN-Meldungen und -Kommentare. Entsprechendes galt für die Regional- und Lokalberichterstattung, die die Parteileitungen auf Bezirks- und Kreisebene kontrollierten. ADN diente also ebenso wie das Presseamt in erster Linie als Transmissionsriemen für die Informationspolitik der SED-Führung zur Durchsetzung ihres Meinungsmonopols. Deshalb waren auch alle DDR-Medien gehalten, ausschließlich ADN-Meldungen zu verwenden, wobei häufig selbst deren genaue Plazierung in der Berichterstattung der Medien angewiesen wurde.

Nur ADN war es gestattet, die Sendungen westdeutscher und ausländischer Nachrichtenagenturen zu empfangen und, falls es politisch opportun erschien, zur Veröffentlichung in den DDR-Medien aufzubereiten. Manipuliert wurde dabei nicht mit plumpen Fälschungen, sondern vorzugsweise durch sinnentstellende Verkürzungen und die Unterschlagung von Fakten, so daß für den Normalbürger die westdeutschen elektronischen Medien als komplementäre Informationsquellen unentbehrlich waren. Für die Spitzengenossen lieferte die Informationsabteilung von ADN mehrere, fachlich untergliederte Hintergrunddienste mit unterschiedlichem Vertraulichkeitsgrad, der sich auf die Funktion des Empfängers bezog. Am begehrtesten war - auch aus Statusgründen - das mit einem grünen Querbalken versehene Bulletin, das als "streng vertraulich" eingestuft war. Es enthielt ungefilterte, für die DDR relevante Meldungen ausländischer Nachrichtenagenturen. Lediglich von der sowjetischen Agentur TASS erschien darin nichts, weil die Botschaft der UdSSR auch auf dem Verteiler stand und nicht erfahren sollte, welche TASS-Meldungen in der SED-Führung intern für wichtig gehalten wurden.[10] Die Zweckbestimmung sowie die inhaltliche und formale - sogar farblich idententische - Gestaltung der geheimen ADN-Hintergrunddienste entsprachen denen des Deutschen Nachrichtenbüros des Dritten Reichs.

Brisante Meldungen, beispielsweise über einen Grenzzwischenfall, einen "polemischen Beitrag" in einer ungarischen Zeitung oder den Wortlaut einer Rede des Bundeskanzlers, mußten auf Honeckers Weisung von der ADN-Zentrale in der Mollstraße als Eilinformationen aus Sicherheitsgründen per Boten ins ZK überbracht werden. Das durften nur "politisch zuverlässige Kader" sein, weshalb man vorzugsweise die von ADN eingestellten "besten Absolventen der Sektion Journalistik" im ersten Beschäftigungsjahr dazu bestimmte.[11]

Ein sicherlich nicht repräsentatives, jedoch anschauliches Beispiel für die einerseits erdrückende Monotonie der auch für den ADN-Lokaljournalismus verbindlichen Protokollberichterstattung und die locker formulierten, subjektiven Empfindungen der Volontärin Sylke Kunath (Jahrgang 1967) aus der Berlin-Redaktion von ADN bietet die Gegenüberstellung des Wortlauts ihrer Meldung mit den persönlichen Aufzeichnungen der Verfasserin, die heute als Fernsehjournalistin in Leipzig tätig ist. Unter dem Datum des 7. Oktober 1986 notierte sie im täglich geführten obligatorischen Ausbildungsbuch ihren begeisterten Eindruck von einer 106 Jahre alt gewordenen Berlinerin, was sicherlich auch die Leser interessiert, aber natürlich nicht den ritualisierten Vorgaben für das Absetzen von ADN-Meldungen entsprochen hätte:

"Die zweitälteste Berlinerin wird 106! Diesmal wohnt sie in Köpenick in einem sehr schönen FAH![12] Die Jubilarin zeigte sich als geistig noch außerordentlich rege, ihre schlagfertigen, z.T. zum Schmunzeln anregenden Antworten waren ein Beweis dafür. Ein wunderschöner Geburtstag mit einem unglaublichen Geburtstagskind. Krönender Abschluß: Martha Spitz rezitierte Verse aus ihrer Jugendzeit (~ 1897!!). Beinah unrealistisch - aber wahr."[13]

Völlig anders liest sich dagegen die dann im Berliner Lokalteil des "Neuen Deutschland" vom 8. Oktober 1986 erschienene ADN-Meldung, die zu den ersten Veröffentlichungen Sylke Kunaths zählte:

"Zweitälteste Berlinerin feierte 106. Geburtstag
Auf 106 Lebensjahre konnte am Dienstag Martha Spitz im Köpenicker Feierabendheim 'Georg Nusche' zurückblicken.Sie ist damit die zweitälteste Einwohnerin der Hauptstadt. Glückwünsche zu ihrem Ehrentag wurden Martha Spitz vom Vorsitzenden des Staatsrates und dem Oberbürgermeister Berlins übermittelt. Zu den Gratulanten gehörten der Köpenicker Stadtbezirksbürgermeister Horst Stranz, Vertreter der Volkssolidarität und Heimbewoh-

ner sowie Verwandte und Bekannte der Jubilarin. Der Chor des Feierabendheimes überraschte mit einem Ständchen. (ADN)"

Dieser willkürlich herausgegriffene Vergleich von gedruckten und ungedruckten Rechercheergebnissen zeigt, daß Pauschalurteile über die angeblich mangelnde handwerkliche Qualifikation und Originalität ehemaliger DDR-Journalisten fehl am Platze sind, weil sie sich beim Schreiben an festgefügte formale und ideologische Vorgaben halten mußten. Schon im Paragraphen 1 des Ausbildungsvertrages verlangte ADN, zum Hauptanliegen des Volontariats gehöre die "klassenmäßige Erziehung" und die Förderung der "politischen Aktivität".

Sylke Kunath mußte ihre Artikel vor der Veröffentlichung ihrer Mentorin und dem Chef vom Dienst zur Abnahme vorlegen, die jedoch auch nicht immer mit den Besonderheiten der "politisch korrekten" Protokollberichterstattung vertraut waren. Als sie einige Wochen später eine ähnliche Meldung verfaßte - diesmal über den 102. Geburtstag einer Berlinerin[14] -, unterlief ihr "ein folgenschwerer Fehler", wie sie in ihrem Ausbildungsbuch festhielt. Sie hatte nämlich wiederum die Glückwünsche des Staatsratsvorsitzenden erwähnt, nachdem sie sich vorher bei ihren Ausbildern darüber vergewissert hatte. Diesmal erfolgte ein Anruf aus dem Staatsrat, der für "mächtigen Ärger" in der Redaktion gesorgt habe, denn Glückwünsche Honeckers gab es ausschließlich zum 100. und 105. Geburtstag. Die im Wortlaut zitierte und damit ebenfalls fehlerbehaftete Meldung zum 106. Geburtstag war den Medienwächtern offenbar ebenso entgangen, wie eine vorherige vom 3. Oktober 1986 im "Neuen Deutschland", in der die Volontärin anläßlich des 106. Geburtstages einer anderen Ostberlinerin schon einmal fälschlich über die Glückwünsche des Staatsratsvorsitzenden berichtete.

Die Angst vor den Folgen solcher lächerlich anmutenden Fehler begleitete im Berufsalltag zwar jeden DDR-Journalisten. Für ADN-Nachrichtenredakteure, deren Meldungen jedoch einen partei- und regierungsamtlichen Charakter trugen, war sie indessen besonders belastend. Zumal dann, wenn vorfabrizierte Meldungen aus dem Partei- und Regierungsapparat zum Zeitpunkt ihrer Veröffentlichung bereits überholt waren oder wenn sie gar zu früh erschienen. So konnte beispielsweise im Herbst 1979 Günter Gaus, der damalige Ständige Vertreter der Bundesrepublik in der DDR, schon auf seiner Fahrt ins Außenministerium aus einer ADN-Meldung im "Neuen Deutschland" entnehmen,[15] daß sich der stellvertretende DDR-Außenminister Michael Kohl bei Gaus bereits gegen eine angebliche Einmischung der Bundesregierung in die inneren Angelegenheiten der DDR verwahrt habe.

LIZENZURKUNDE

PRESSEAMT BEIM VORSITZENDEN DES MINISTERRATES
DER DEUTSCHEN DEMOKRATISCHEN REPUBLIK

LIZENZ-NR. =115=

1. Das Presseamt beim Vorsitzenden des Ministerrates der Deutschen Demokratischen Republik erteilt hiermit **der Bezirksleitung Magdeburg der Sozialistischen Einheitspartei Deutschlands**

   die Lizenz zur Herausgabe der Zeitung/XXXXXXX **"Volksstimme"**

2. Chefredakteur der Zeitung/XXXXXXXX **Heinz Wiese**

3. Herausgeber der Zeitung/XXXXXX **Bezirksleitung Magdeburg der SED**

4. Die Zeitung/XXXXXX erscheint im Verlag: **Verlag Volksstimme Magdeburg**

5. Inhalt der Zeitung/XXXXXXX **Organ der Bezirksleitung Magdeburg der SED**

6. Zeitdauer der Gültigkeit der Lizenz: **unbefristet**

7. Lizenztechnische Angaben über die Zeitung/XXXXXX:
   a) Erscheinungsweise: **6 x wöchentlich**
   b) Auflage: **∅ 372.700 Exemplare**
   c) Umfang: **51 Seiten wöchentlich**
   d) Format: **36,5 x 51 cm**
8. Diese Lizenz wird unter der Bedingung erteilt:
   a) daß der Charakter des Presseerzeugnisses den gesetzlichen Bestimmungen der Deutschen Demokratischen Republik entspricht;
   b) daß das auf Grund dieser Lizenz erscheinende Presseerzeugnis mit einem Impressum zu versehen ist, das enthält: Lizenzträger, Chefredakteur, Herausgeber, Verlag, Lizenzgeber und Lizenz-Nr.
   c) sonstige Bedingungen: **Die Zeitung erscheint mit 20 Kreisausgaben**

9. Diese Lizenz ist nicht übertragbar. Sie kann, sofern die Voraussetzungen für die Erteilung der Lizenz nicht mehr gegeben sind, durch das Presseamt beim Vorsitzenden des Ministerrates entzogen werden.
10. Anzahl der dem Presseamt beim Vorsitzenden des Ministerrates einzureichenden Belegexemplare: **2**

Berlin, den **7. August 1973**

—,—

(Lizenzgebühr)   (Siegel)

PRESSEAMT
BEIM VORSITZENDEN DES MINISTERRATES
DER DEUTSCHEN DEMOKRATISCHEN REPUBLIK

Blecha

Dr. Blecha
LEITER

Quelle: Gunter Holzweißig: DDR-Presse unter Parteikontrolle, S. 77.

THÜRINGISCHE
Landeszeitung

BETRIEB DER VOB AUFWÄRTS
ORGAN DER LIBERAL-DEMOKRATISCHEN PARTEI
DEUTSCHLANDS
FÜR DIE BEZIRKE ERFURT, GERA, SUHL
Chefredakteur

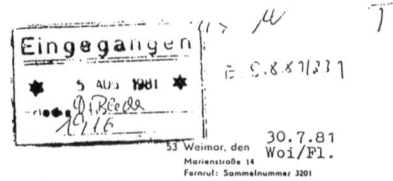

53 Weimar, den   30.7.81
Marienstraße 14   Woi/Fl.
Fernruf: Sammelnummer 3201

Chefredakteur "Der Morgen"
Herrn Gerhard Fischer

1080   Berlin
Joh.-Dieckmann-Str. 47

Stellungnahme zur Tauschanzeige Mercedes-Mazda in der Ausgabe
vom 28. Juli 1981 in der Thüringischen Landeszeitung

1. Die vom Chefredakteur des Zentralorgans "Der Morgen", Gerhard
   Fischer, Mitglied des PA des Zentralvorstandes der LDPD, übermit-
   telte Anweisung, die Automarke "Mazda" auf keinen Fall im An-
   zeigenteil - gleich in welcher Form - aufzunehmen, wurde von mir
   ohne Verzögerung persönlich dem amt. Verlagsdirektor und Anzeigenleiter, Koll. ▬▬▬▬, in aller Klarheit übermittelt.

2. Koll. ▬▬▬▬ hat die fragliche Seite erst drei Tage später, am
   Montag, 27.7.81, persönlich gelesen und freigegeben. Die Anweisung hätte somit durchgesetzt werden können und müssen.

3. Ohne bisher die Möglichkeit einer Rücksprache mit Koll. ▬▬▬▬
   gehabt zu haben, mußte ich feststellen, daß sich Koll. ▬▬▬▬
   schon seit Tagen nicht wohlfühlte, er große familiäre Sorgen
   hat (Frau schwer zuckerkrank im Krankenhaus), und daß er vor
   allem wegen der Abwesenheit des Verlagsdirektors (Urlaub) als
   amtierender Vertreter im Dienst blieb. Am Dienstagvormittag wurde
   er bei Arztkonsultation sofort krankgeschrieben.

4. Dennoch habe ich fixiert, bei Rückkehr des Verlagsdirektors am
   Montag, 3. August, ein Disziplinarverfahren einzuleiten, in
   dessen Ergebnis Leitungsmaßnahmen zur Gewährleistung noch größerer politischer Sicherheit festzulegen sind.

                    ...sche Landeszeitung
                    ...ier VOB Aufwärts

                    ter Woithon

Bankkonto: Industrie- und Handelsbank Weimar Nr. 4181-16-80 – Postscheckkonto: Erfurt Nr. 121 26
Es wird gebeten, Zuschriften nicht an einzelne Mitarbeiter persönlich zu richten.

KnG 20 36 79 V-19 3

*Aus den Akten des Presseamtes. Quelle: Gunter Holzweißig: DDR-
Presse unter Parteikontrolle, S.189.*

III. Flankenschutz durch das Ministerium für Staatssicherheit

Das MfS und die Medien: Auftrag und Zuständigkeiten

Das ehemalige Politbüromitglied Günter Schabowski beantwortete die Frage nach MfS-Kontakten während seiner langjährigen journalistischen Tätigkeit bei der Gewerkschaftszeitung "Tribüne" und als Chefredakteur von "Neues Deutschland" in den Jahren von 1978 bis 1985 vermutlich wahrheitsgemäß, denn die obligatorischen Arbeitsbeziehungen dürfte er in dieser Zeit seinen für Sicherheits- und Personalfragen zuständigen Abteilungsleitern überlassen haben:
"Ich hatte, bevor ich ins Politbüro kam, nie direkt persönlich mit der Staatssicherheit zu tun gehabt. Es hat zwar auch für die Medien Verantwortliche im Ministerium für Staatssicherheit gegeben. Die hatten allerdings in erster Linie sicherzustellen, daß mit der Drucktechnik nichts schiefging, daß über die Technik politische Fehler in die Zeitungen gelangten oder feindliches Material produziert würde. Die Redaktion war ja selbst eine politische Institution ersten Ranges. Niemand war besser befähigt als die Redaktion selber, ihre Texte zu kontrollieren. Das war nicht Sache der Sicherheit. Das hat die Partei selber, im 'ND' sogar der Generalsekretär, zu begutachten gehabt."[1]
Tatsächlich gibt es bisher kaum Anhaltspunkte dafür, daß sich die für die Medien zuständigen MfS-Diensteinheiten auf eigene Faust und ohne Wissen der Agitationsbürokratie des SED-Zentralkomitees maßgeblich an der inhaltlichen Gestaltung der Medienpolitik beteiligt hätten. Andererseits überwachte das MfS durch die Plazierung von Inoffiziellen Mitarbeitern auch beim Parteiorgan "Neues Deutschland" nicht nur die Drucktechnik oder die Einhaltung der Arbeits- und Brandschutzbestimmungen, sondern auch die persönlichen Verhaltensweisen und die politische Zuverlässigkeit von Redaktionsmitgliedern und des technischen Personals. So beschäftigten sich zuletzt allein 42 hauptamtliche und ca. 350 Inoffizielle Mitarbeiter der HA XX/7 mit der "Kontrolle und Sicherung der journalistischen Tätigkeit" und des technischen Personals bei den Staatlichen Komitees für Rundfunk und Fernsehen, der Ostberliner Presse und der Nachrichtenagentur ADN. Auf bezirklicher Ebene waren die Abteilungen XX der MfS-Bezirksverwaltungen für die entsprechende Überwachung

des Personals der Bezirkspresse oder der Regionalsender dafür verantwortlich. Zumindest nachträglich erfuhr auch Schabowski, wer in seiner Redaktion Stasi-Spitzel war.[2]

Für den Stellvertretenden Vorsitzenden des Staatlichen Fernsehkomitees, Dieter Glatzer, schien dagegen die MfS-Tauglichkeit der Mitarbeiter des DDR-Fernsehens die wichtigste Einstellungsvoraussetzung gewesen zu sein. Der ostdeutsche Medienwissenschaftler Peter Hoff war jedenfalls sprachlos über die Selbstverständlichkeit und Offenheit Glatzers, mit der jener ihm 1985 im persönlichen Gespräch bedeutete:

"Unsere Mitarbeiter müssen nicht unbedingt alle in der Normannenstraße (dem Hauptquartier des Ministeriums für Staatssicherheit in Berlin, P. H.) arbeiten, sie müssen aber jederzeit dort angestellt werden können."[3]

Beim Fernsehen fiel auf, daß dort 1984, auf dem Höhepunkt der von der SED genehmigten Ausreisewelle, besonders viele berufsfremde Führungskader - vermutlich als Offiziere im besonderen Einsatz - eingestellt wurden.[4] Die Nachrichtensprecherin der "Aktuellen Kamera", Angelika Unterlauf, erklärte rückblickend in einem Interview, sie habe immer gewußt, daß der Prozentsatz der Stasi-Mitarbeiter in ihrem Umfeld sehr hoch gewesen sei.[5] Sie sei daher stets sehr vorsichtig gewesen und habe niemandem getraut. Deshalb sei es immer eine Phrase gewesen, in der DDR habe es ein ausgeprägtes Zusammengehörigkeitsgefühl gegeben. Sie selbst hatte ihr Schauspielstudium abgebrochen, weil sie sich geweigert hatte, eine Verpflichtungserklärung für die inoffizielle Mitarbeit beim MfS zu unterschreiben.

Der Forschungsstand über das Verhältnis des MfS - dem "Schild und Schwert" der Partei - zu den Medien, im Politjargon die "schärfsten Waffen" der Partei, ist noch unbefriedigend. Nicht zuletzt deshalb, weil aus vielerlei Gründen derzeit der Zugang zu den diesbezüglichen MfS-Akten noch äußerst beschwerlich ist. Einschlägige Literatur ist kaum vorhanden.[6] Es stehen lediglich verschiedene Arbeiten von unterschiedlicher Qualität zur Verfügung, die an der zu DDR-Zeiten in der Öffentlichkeit nicht bekannten "Juristischen Hochschule" des MfS in Potsdam/Eiche entstanden sind. Sie erlauben es aber durchaus, ergänzt durch weitere bereits zugängliche Dokumente und in Verbindung mit der Befragung von Zeitzeugen, eine Zwischenbilanz zur Medienarbeit des MfS zu ziehen.

Die SED benutzte die Staatssicherheit in zweifacher Hinsicht zur Absicherung ihrer Medienpolitik: Einerseits hatte das MfS, ebenso wie die anderen Ministerien, im Rahmen der sogenannten "Staatlichen Öffentlichkeitsarbeit" - allerdings unter spezifischen konspirativen Bedingungen - seinen Beitrag zur parteilich aufbereiteten Selbstdarstellung des Staatsapparates zu leisten. Zum anderen war es für die sogenannte "politisch-operative Sicherung" der Redaktionen, Druckereien und Funkhäuser verantwortlich. Diese Aufgabe erfüllte das MfS mit seinem eingespielten repressiven Instrumentarium im Prinzip bei allen staatlichen und gesellschaftlichen Institutionen sowohl auf der Ebene offizieller Arbeitskontakte zu den jeweiligen Kader-, Verwaltungs- und Sicherheitsabteilungen als auch durch den verdeckten Einsatz von haupt- und nebenamtlichen Spitzeln.

Im Unterschied zu anderen DDR-Ministerien verfügte das MfS nur in den 50er Jahren, auf dem Höhepunkt seiner Propagandaschlachten gegen die "Bonner Ultras" oder die "anglo-amerikanischen Kriegstreiber", über einen offiziell bestellten Pressesprecher. Anschließend war bis 1985 für die Öffentlichkeitsarbeit die Abteilung Agitation in der MfS-Zentrale zuständig, die in verdeckter Weise auch die Funktion einer Pressestelle wahrnahm. Mit dem Verzicht auf namentlich benannte Ansprechpartner für Journalisten sollte offensichtlich verhindert werden, daß insbesondere westliche Korrespondenten in gewohnter Weise unmittelbar Fragen an einen Ministeriumssprecher stellen konnten. Andererseits sollte jedoch die Zusammenarbeit mit den DDR-Medien gepflegt werden, was aber in den letzten Jahrzehnten von der ZK-Abteilung Agitation zunehmend behindert wurde. Hinzu kam die Weisung des Ministers, sich auch gegenüber DDR-Journalisten vorzugsweise bedeckt zu halten. So verfügte Erich Mielke beispielsweise am 12. Januar 1984 in einer Dienstanweisung:

"Zur Wahrung der Konspiration und Geheimhaltung in der Öffentlichkeitsarbeit tritt die Abteilung Agitation außerhalb des MfS gegenüber Massenmedien und anderen Einrichtungen unter der Bezeichnung 'Presseabteilung des MfS' in Erscheinung."[7]

Nur ein Jahr später löste Mielke die gemeinsam mit der Abteilung 26 (Telefonüberwachungszentrale) in Berlin-Johannisthal residierende Abteilung Agitation des MfS auf. Leitende Mitarbeiter, die man der Unfähigkeit zieh, wurden gemaßregelt oder entlassen. Vorgeworfen wurden ihnen unter anderem Alkoholexzesse, gravierende Disziplinverstöße und sogar kriminelle Handlungen.[8] Aus der Sicht von Insidern resultierte diese Entwicklung teilweise aus dem Unmut der MfS-Agitatoren über die Parteiführung, die nicht mehr wie in früheren Zeiten allzu spektakuläre Aktionen und Pressekampagnen gegen vermeintliche äußere und innere Feinde zuließ, wodurch faktisch die frustrierten Agitprop-Offiziere schon Jahre zuvor in die verdeckte Arbeitslosigkeit entlassen worden waren. Die meisten der knapp 60 Mitarbeiter der Abteilung Agitation erhielten ihre Versetzung zur Hauptdienststelle in der Normannenstraße, wo man sie in das "Hirn" des MfS, die Zentrale Auswertungs- und Informationsgruppe (ZAIG), eingliederte. Dort leitete Oberst Karl Fischer den Bereich 6 (Presse-, Öffentlichkeits- und Traditionsarbeit). Innerhalb dieser Organisationseinheit enstand die Arbeitsgruppe 3 (Medienarbeit und inoffizielle Pressestelle) mit folgender Aufgabenstellung:

"- Zusammenwirken mit der zentralen Presse, mit dem Fernsehen und dem Rundfunk (außer Regionalprogramme) sowie mit dem Film und den Verlagen zur Realisierung von Aufgaben im Rahmen der sicherheitspolitischen Thematik der Öffentlichkeits- und Traditionsarbeit (ÖTA) des MfS
- Vorbereitung von Meldungsentwürfen mit sicherheitspolitischem Inhalt für die Veröffentlichung in den Medien
- Konzipierung, Aufarbeitung und Bereitstellung von auswertbaren Materialien für Medienprojekte in Zusammenarbeit mit der Arbeitsgruppe des Bereiches 6 [Grundsatzfragen der Öffentlichkeitsarbeit, G. H.] sowie den Diensteinheiten
- Fachberatung, Begutachtung und Unterstützung der Medien in bezug auf deren beabsichtigte Vorhaben mit sicherheitspolitischer Thematik."[9]

Eine hauseigene Definition der "konspirativen Öffentlichkeitsarbeit" findet sich in der zweiten Auflage des "Wörterbuchs der politisch-operativen Arbeit" aus dem Jahre 1985, das als Geheime Verschlußsache nur ausgewählten "Tschekisten" zugänglich war. In diesem, eher einem "Wörterbuch des Unmenschen" ähnelndem Elaborat der "Juristischen Hochschule" wird von den "Öffentlichkeitsarbeitern" verlangt:

"- den verbrecherischen und friedensgefährdenden Charakter sowie die Pläne, Absichten, Mittel und Methoden des Feindes und sein Klassenwesen bloßzulegen,
- in wissenschaftlich fundierter Art und Weise sowie emotionell wirksam die Arbeiterklasse und alle Werktätigen zum Haß und

zum Kampf gegen den Imperialismus und seine Geheimdienste zu erziehen,
- ein wahrheitsgetreues und politisch-ideologisch richtiges Bild über die Schutz- und Sicherungsfunktion unseres Organs, das im Interesse von Frieden und Sicherheit sowie auf der Basis der sozialistischen Gesetzlichkeit wirksam ist, zu vermitteln,
- vor allem das Vertrauensverhältnis der Bürger zu den Organen des MfS zu stärken, um damit die Vorausetzungen für eine aktive Zusammenarbeit zwischen dem MfS und den Werktätigen bei der Lösung der Aufgaben des MfS weiterzuentwickeln und dadurch auch die inoffizielle Basis der politisch-operativen Arbeit zu stärken." [10]

Öffentlichkeitsarbeit auch zur Rekrutierung von Spitzeln! Dafür scheinen die Aktionsfelder und Instrumente schier unerschöpflich gewesen zu sein. Das Stasi-Wörterbuch zählte anschließend einige davon auf:

"Foren, Vorträge, Ausstellungen, wehrpolitische Kabinette und Veranstaltungen, Pressekonferenzen, Darstellungen in der Presse, in wissenschaftlichen Zeitschriften, Broschüren, Büchern, Filmen, im Rundfunk und Fernsehen, Zusammenwirken und fachliche Beratung entsprechender Dienststellen des MfS mit Journalisten, Wissenschaftlern, Künstlern, die in ihrer Arbeit Probleme des MfS abhandeln u.a.m."

Die Zuständigkeit für die "politisch-operative Sicherung" der zentralen Massenmedien mit Ausnahme von "Neues Deutschland" lag bei der 1969 auf Befehl Mielkes in der Hauptabteilung XX neugebildeten Abteilung 7 (HA XX/7). [11] Mielke ordnete seinerzeit an, Mitarbeiter des Rundfunks und des Fernsehens, die "auf den politisch-ideologischen Inhalt der Programme entscheidenden Einfluß haben oder nehmen können" operativ abzusichern. Gleiches galt für alle technischen Mitarbeiter, die durch "bewußtes Tun oder Unterlassen sendetechnische Störungen" herbeiführen könnten. Unter Beobachtung gestellt werden sollten auch:

"Journalisten und Redakteure der Tages- und Wochenzeitungen, Illustrierten und Fachzeitschriften, der Presseorgane der Blockparteien, der Massenorganisationen sowie der Betriebszeitungen, Lehrkräfte an Journalistenausbildungsstätten und Studenten der Sektion für Journalistik der Karl-Marx-Universität Leipzig und in der Fachschule für Journalistik des VDJ, Journalisten im Presseamt beim Vorsitzenden des Ministerrates, im Allgemeinen Deutschen Nachrichtendienst, Bildjournalisten."

Dieser Personenkreis war unter Ausnutzung des "inoffiziellen Netzes", dessen umgehenden Ausbau Mielke in seiner 23 Seiten umfassenden Dienstanweisung verlangte, daraufhin zu überprüfen, "inwieweit diese Kräfte bereits in der Vergangenheit durch ideologische Schwankungen, durch Verbreitung feindlicher Auffassungen operativ bekannt wurden und in welchem Umfang sich aus ihren Verbindungen und moralischem Verhalten Ansatzpunkte für den Feind ergeben.

Bereits ein knappes Jahr zuvor, unmittelbar nach dem Einmarsch der Warschauer-Pakt-Staaten in die Tschechoslowakei, versandte Mielke ein Rundschreiben ähnlichen Inhalts an die MfS-Bezirksverwaltungen, in dem er unverzügliche "Politisch-operative Maßnahmen zur Gewährleistung der Sicherheit im Fernmeldewesen, in den Rundfunk- und Fernsehsendern und deren Studios" befahl.[12] Der nur kurze Zeit während "Prager Frühling", das erste von einer alleinherrschenden kommunistischen Partei zugelassene Experiment mit einem demokratisch praktizierten Sozialismus, blieb im Langzeitgedächtnis Mielkes als Trauma haften. Aus seiner durchaus berechtigten Sorge vor reformistischem Gedankengut im eigenen Machtbereich drängte er in der Folgezeit die Hauptabteilung XX mit Nachdruck, die "Sicherung" der DDR-Intelligenz ständig zu perfektionieren.

Die Stichworte "Arbeit, politisch-operative" und "Sicherheitserfordernisse der sozialistischen Gesellschaft" im bereits zitierten MfS-Wörterbuch vermitteln eine plastische Vorstellung über die von der HA XX/7 betriebene "politisch-operative Sicherung" der Massenmedien. Danach galt es, in die "Konspiration feindlicher Kräfte und gegnerischer Stellen" offensiv einzudringen; die vorbeugende Sicherung und operative Bearbeitung "labiler, schwankender und feindlich-negativer Personenkreise und Einzelpersonen" zu betreiben sowie bei operativ bedeutsamen Personen die schon rituelle Frage "Wer ist wer" zu klären.

Eine erkannte "Feindtätigkeit" beziehungsweise ein diesbezüglicher Verdacht war mittels Operativer Vorgänge (OV) und Operativer Personenkontrollen (OPK) oder auch im Rahmen einer "Vorkommnisuntersuchung" zu verfolgen. Diese Vorgaben sollten operative Kräfte, also hauptamtliche Mitarbeiter, sowie Offiziere im besonderen Einsatz (Oibe), Inoffizielle Mitarbeiter (IM) und Gesellschaftliche

Mitarbeiter Sicherheit (GMS) "realisieren". Zum Kernstück dieser sogenannten politischen-operativen Prozesse und Methoden deklarierte man die IM-Arbeit; ergänzt durch eine Fülle weiterer Maßnahmen, die sich von regelmäßigen Sicherheitsüberprüfungen bis zur Paßkontrolle erstrecken sollten.

Unter dem Stichwort "Objektsicherung" verdeutlichen die Wörterbuch-Autoren im kruden Stasi-Deutsch, daß es ihnen beim Objektschutz - etwa dem der Redaktion und Druckerei von "Neues Deutschland" oder des innerhalb des Geländes des DDR-Fernsehens in Berlin-Adlershof ohnehin zusätzlich streng abgeschirmtem Studiokomplexes der "Aktuellen Kamera" - nicht nur auf die polizeiliche Bewachung ankam; denn "Objektsicherung" sei die:

"Gesamtheit vorbeugender politisch-operativer, militärisch-operativer und operativ-technischer Maßnahmen zur Gewährleistung der Sicherheit eines für die gesellschaftliche und volkswirtschaftliche Entwicklung sowie für den Schutz und die Sicherheit der DDR bedeutsamen Objekts, der in ihm ablaufenden Prozesse und seiner Umweltbeziehungen.

Im wesentlichen besteht die Zielstellung der O. in der Verhinderung des Eindringens von im Auftrage imperialistischer Geheimdienste oder anderer feindlicher Orgnisationen, Einrichtungen und Kräfte handelnden Personen, in der wirksamen Bekämpfung von unmittelbaren Angriffen gegen das zu sichernde Objekt, in der ständigen Gewährleistung von Ordnung und Sicherheit im Objekt sowie in der Vermeidung von Schäden."

Das zynische und totalitär geprägte Stasi-Vokabular - vergleichbar mit dem der Gestapo im Dritten Reich - enthielt Handlungsanweisungen, die von der Vernichtung des Feindes über das "Steuern" und das "Zersetzen" von Menschen bis zu deren "Abschalten" reichten. Auch der nunmehr mögliche Einblick in die vom militanten Hausjargon geprägten schriftlichen Hinterlassenschaften der Staatssicherheit läßt Rückschlüsse auf die konspirativen Praktiken bei der "Objektsicherung" der Massenmedien sowie auf die desinformierende Öffentlichkeitsarbeit des MfS zu.

"Politisch-operative Sicherung" in der Praxis

Fünf Mitarbeiter der Abteilung 10 (Sicherung von Sonderobjekten und SED-Parteibetrieben) in der Hauptabteilung XX beschäftigten sich

1989 mit der "politisch-operativen" Objektsicherung der Redaktion, des Verlags und der Druckerei von "Neues Deutschland". Der dieser Abteilung angehörende Oberleutnant Claus Berthold legte 1984 seine Diplomarbeit an der "Juristischen Hochschule" des MfS vor. Entsprechend den üblichen Gepflogenheiten hatte die Themenstellung einen unmittelbaren Bezug zu seiner dienstlichen Verwendung. Sie lautete: "Die Erarbeitung einer längerfristigen Konzeption zur politisch-operativen Sicherung des Schwerpunktobjektes der Hauptabteilung XX/10, 'Neues Deutschland'."[13]

Zum "Schwerpunktobjekt ND" der HA XX/10 gehörten der Verlag, die Redaktionen von "Neues Deutschland" und der "Neuen Deutschen Bauernzeitung" sowie deren gemeinsame Druckerei. Da aber beide Redaktionen direkt dem SED-Zentralkomitee unterstellt waren, und ein "Tätigwerden des MfS zu Personen und Sachverhalten dieses Bereichs nur im Auftrag der Partei bzw. des Chefredakteurs" erfolgen konnte, beschränkte sich Berthold bei seiner bis in die 90er Jahre projektierten Sicherheitskonzeption hauptsächlich auf die Druckerei. Diensteifrig fügte er jedoch hinzu: "Das Tätigwerden des MfS ist von dem Grundsatz geprägt, auf alle Aufträge der Partei vorbereitet zu sein und in einer hohen Qualität zu erfüllen."[14]

In der ND-Druckerei waren damals 2 300 Personen beschäftigt, von denen, Bertholds Angaben zufolge, ca. 18 Prozent Mitglieder beziehungsweise Kandidaten der SED waren. Er hielt es für "objektiv" notwendig, in der politisch-operativen Sicherung des ND einen "Effektivitätszuwachs" zu erzielen. Ideologische Schwachstellen gab es offenbar zuhauf. Berthold benannte einige davon: Aus inoffiziellen Hinweisen, aber auch aus einem noch nicht abgeschlossenen Untersuchungsvorgang gegen einen ehemals leitenden Mitarbeiter gehe hervor, daß der Gegner versuche, nachrichtendienstliche Kontakte anzubahnen. 1978 habe es vereinzelte Austritte aus der FDJ und der Gesellschaft für Deutsch-Sowjetische Freundschaft unter Vorgabe religiöser Gründe gegeben. Außerdem seien Wandzeitungen mit "indifferenten" politischen Aussagen erschienen und eine Geldspendensammlung für einen Wehrdienstverweigerer veranstaltet worden. Ferner gäbe es Auswirkungen der "politisch-ideologischen Diversion" in Gestalt des "feindlich inspirierten rechtswidrigen Übersiedlungsersuchens durch Mitarbeiter des 'ND'". Besonderen Anstoß nahm Berthold daran, daß an neuralgischen Punkten der Druckerei Haftentlassene, Nichtwähler und noch vorhandene ehemalige Grenzgänger (DDR-

Bewohner, die vor dem Mauerbau in West-Berlin gearbeitet hatten) beschäftigt würden.

Als vorrangig erachtete es der MfS-Oberleutnant, die Anwerbung und die Arbeit mit IMs und GMS (Geheime Mitarbeiter Sicherheit) zu intensivieren. Ferner sei zu prüfen, ob ehrenamtliche "FIM-Systeme" (Führungs-IM) im ND installiert werden müßten. Da die Altersstruktur der vorhandenen IM/GMS im Widerspruch zu der des gesamten Objekts stehe, sollten bis Anfang der 90er Jahre vor allem Mitarbeiter unter 25 Jahren für die inoffizielle Zusammenarbeit gewonnen werden. Zu den von Berthold vorgeschlagenen Sofortmaßnahmen zählte auch die verstärkte Einbeziehung der für die ND-Bewachung zuständigen Volkspolizisten. Sie sollten "unter strikter Wahrung der Konspiration" Informationen über verdächtige Mitarbeiter durch legendierte Kontrollen von Bekleidungsschränken und Taschenkontrollen beim Betreten und Verlassen des Objekts "erarbei-ten".

Die Anlage 5 des Wochenberichts der ZAIG vom 9. März 1987 "Hinweise über einige beachtenswerte Erscheinungen in der Redaktion 'Neues Deutschland'"[15] verdeutlicht, in welchem Umfange sich auch in der ND-Redaktion ohne Wissen des Chefredakteurs Herbert Naumann MfS-Spitzel tummelten. Sie tadelten auf das Heftigste dessen Führungsstil. "Obwohl sein klarer politischer Standpunkt" von den Redakteuren anerkannt werde, hieß es in der ZAIG-Information, gebe es kritische Äußerungen über Naumanns Verhalten gegenüber Untergebenen und externen Autoren. Er mißachte insbesondere die Arbeit der Kultur- und Wissenschaftsredaktion. Naumann bevorzuge eine "vulgäre Ausdrucksweise gegenüber Mitarbeitern (Gebrauch von Schimpfwörtern)", was ihm in der Redaktion den Spitznamen "Kloaken-NAUMANN" eingetragen habe. Wohl in großer Sorge über die Gefährdung der "politisch-operativen Sicherheit" beim ND hielt die ZAIG fest:

"Wiederholt wurde darauf aufmerksam gemacht, daß sich das persönliche Verhalten des Genossen NAUMANN nachteilig auf die Arbeitsatmosphäre in der Redaktion auswirke. Sie sei gekennzeichnet durch fehlende parteiliche Auseinandersetzungen, Resignationserscheinungen und Unwillensbekundungen sowie durch eine beträchtliche Zunahme des Alkoholkonsums der Mitarbeiter während und nach der Arbeitszeit."

Einige Redakteure seien bereits in starkem Maße alkoholabhängig. Entsprechende Andeutungen über das beschriebene Verhalten des

Chefredakteurs seien auch in dem Abschiedsbrief eines stellvertretenden Abteilungsleiters enthalten gewesen, der Selbstmord begangen hatte. Da trotz mehrheitlicher Ablehnung Naumanns kein Redaktionsmitglied bereit gewesen sei, die gespannte Situation offen anzusprechen, empfahl die ZAIG abschließend, den zuständigen ZK-Sekretär Joachim Herrmann "in geeigneter Form zu informieren". Detlef-Diethard Pries, der unter Naumann in der ND-Redaktion tätig war, beschreibt ihn zwar als ängstlich und unsicher gegenüber der Parteiführung, mit der auch "läppische Angelegenheiten" von den Redakteuren abgestimmt werden mußten, doch Naumann habe längst nicht alles, was ihm von oben an "Widerwärtigem" geschehen ist, nach unten "weitergereicht".[16]

Die Staatssicherheit gab sich bei der Sicherung der Medien nur selten so fürsorglich wie im Falle Naumanns. Insbesondere bei sinnentstellenden politischen Druckfehlern trat sie automatisch als gefürchtetes Untersuchungsorgan in Aktion. Obwohl die meisten der im nachhinein entdeckten Fehler mit der üblichen Hektik in der Schlußredaktion erklärt werden konnten, ging man bis zum Beweis des Gegenteils stets davon aus, daß Saboteure am Werk gewesen sein müßten. Im günstigsten Falle, bei offenkundiger Fahrlässigkeit, erhielten die verantwortlichen Redakteure, Sekretärinnen, Korrektoren oder Setzer einen Verweis, oft aber auch die fristlose Entlassung. In den 50er Jahren drohte überdies die Inhaftierung. Wenn politische Druckfehler rechtzeitig entdeckt wurden, setzte man alles daran, mit Hilfe der Polizei und des Postvertriebs die bereits ausgelieferten Zeitungen wieder zurückzuholen. Einen diesbezüglichen Erfolg auf der ganzen Linie vermeldete die ZK-Abteilung Agitation am 27. Februar 1981 dem zuständigen ZK-Sekretär Joachim Herrmann in einem Eilvermerk:

"Heute nacht wurde die Freitagsausgabe der Zeitung 'Neuer Weg', Organ der CDU für Sachsen-Anhalt, Druckort Halle, eingestampft und neu gedruckt.
Die Unterzeile unter der Schlagzeile zum XXVI. Parteitag der KPdSU hatte gelautet:
Weitere 8 Rentner sprachen in der Diskussion.
Auflagenhöhe 37000.
Die zuständigen bezirklichen Behörden untersuchen die Angelegenheit."[17]

Vergleichbare Fälle sind verhältnismäßig häufig in den Archiven des ehemaligen SED-Parteiarchivs, des Presseamts und der Gauck-Behörde dokumentiert. Im Schriftverkehr des Pressamts und des Zentralkomitees vermied man es in der Regel, das MfS als Untersuchungsorgan namentlich zu benennen. Außerdem fällt auf, daß häufiger Zeitungen der Blockparteien betroffen waren, was wohl hauptsächlich an der im Vergleich zur SED-Presse schlechteren personellen Ausstattung ihrer Redaktionen und Druckereien lag. In jedem Falle hatten Druckfehler eine detaillierte und hochnotpeinliche redaktionelle Überprüfung zur Folge. So auch beim Leipziger LDPD-Organ "Sächsisches Tageblatt", das in seiner Ausgabe vom 30. August 1984 aus einem Honecker-Interview mit einer schwedischen Zeitung den Parteichef zitierte: "Aus mir vorliegenden Materialien geht hervor, daß jährlich zwischen 53 000 und 60 000 Bürger in die BRD auswandern." Honecker hatte jedoch gesagt, daß soviele Bürger "der BRD" dies täten. Eine Sekretärin hatte den ADN-Text falsch abgeschrieben, was für erheblichen Wirbel im Presseamt sorgte, zumal der Chefredakteur nicht seine persönliche politische Verantwortung habe erkennen lassen.[18] Der langjährige Chefredakteur der Liberal-Demokratischen Zeitung (LDZ) in Halle, Hans-Herbert Biermann, erinnerte sich an einen häufigen, auch bei anderen Zeitungen vorgekommenen Setzfehler:

"Einmal haben wir 'KZ der SED' geschrieben. Natürlich mußte ich eine Stellungnahme schreiben. Wie ist das passiert? Wer war verantwortlich? Welche Konsequenzen ziehen wir daraus? Dann mußte schon mal eine Mißbilligung oder ein Verweis ausgesprochen werden. Schließlich gab es die Anweisung: 'Zentralkomitee' ist immer auszuschreiben"[19]

Politisch mißverständliche Setzfehler, resultierend aus Sprach- und Übersetzungsproblemem zwischen deutschen und ausländischen Mitarbeitern bei Radio Berlin International oder beim Dresdener Auslandspropaganda-Verlag "Zeit im Bild", lösten stets bei der MfS-Hauptabteilung XX penible Untersuchungen über potentielle "gravierende politische Fehler" aus. So geriet in die Nr. 7/1973 von "Puente", dem Journal der DDR für lateinamerikanische Länder, in den spanischen Text eine sinnentstellende Passage. Statt der richtigen Wortfolge "Internationaler Schriftstellerkongreß gegen <u>Krieg</u> und Faschismus", stand dort "gegen <u>Frieden</u> und Faschismus". Die politische Überprüfung der beiden für den Übersetzungsfehler Verantwortlichen verlief glimpflich, denn sie hätten in der Vergangenheit stets ihre "politische und fachliche Zuverlässigkeit" bewiesen. Trotz ihres "subjektiven Versagens" läge keine "politisch negative Motivation" vor.[20] 15 000 Exemplare der Zeitschrift, die sich auf dem Schiffswege nach Kuba befanden, wurden zurückbeordert. Für die 6 000 Exemplare der Lateiamerika-Ausgabe kam die Entdeckung des Übersetzungsfehlers allerdings zu spät. Sie waren bereits ausgeliefert. Angesichts der permanent herrschenden Papierknappheit schufen größere, auf Druckfehler zurückzuführende Vernichtungsaktionen zusätzliche und häufig nur schwer lösbare Kalkulationsprobleme für die Verlagsdirektoren. Dabei hätten doch die Setzfehler ohne weiteres in der nächsten Ausgabe der Zeitung oder Zeitschrift berichtigt werden können.

Gelegentlich waren Setzfehler tatsächlich auf oppositionelles Verhalten zurückzuführen. Bei einem besonders raffiniert ausgedachten "Sabotageakt" im CDU-Organ "Neue Zeit" vom 28. November 1952, deren Urheber allerdings nie zu ermitteln waren, dürfte ein Versehen ausgeschlossen gewesen sein: Ein kurzer Artikel zum albanischen Nationalfeiertag trug die Überschrift "Albaniens Zentrale Losung". Die Unterzeile des Artikels wurde - ungewöhnlicherweise - in albanischer Sprache abgefaßt und anschließend von der "Neuen Zeit" folgendermaßen übersetzt: "Das Volk der Skipetaren dankt für seine Befreiung dem großen Stalin." Wer aber der albanischen Sprache mächtig gewesen war, dürfte sich die Augen gerieben haben, denn die richtige Übersetzung hätte eigentlich gelautet: "Das Volk der Skipetaren wird sich von der Knechtschaft Stalins befreien."

Am 4. Januar 1980 landete auf Honeckers Schreibtisch ein Bericht aus dem Dietz-Verlag über "widerrechtlich mit dem Umschlag" der 11. Tagung des Zentralkomitees versehene Broschüren mit anderen Inhalten.[21] Sie waren in der Druckerei des "Neuen Deutschland" hergestellt worden und enthielten statt der ZK-Reden Taschenbuchtitel, darunter "Der Weg in die Verbannung", "Die Söhne der großen Bärin" und "Der Berg schweigt". Die Schuldigen aus der Buchbinderei hätten sich gegenüber den MfS-Vernehmern zu ihrer Tat bekannt. Nunmehr sollten sie vor die Konfliktkommission des Betriebes zitiert werden, wobei der Schwerpunkt der Verhandlung auf die "erzieherische Wirkung für das Gesamtkollektiv" gelegt werden sollte, damit sich derartige Vorkommnisse nicht wiederholten.

Im Sande verlief demgegenüber ein Vorfall beim Chemnitzer SED-Bezirksorgan "Freie Presse", der auch in westlichen Medien Beachtung fand. In der Ausgabe vom 21. Oktober 1988 war auf den Kopfleisten von drei Innenseiten "Freie Fresse" zu lesen. Sie enthielten Auszüge aus der Rede des SED-Politbüromitgliedes Horst Dohlus vor der Ostberliner Bezirksparteiaktivtagung unter der euphorischen Schlagzeile "Mit Optimismus und voller Leidenschaft weiter auf dem Kurs des XI. Parteitages". Zum Ergebnis der damaligen Untersuchungen schrieb mir am 24. Januar 1991 Hannes Köhler, bis 1989 stellvertretender und danach Chefredakteur des Blattes:

"Der von Ihnen erwähnte Vorfall in der "freien presse" vom Sommer 1988 hat zwar vielerorts für beträchtliches Aufsehen gesorgt, doch es gelang den Organen des damaligen MfS nicht, einen Schuldigen zu finden. Die Zahl der sich anbietenden Varianten war so groß, daß die Ermittlungen nach einigen Wochen eingestellt werden mußten."

Vielleicht ließen sich die Setzer ja auch nur im Unterbewußtsein vom Sprachgebrauch des Volksmundes im Verbreitungsgebiet der "Freien Presse" leiten. Der nannte sie vorzugsweise "Freie Fresse".

Nach den Erkenntnissen von Bürgerrechtlern war die Zuarbeit und Berichterstattung von Leserbriefredaktionen für das MfS vor allem dann unabdingbar, wenn es sich um außergewöhnlich kritische oder anonyme Meinungsäußerungen handelte.[22] Bei der Redaktion des Fernsehmagazins "Prisma", deren ansatzweise kritischen Journalismus die Zuschauer schätzten, machte es sich das MfS noch einfacher. Nach Feststellungen des Berliner Datenschutzbeauftragten verschaffte es sich einen förmlich geregelten Datenzugriff auf die im Computer gespeicherten Redaktionszuschriften, um dann die eingegangenen Beschwerden über Alltagsprobleme und -sorgen namentlich zuordnen zu können.[23] Aufgrund des jetzt zugänglichen Quellenmaterials können nunmehr auch diesbezügliche Forschungslücken geschlossen werden, obwohl westdeutsche Anhänger des inzwischen obsolet gewordenen "systemimmanenten" Forschungsansatzes noch immer versuchen, die Geschichte der ehemaligen DDR auf der Basis ihrer Propaganda-Papierform zu ergründen. Dabei relativieren sie beispielsweise weiterhin realitätsfern die enge Verflechtung zwischen dem MfS und den Leserbriefredaktionen.[24] So wurden beispielsweise das MfS interessierende Leserbriefe beim Hallenser SED-Bezirksorgan "Freiheit" von der Sekretärin des Chefredakteurs gesammelt und "gelegentlich beim Besuch übergeben".[25] Bei der "Berliner Zeitung" übersandte der Redaktionssekretär Ottomar Harbauer Leserzuschriften mit Begleitschreiben an das MfS.[26]

Auch bei der nach sowjetischem Vorbild in der DDR geschaffenen Volkskorrespondenten-Bewegung stellt sich die Frage, ob die Freizeitjournalisten, die ungeschminkt aus ihren Betrieben und Wohngebieten für die Medien berichten sollten, zu ihrem Verdruß dort aber nur verhältnismäßig selten zu Wort kamen, in Wirklichkeit vor allem wissentlich oder unwissentlich Spitzeldienste leisteten. Der Chefredakteur der "Leipziger Volkszeitung" Rudi Röhrer, ein engagierter Mentor der Volkskorrespondenten, verfiel jedenfalls auf einer Volkskorrespondenten-Konferenz seiner Zeitung am 11. April 1987 in einen professionellen Stasi-Jargon, als er die erwünschten Eigenschaften eines vorbildlichen Volkskorrespondenten beschrieb. Er sollte nämlich wie kein anderer in der Lage sein,

> "Verhaltensweisen in den Arbeitskollektiven nachzuspüren, Motive für das individuelle oder kollektive Handeln freizulegen, Stimmungen und Meinungen wiederzugeben. Er ist das Ohr an der Masse, einer, der täglich das Stimmungsbarometer ablesen kann, die neuesten Fragen und Argumenente kennt und auch mit Gerüchten und feindlichen Auffassungen konfrontiert wird".[27]

Möglicherweise stagnierte in den letzten Jahrzehnten trotz intensiver Werbung die Anzahl der Volkskorrespondenten nicht zuletzt deshalb, weil es nicht als erstrebenswert erschien, sich als "Auge und Ohr" der Partei mißbrauchen zu lassen.

Wenn auch die "politisch-operative Sicherung" der Medien normalerweise nicht mit der inhaltlichen Einflußnahme durch das MfS einherging, so dürfte diese bei der Kirchenpresse und den inoffiziellen Publikationen von oppositionellen Schriftstellern sowie von Bürgerrechtlergruppen und Friedenskreisen an der Tagesordnung gewesen sein. Schließlich wurde nach 1989 bekannt, daß deren Redaktionen und Druckereien in der Regel von Inoffiziellen Mitarbeitern der HA XX durchsetzt waren. Selbst Chefredakteure von Kirchenzeitungen wie beispielsweise Jürgen Kapiske (Mecklenburgische Kirchenzeitung) zählten dazu.[28] Kapiske wurde seit 1973, als er sich selbst dem MfS andiente, noch während seines Studiums zielgerichtet auf seinen späteren Einsatz in der Kirchenpresse vom MfS vorbereitet. Mit seiner Diplomarbeit über die evangelische Wochenpresse in der DDR, die er auf Anraten seiner Auftraggeber fertigte, verschaffte er sich ein schnelles Entree in die kirchliche Publizistik.[29]

Eine Vorstellung, wie IMs Einfluß auf die inhaltliche Gestaltung von Publikationen nehmen konnten, die nicht unmittelbar den Lenkungsmechanismen der SED unterworfen waren, vermittelt die am 1.April 1988 vorgelegte Diplomarbeit des MfS-Offiziersschülers Thomas Rieger von der HA XX/2 (Aufklärung und Bearbeitung feindlicher Erscheinungen). Riegers Thema lautete: "Erfahrungen bei der Beinflussung feindlich-negativer Personenzusammenschlüsse sowie von Einzelpersonen, die im Sinne politischer Untergrundtätigkeit wirksam werden, mittels geeigneter, qualifizierter IM." Darin beschrieb Rieger erprobte Verhaltensmuster von Inoffiziellen Mitarbeitern in der Redaktion des "Grenzfalls", den die "Initiative Frieden und Menschenrechte" (IFM) herausgab:

"Eine weitere Vorgehensweise ist die zielgerichtete, entsprechend gesteuerte Publizierung von Beiträgen in den feindlichen Schriften der politischen Untergrundtätigkeit, wie 'Grenzfall' durch IM, die sich gegen Aktivitäten bzw. geplante Vorhaben von feindlichnegativen Personenzusammenschlüssen richten. Ein Beispiel hierfür wäre die Auseinandersetzung um die tragischen Vorfälle im KKW Tschernobyl. Bei den schon erwähnten Einflußmöglichkeiten einer Autoritätsperson innerhalb eines feindlich-negativen Personenzusammenschlusses ist zu beachten, daß die eingesetzten IM nicht als 'Erzieher' wirken, da sie sonst sehr schnell ausgeschlossen werden. Ein differenziertes Einsetzen von Kritik und Lob hat sich zur Festigung des Ansehens dieser Personen bewährt. Bei Streitgesprächen über Aktivitäten der Personenzusammenschlüsse ist stets das Aufwand-Nutzen-Verhältnis in die Diskussion einzubringen, da hiermit konkret die Nichtbefürwortung von geplanten feindlichen Aktivitäten begründet werden kann, ausgehend von dem im Personenzusammenschluß herrschenden Kräfteverhältnis. Das Ziel besteht darin, durch kontrovers geführte Diskussionen eine Einigung auf konkrete Aktivitäten zu verhindern bzw. zu verschleppen.

Die Möglichkeit der Beinflussung ergibt sich auch dadurch, daß bei der Beteiligung von IM an der Erarbeitung von Pamphleten und Textbeiträgen für feindliche Schriften der politischen Untergrundtätigkeit und dgl. m. durch geschickte Formulierungen den Inhalten die 'Schärfe' genommen werden kann. So wurde zum

Beispiel bei der Zusammenstellung einer Ausgabe des 'Grenzfall' auf Betreiben des IM eine deutsche Übersetzung ohne Kürzungen aus der 'Prawda' zum Thema der Umgestaltung in der Sowjetunion aufgenommen. Der Effekt dieser Maßnahme war, daß die entsprechende Fläche der zur Verfügung stehenden Platzkapazität ausgelastet und kein Platz für feindlich-negative Inhalte an dieser Stelle gegeben war. "[30]

Als eine weitere, offenbar erprobte Methode empfahl Rieger die Verschleppungstaktik. Durch Vorschützen von Problemen, Überarbeitung oder Zeitmangel könne ein IM in der Redaktion die terminlich fixierte Abgabe eines Beitrages verzögern. "Unduldbar" sei allerdings dieses Vorgehen bei "politischen Höhepunkten", die feindliche Aktivitäten erwarten ließen. In diesen Fällen müsse jederzeit die Kontrolle und die "Sofortinformation" des MfS gewährleistet sein.

Inoffizielle Publikationen waren auch als Foren für Zersetzungsmaßnahmen der Bürgerrechtsgruppen im Blickfeld des MfS. So sollten beispielsweise Bärbel Bohley und Katja Havemann von Monika Haeger, einer in die IFM eingeschleusten Inoffiziellen Mitarbeiterin des MfS, mit einer zur Veröffentlichung in den "Umweltblättern" vorgesehenen persönlichen Erklärung denunziert werden.[31] Dem Hallenser Henry G. Schramm, 1990 Bundestagskandidat der Grünen, ermöglichte das MfS zu seiner Tarnung sogar die Herausgabe einer eigenen Zeitung. Als Gegenleistung verfaßte er Berichte über Treffen von Friedens- und Umweltgruppen.[32] Schramm hatte 1982 gegen den NATO-Nachrüstungsbeschluß demonstriert, wodurch das MfS auf ihn aufmerksam wurde und ihn als IM verpflichtete.

Im Fernsehen und Hörfunk der DDR knüpfte das MfS sein "inoffizielles Netz" in den 70er und 80er Jahren besonders eng. Die seinerzeit mancherorts mit Skepsis bedachten Entlassungen von belasteten Mitarbeitern durch den Rundfunkbeauftragten für die neuen Länder, Rudolf Mühlfenzl, erfuhren noch Jahre nach der Wende ihre Rechtfertigung. Insbesondere der Ostdeutsche Rundfunk Brandenburg mußte sich häufiger als andere Sender von belasteten Mitarbeitern trennen. Die Fälle des populären ORB-Hörfunkmoderators Lutz Bertram, des Schriftstellers Mathias Wedel oder des Pressesprechers der PDS und langjährigen Mitarbeiters von Jugendradio DT 64, Hanno Harnisch, die alle nach der Enttarnung ihre IM-Tätigkeit einräumten, waren symptomatisch. Knapp 200 der ehemals 10 000 Beschäftigten beim DDR-Rundfunk wurden 1991 der Stasi-Mitarbeit überführt und entlassen.[33]

Viele Auslandskorrespondenten berichteten nicht nur für ihre Redaktionen, sondern arbeiteten zugleich für das MfS. Häufig war eine Auslandstätigkeit ohnehin an die Abgabe einer Verpflichtungserklärung geknüpft, der man sich in der Regel nur unter Verzicht auf den begehrten Auslandsposten entziehen konnte.[34] Der freiberuflich tätige Wirtschaftsjournalist Heinz Boscheck, der rege Auslandskontakte unterhalten hatte, erhielt auf "Empfehlung" der SED-ZK-Abteilung Agitation am 5. Januar 1989 Berufsverbot wegen seiner Weigerung zur Mitarbeit beim MfS.[35] Das bedeutete, von ihm durften ab sofort keine Beiträge mehr veröffentlicht werden. Gleichzeitig setzte die Staatssicherheit Boschek mit Schikanen im familiären Umfeld unter Druck, aber er erhielt auch ein Angebot von zwei Stasi-Abgesandten. Sie boten ihm an, sich erkenntlich zu zeigen, wenn er eine "kleine Provokation" in der Ständigen Vertretung der Bundesrepublik Deutschland in Ostberlin begehen würde.[36]

Kurt Olivier, 1987 bei seinem Ausscheiden aus der Nachrichtenagentur ADN dort einer der beiden dienstältesten Journalisten, weiß ebenfalls von Kollegen zu berichten, die aus den unterschiedlichsten Gründen als Auslandskorrespondenten gleichzeitig dem MfS zu Diensten waren.[37] Olivier beharrt aber darauf und belegt das am eigenen Beispiel, daß man zu keiner Zeit zur Mitarbeit gezwungen werden konnte. Er sollte 1963, als er in New York ADN-Kor-respondent bei den Vereinten Nationen war, nachrichtendienstlich tätig werden, habe das aber erfolgreich mit dem Hinweis abgelehnt, im Falle seiner Entdeckung würde ADN keine Chance zur neuerlichen Akkreditierung eines Journalisten bekommen. Dies könnte in Oliviers Falle überzeugend gewirkt haben. Ansonsten galt die Alternative: Entweder Verpflichtungserklärung oder kein Auslandseinsatz.

Besonders bedrückend empfand Olivier die in die Intimsphäre eingreifende MfS-Überwachung von ADN-Mitarbeitern:

"Anlaufstelle des sich 'Hans' nennenden MfS-Offiziers waren die Kaderchefin und der Parteisekretär. Der 'Stoff' wurde ihm vornehmlich von Kaderinstrukteuren zugetragen, die für einen oder mehrere Bereiche zuständig waren. Dank der Vielzahl von Begegnungen mit Leitern, 'Kadergesprächen', Beurteilungen erwiesen sich die meisten als lebende Informationsspeicher über das Arbeits- und Privatleben der Mitarbeiter."[38]

Da Journalisten aus der Sicht der SED in einem besonders sicherheits-
empfindlichen Bereich tätig waren, verstand es sich von selbst, daß
regelmäßige Sicherheitsüberprüfungen ihren Berufsweg schon vor der
Aufnahme des Studiums in Leipzig begleiteten. In der von Olivier geschilderten Vorgehensweise verlief die "politisch-operative Sicherung" sämtlicher Journalisten und technischer Mitarbeiter der Medien.
Olivier betont aber auch, daß es zu keiner Zeit eine inhaltliche Kontrolle der Nachrichtengebung von ADN gegeben habe. Das war, ebenso
wie bei den anderen Medien, die Sache der Partei.

Desinformation statt Öffentlichkeitsarbeit

Einen Tag nach der Maueröffnung erbot sich ein Hauptmann aus der
Abteilung II (Spionageabwehr) der Leipziger MfS-Bezirksverwaltung
mit den Kenntnissen, die er bei seinem "im Auftrag des MfS" absol-
vierten Journalistikstudium erworben hätte, bei der "Wende rückwärts" behilflich zu sein. Fünf nach Zwölf schlug er seinem Dienst-
stellenleiter, Generalleutnant Manfred Hummitzsch, vor, medienwirk-
same Maßnahmen einzuleiten, um dem "fortschreitenden Verlust an
Glaubwürdigkeit, Autorität und Ansehen der Bezirksverwaltung und
ihrer Mitarbeiter offensiv zu begegnen."[39] In der Vergangenheit habe
man es leider versäumt, manche auswertbaren Erkenntnisse öffentlich
zu dokumentieren. Der diensteifrige Stasi-Journalist warnte eindringlich davor, "unseren Gegnern, den Demagogen und den Unwissenden
sowie deren Sprechchören die Publizität" zu überlassen. Die bisherige
gute Arbeit mit den Inoffiziellen Mitarbeitern und kleinen ausgewählten Gesprächskreisen reiche nicht mehr aus. Er bat um Prüfung, inwieweit die Arbeitsgruppe Öffentlichkeitsarbeit der Leipziger Bezirksverwaltung die lokalen Medien noch im Sinne des MfS beeinflussen könne. Dazu unterbreitete er konkrete Vorschläge:
"Um diese Medienarbeit zu gewährleisten, gibt es mehrere Möglichkeiten. So sollten unter Nutzung offizieller Verbindungen,
z.B. in die LVZ [Leipziger Volkszeitung, G. H.] oder zum Sender Leipzig, zuverlässige und parteiliche Journalisten gewonnen
werden, die Beiträge im genannten Sinn veröffentlichen. Ebenso
könnten über die Aktivierung oder Nutzung inoffizieller Verbindungen zu Journalisten oder Redakteuren verschiedener Medien
(die Abt. II verfügt über solche Verbindungen) sowie durch eigenständige journalistische Beiträge von Mitarbeitern der BV

[Bezirksverwaltung, G. H.] entsprechende Veröffentlichungen initiiert werden. Pressekonferenzen oder Kombinationen verschiedener Möglichkeiten erweitern die Palette."

Ebenfalls unzufrieden mit der Öffentlichkeitsarbeit des MfS zeigten sich zu später Stunde acht MfS-Offiziere, die Ende März 1989 an der "Juristischen Hochschule" des MfS ihre "Forschungsergebnisse" vorlegten. Die voluminöse, in zwei Teile untergliederte Arbeit trug den ausnahmsweise knapp und sachlich gefaßten Titel: "Gegenstand und Ziel sowie Inhalte, Mittel und Methoden der Öffentlichkeitsarbeit des Ministeriums für Staatssicherheit".[40] Sechs der Verfasser promovierten mit dieser Kollektivarbeit zum Dr. jur., die beiden anderen erhielten die Graduierung zum Diplomjuristen.[41]

Am Beispiel der "Antrags- und Zurückdrängungsproblematik" - damit waren die Anträge auf Übersiedlung in die Bundesrepublik sowie auf deren Zurücknahme drängende Bearbeitung durch staatliche Stellen gemeint - versuchten die Verfasser zu demonstrieren, daß mehr Transparenz in der öffentlichen Gegenargumentation geschaffen werden müsse, um dem "Gegner" nicht allein das Feld zu überlassen. Konkret meinten sie damit, den DDR-Medien müßten mehr Hintergrundinformationen aus Ermittlungsergebnissen, operativen Vorgängen und sonstigen Aktivitäten des MfS zur Verwertung angeboten werden. Auch die knappen Routinemeldungen über gelungene oder vereitelte Fluchtvorhaben sollten künftig argumentativ angereichert werden, damit in der Bevölkerung "Ablehnung, Empörung, ja Engagement (z. B. Wachsamkeit oder Aktivitäten gegen begünstigende Bedingungen)"[42] angesichts des "ungesetzlichen" Verlassens der DDR erzeugt werde. Nach wie vor versuchte man, die Illusion zu nähren, der Sozialismus könne gerettet werden, wenn man ihn nur richtig verkaufe.

Aus dem gleichen Grunde wollten die Autoren den West-Medien nicht mehr die Erstinformation überlassen. Anstelle der "z.Z. noch zu registrierenden Teiltabuisierung" des Westfernsehens hielten sie es stattdessen für angezeigt, sich "parteilich, sachlich und differenziert" mit einigen Sendungen in den DDR-Medien auseinanderzusetzen, damit nicht mehr hinter vorgehaltener Hand darüber diskutiert werden müsse.[43] Da die DDR-Fernsehzuschauer sich ohnehin an den abendlichen Programmhinweisen der ARD und des ZDF orientieren würden, um anschließend bei diesen Sendern hängenzubleiben, hielt das Autorenkollektiv es gar für überfällig, Hinweise auf die in der DDR zu empfangenden Westprogramme täglich in der DDR-Presse zu veröffentlichen. Ein mutiger Vorschlag, dessen unerwartete und rasche Befolgung unter den veränderten Bedingungen des revolutionären Spätherbstes 1989 wohl kaum im Sinne der Autoren war.

Zur Verbesserung der Öffentlichkeitsarbeit des MfS stützten sich die Verfasser auf ihre schlechten dienstlichen Erfahrungen. Sie beklagten, die Medien würden vom MfS zuwenig bei der Lösung gesamtgesellschaftlicher Aufgaben genutzt. Allerdings könne das Ministerium weder im Alleingang noch mit seiner bisherigen zurückhaltenden Informationspolitik und Selbstdarstellung dieses Manko beheben. Stabile und funktionierende Kontakte zu verantwortlichen Journalisten wären deshalb entscheidende Voraussetzungen für eine kontinuierliche Medienarbeit der Presseoffiziere in der Zentrale und in den Bezirksverwaltungen.

Stabile Arbeitskontakte bestünden beispielsweise bereits zum FDJ-Organ "Junge Welt". Die journalistische Umsetzung von Wünschen des MfS habe sich hier als besonders wirksam erwiesen, weil die Zeitung "aufgrund ihrer spezifischen Stellung innerhalb unseres Pressesystems oft auf unkonventionelle Weise 'heiße Eisen' aufgreift".[44] Während mit der "Jungen Welt" die Zielgruppe der Jugendlichen angesprochen werden sollte, wollte man mit der populären "Wochenpost" die Familien und mit der außenpolitischen Monatszeitung "horizont" die gebildeten Leser sowie vor allem die parteilich gebundenen Multiplikatoren und Agitatoren erreichen. Mit der "Wochenpost" und "horizont" hätte der Bereich 6 der ZAIG, also die inoffizielle Pressestelle, der drei der Autoren und als Betreuer auch deren Vorgesetzter, Oberst Karl Fischer, angehörten, ebenfalls gute Erfahrungen im "Zusammenwirken" gemacht.

Nicht zufriedenstellend wäre dagegen die Kooperation mit der Presse der anderen bewaffneten Organe, für deren Herausgabe das Verteidigungs- und das Innenministerium verantwortlich zeichneten. In stärkerem Umfang sollten auch Volkskorrespondenten und Betriebszeitungsredakteure in die Öffentlichkeitsarbeit des MfS einbezogen werden. Penibel aufgelistet wurden Medienbeiträge, die von der Zentrale oder den Bezirksverwaltungen angeregt worden seien. Die Autoren ziehen hier eine vorsichtige Erfolgsbilanz:

"Im Zusammenwirken mit der Presse, einschließlich des Organs des ZK der SED 'Neues Deutschland', wird die umfangreichste Arbeit des gesamten Spektrums von Medienmaßnahmen der Öffentlichkeitsarbeit des MfS realisiert. So wurden zwischen dem II. Quartal 1987 und dem I. Quartal 1988 in der Verantwortung der Bezirksverwaltungen 360 Pressebeiträge, vor allem in den Bezirks-organen der Partei und in Betriebszeitungen, sowie 112 auf Initia-tive des Bereiches 6 der ZAIG in der zentralen Presse bzw. von ADN publiziert. Gemessen an den insgesamt 71 Veröffentlichun-gen auf Initiative der BV im Jahre 1984 ist somit eine doch be-achtliche Steigerung auf das Fünffache zu registrieren. Aus der Analyse der Berichterstattung über geleistete Öffentlichkeitsarbeit in den Jahren zwischen 1984 und 1987 geht hervor, daß 728 Pres-sebeiträge von den BV initiiert wurden, wobei der Anteil jeder einzelnen außerordentlich unterschiedlich ist und im Extremfall zwischen 189 und 3 liegt. In bezug auf Publikationen in der zen-tralen Presse trifft dieser Aufwärtstrend gleichermaßen zu."[45]

Das eingangs erwähnte unrühmliche Ende der MfS-Abteilung Agitati-on, deren Aufgaben zum Teil vom Bereich 6 der ZAIG übernommen wurden, ist offensichtlich der mit Bedacht gewählte Fixpunkt dieses "Aufwärtstrends". Dennoch wußten die Autoren genau, und sie machten es anderer Stelle auch deutlich, daß sie trotz ihrer "stabilen Arbeitsbeziehungen" zu den zentralen Medien und zur SED-Bezirkspresse nur Flickwerk leisten durften. Schließlich waren die meisten der von ihnen veranlaßten Veröffentlichungen nur noch Rou-tinemeldungen. Sie verschwiegen mehr, als es selbst den Stasi-Journalisten recht war. Bei Informationen über brisante Sachverhalte, sofern überhaupt darüber berichtet werden durfte, verpuffte die er-hoffte ideologisch-pädagogische Wirkung durch die von der Partei verordnete, bis zur Unkenntlichkeit verstümmelte Nachrichtengebung. Bis zum Schluß blieb alles beim alten. Statt Informationsvermittlung betrieben die MfS-Öffentlichkeitsarbeiter lediglich Desinformation.

Während es in der Frühzeit des sogenannten Kalten Krieges - auf den viele ehemalige SED-Gefolgsleute zur Entschuldigung eigener Irrtümer und persönlichen Fehlverhaltens gern verweisen - mit der Wahrheit nicht genau genommen wurde, hatten vom MfS fabrizierte Falschmeldungen seit Ende der 60er Jahre eher Seltenheitswert. Nunmehr passierten sie den "großen Weg" über die SED-ZK-Abtei-lung Agitation höchstens in Zeiten großer innenpolitischer Bedräng-nis. So im September 1989, als in der ZAIG die vorgetäuschte Ent-führung eines Mitropa-Kochs aus Budapest in die Bundesrepublik ausgeheckt wurde. Diese Räuberpistole aus der Endzeit des SED-

Regimes läßt sich aus dem mir vom ehemaligen MfS-Major Gerd Knauer, seinerzeit Presseoffizier im Bereich 6 der ZAIG, geschilderten Hergang[46] sowie aus den "Nach-Wende-Richtigstellungen" von "Neues Deutschland" detailliert rekonstruieren.

In einem am 21. September 1989 von "Neues Deutschland" veröffentlichten Interview hatte der Koch geschildert, ein aus Leipzig stammender "Schlepper" habe ihn in Budapest mit einer präparierten Mentholzigarette betäubt. Erst im Bus auf der Fahrt nach Wien habe er das Bewußtsein wiedererlangt. Tatsächlich hatte jedoch das MfS den Mitropa-Koch nach der Rückkehr von seiner Flucht in die Bundesrepublik zu dieser Falschaussage unter Androhung einer Bestrafung wegen ungesetzlichen Grenzübertritts gezwungen.

Für seine "Menthol-Zigaretten-Story" entschuldigte sich "Neues Deutschland" erstmals am 3. November 1989:

"Unsere Veröffentlichung vom 21. September 'Ich habe erlebt, wie BRD-Bürger 'gemacht' werden' hat eine nachhaltige kritische Reaktion bei unseren Lesern ausgelöst. Die Redaktion erhielt zahlreiche Zuschriften, in denen die Darstellung bezweifelt wurde. Wir müssen diese Kritik mit dem heutigen Erkenntnisstand akzeptieren und bedauern deshalb die Veröffentlichung."

Sein gleichzeitiges Versprechen, die Öffentlichkeit über die Hintergründe aufzuklären, löste "Neues Deutschland" erst am 5. Januar 1990 ein, nachdem sich am Vortage bereits der Mitropa-Koch dem DDR-Fernsehen erklärt hatte. Die inzwischen zum SED/PDS- Zentralorgan mutierte Zeitung bekannte:

"Das ist eine für alle wahrlich bittere Geschichte. Ihre tiefere Ursache liegt in der deformierten Gesellschafts- und Medienpolitik vor der Wende. Sie war, wie wir von anderen Vorgängen wissen, häufig von Wunschdenken, Schönfärberei und stets einem ausgefeilten Kommandosystem gegenüber dem ND wie auch dem Fernsehen, dem Rundfunk und der Nachrichtenagentur geprägt. Dies traf exemplarisch auch auf diesen Fall zu: Die damalige SED-Führung machte allein die Einmischung der BRD-Medien für den Massenexodus verantwortlich. 'Beweise' mußten her. Der ehemalige ND-Chefredakteur erhielt von der Abteilung Agitation des damaligen ZK am 19. September den Auftrag, so schnell wie möglich die Entführungsstory zu veröffentlichen. Wenig später erschien der Koch in der Redaktion - in Begleitung eines Mitarbeiters der, wie jener selbst sagte, Pressestelle des Innenministeriums. Letzterer versicherte, die abenteuerliche Story sei von den Sicherheitsorganen überprüft worden. Das ND übte keinerlei Druck auf den 'Zeugen' aus, gewährte ihm einen Tag Bedenkzeit und legte ihm das Interview auch zur Autorisierung vor, wobei er keine Einwände äußerte."

Es könnte stimmen, daß die zwar offenbar mißtrauisch gewordenen ND-Redakteure dennoch im guten Glauben, in jedem Fall aber auf Weisung der von Heinz Geggel geleiteten SED-ZK-Abteilung Agitation gehandelt haben. Als Fernsehreporter den Koch interviewen wollten, seien sie von den "Sicherheitsleuten zurückgepfiffen" worden und hätten auf das ND geschimpft.[47]

Der Begleiter des Mitropa-Kochs war natürlich nicht ein Mitarbeiter der Pressestelle des Innenministeriums, sondern Angehöriger des Ministeriums für Staatssicherheit. Es handelte sich um einen jungen Diplomjournalisten im Range eines Leutnants. Aus der Sicht seines Kollegen Gerd Knauer ein "glänzender Rechercheur, der zwar aufgrund des politischen Übereifers der Vorgesetzten mit der Menthol-Zigaretten-Story seine Bauchlandung gemacht, ansonsten aber voller Ideen und durchaus auch MfS-kritischem Engagement steckte."[48] Eine Einschätzung, die auch Knauers ehemaliger Kollege aus der ZAIG, Rudolf Turber, teilt.[49]

Gerd Knauer erinnerte sich, der Leutnant wäre in eine Parteiversammlung im MfS hereingestürzt und hätte über eine soeben im Innenministerium gehörte "tolle Sache" berichtet. Innerhalb kurzer Zeit wäre allerdings den Anwesenden klar geworden, niemand würde die Geschichte glauben, selbst wenn sie stimmen sollte: "Es würde uns auf die Füße fallen, haben wir ihm gesagt, das kehrt sich um, das wird der größte Lacher der Republik."[50] Lediglich der Leiter der Pressestelle, Oberst Karl Fischer, war anderer Ansicht. Er informierte vorab die Agitationsabteilung im SED-Zentralkomitee und befahl, unverzüglich weitere Recherchen durchzuführen. Obwohl sich der Leutnant dafür noch drei bis vier Tage Zeit erbat, ließ die Partei- und MfS-Führung in ihrer Endzeitstimmung die "Menthol-Zigaretten-Story" sofort und ohne Überprüfung ihres Wahrheitsgehalts im "Neuen Deutschland" veröffentlichen.

Eine vergleichbar spektakuläre Blamage erlitt das MfS, als "Neues Deutschland" am 6. März 1985 unter der Überschrift "Über 20 000 Ehemalige wollen zurück" auf einer ganzen Seite die Namen und die westdeutschen Aufenthaltsorte von 136 DDR-Übersiedlern veröffentlichte. Hinzugefügt waren jeweils kurze Begründungen für deren Rückkehrwunsch, der maßgeblich auf ihrer Enttäuschung über die Lebensverhältnisse in der Bundesrepublik beruhte. Hintergrund: Im Jahre 1984 hatte die SED-Führung knapp 35 000 DDR-Bürgern - 1983 waren es nur 7 700 - die legale Ausreise in die Bundesrepublik in der vergeblichen Hoffnung gestattet, sich damit aller "Antragsteller" entledigen zu können.

Als westdeutsche Journalisten jedoch von einigen der im ND genannten Personen erfuhren, sie hätten keineswegs die Absicht, in die DDR zurückzukehren und außerdem die angebliche Zahl von 20.000 Rückkehrwilligen von niemandem ernst genommen wurde, inszenierte "Neues Deutschland" am 8. März 1985 eine gesteuerte Leserbriefkampagne. Unschwer erkennbar war dies an einer "Mitteilung staatlicher Organe der DDR" auf der ersten Seite derselben Ausgabe des SED-Zentralorgans, wonach allenfalls Familien mit "unschuldigen Kindern" wieder die Rückkehr in der DDR gestattet werden könnte. Die Leserbriefe trugen den gleichen Tenor. Am Tage darauf legte das ND noch einmal nach und brachte "ausnahmsweise" die Mitschrift einer Sendung des Kölner Deutschlandfunks, in der drei Übersiedler ihren Rückkehrwunsch bekräftigten. Abrupt untersagte jedoch anschließend die ZK-Abteilung Agitation jegliche weitere Publizität um den "Ehemaligen-Flop" mit dem knappen Hinweis: "Ein Nachdruck der Veröffentlichung im ND '20 000 Ehemalige wollen zurück' in anderen Zeitungen ist nicht vorgesehen. Ebenso ist von eigenen Beiträgen bzw. Kommentierungen in dieser Angelegenheit abzusehen."[51]

Der Grund lag auf der Hand, denn die tatsächlich ermittelten Zahlen sind in der Anlage eines Berichts der zentralen MfS-Auswertungsgruppe (ZAIG) vom 5. Mai 1986 in einer Übersicht über den Stand der Behandlung von Rückkehrerwünschen für den Zeitraum vom 1. Januar 1984 bis zum 30. April 1996 nachzulesen.[52] Danach hatten in Wirklichkeit innerhalb von 16 Monaten nur 543 Personen ihre Rückkehr beantragt. Lediglich 90 von ihnen wurden übrigens schließlich in der DDR wieder aufgenommen, während man 400 Rückkehrwillige abwies.

Die Anregung zu der Blamage mit der "20.000-Rückkehrwilligen-Story" gab vermutlich die 1983 im MfS gegründete Hauptabteilung "Zentrale Koordinierungsgruppe" (ZKG) unter Leitung von Generalmajor Gerhard Niebling. Die ZKG hatte sowohl die Ausreiseanträge zu prüfen und zu erfassen als auch die Rückkehrwilligen zu ermitteln. Die dabei gewonnenen Erkenntnisse sollten auf Anweisung von Dieter Langguth, dem stellvertretenden Leiter der ZK-Abteilung Agitation, auch genutzt werden, um propagandistisch und öffentlichkeitswirksam dem anschwellenden Ausreisebegehren Einhalt zu gebieten. Doch entsprechende Projekte der MfS-Pressestelle - Zeitungsartikel, Fernsehfilme oder Rundfunkbeiträge - scheiterten in der Regel an den zunehmend in Torschlußpanik verfallenen und entscheidungsunwillig gewordenen Medienverantwortlichen des Zentralkomitees.[53]

Die im Solde des MfS stehenden Journalisten unterlagen in den letzten Jahrzehnten der DDR im Grunde noch größeren Zwängen als ihre Kollegen in den Medien. Sie durften allenfalls andeutungsweise schreiben, was sie wußten oder dachten, obwohl gerade sie - schon im wohlverstandenen eigenen Interesse - doch nichts anderes als den "Schutz der sozialistischen Errungenschaften" und damit den Erhalt ihrer Arbeitzplätze im Sinn hatten. Zwar sollten in der Regel die genannten Fakten stimmen, aber durch die angeordneten, im voraus nicht kalkulierbaren Auswahlkriterien mußten viele Argumente und Belege unter den Tisch fallen. Statt dessen nahm man lieber die Halbwahrheit in Kauf. Sie diente als das wichtigste Instrument zur Desinformation und Manipulation der Bevölkerung.

Aber nicht einmal mit der Halbwahrheit brauchtes es in früheren Zeiten die MfS-Agitatoren genau zu nehmen. So stellte man völlig Unschuldige öffentlich als angebliche Agenten und Saboteure an den Pranger. "Neues Deutschland" entschuldigte sich beispielsweise in einem am 2. Februar 1990 veröffentlichten Interview bei Horst Jahnke, den das Blatt angesichts der Massenflucht über die Berliner Sektorengrenze am 2. August 1961 als "Menschenhändler" bezeichnet hatte, weil er im "Auftrage des OSRAM-Konzerns" frühere Kollegen aus einem Ostberliner Glühlampenwerk abgeworben haben sollte. Jahnke sei durch die "Wachsamkeit der Arbeiter dingfest" gemacht worden. Nachdem sich die Nachricht von diesem "verabscheuungswürdigen Verbrechen" schnell herumgesprochen hatte, hätten die empörten Arbeiter gefordert, Jahnke im Werk den Prozeß zu machen. Im November 1961 endete jedoch ein Strafverfahren gegen ihn vor dem Stadtgericht Berlin-Mitte mit einem Freispruch, über den natürlich die Medien nicht berichteten. Hinter dieser vom MfS angezettelten Rufmordkampagne stand die erklärte Absicht, die Gründung von Betriebskomitees für den "Kampf gegen Menschenhandel" propagandistisch in der unmittelbaren Vorbereitungsphase des Mauerbaus voranzutreiben und zu rechtfertigen.

Zu den Aufgaben der 1985 aufgelösten MfS-Abteilung Agitation gehörte auch die Desinformation der eigenen und der westdeutschen Öffentlichkeit mit nicht immer sogleich durchschaubaren Verleumdungen von prominenten westdeutschen Politikern. Die gefälschte Unterschrift des Bundespräsidenten Heinrich Lübke unter KZ-Baupläne schien selbst der ZK-Sekretär Albert Norden zeitweilig für echt gehalten zu haben. Die Stasi-Fälscher täuschten die Kriminalisten der Humboldt-Universität immerhin erfolgreich.[54]

Dem KPD-Verbot im Jahre 1956 widmete sich mit besonderer Intensität im Rahmen der gegen die Bundesrepublik gerichteten Zersetzungsarbeit der aus Burg bei Magdeburg unter der Regie des MfS ausgestrahlte "Freiheitssender 904". Bundeswehrangehörige überschüttete man nicht nur mit Propagandaschriften, sondern versuchte sie überdies durch den im Herbst 1960 auf Sendung gegangenen "Deutschen Soldatensender 935" zu beeinflussen. Erst Anfang der 70er Jahre, mit dem Beginn der innerdeutschen Dialogs- und Vertragspolitik, stellte man den Betrieb dieser in der Bundesrepublik kaum beachteten Diversionssender ein. Dafür erprobten sich die Stasi-Journalisten weiterhin als Filmemacher beim Fernsehen, so bei der jeweils zu Weihnachten ausgestrahlten Serie das "Unsichtbare Visier". Armin Mueller-Stahl spielte darin den Titelhelden Achim Detjen, der in grotesker Weise die Machenschaften westlicher Geheimdienste erfolgreich durchkreuzte. Der Schauspieler erhielt dafür auf Vorschlag des MfS den Theodor-Körner-Preis[55], der an Zivilisten für hervorragende künstlerische Leistungen zur Stärkung der Verteidigungskraft der DDR verliehen wurde. Die Übersiedlung Mueller-Stahls in die Bundesrepublik im Jahre 1979 dürfte seine Auftraggeber im MfS in doppelter Hinsicht bekümmert haben: Zum einen wegen "fehlender Wachsamkeit" und zum anderen aufgrund des Verlustes eines beim Publikum sehr beliebten Protagonisten.

In den 80er Jahren gab es faktisch keine eigenen Initiativen der MfS-Öffentlichkeitsarbeiter mehr, zumal die dafür erforderliche enge Zusammenarbeit mit den operativen Diensteinheiten nur selten zustande kam.[56] Regelmäßig verfaßten sie lediglich "Hühnerdiebmeldungen", wie sie im hauseigenen Jargon abschätzig genannt wurden. Sie erschienen im "Neuen Deutschland" stets auf der Seite 2 unten. In der "Aktuellen Kamera" wurden sie in der Regel als letzte Meldung verlesen. Dabei handelte es sich beispielsweise um "Transitmißbrauch", Fluchtversuche oder Festnahmen an der innerdeutschen

Demarkationslinie, wobei die tatsächlichen Vorgänge allenfalls ange-
deutet wurden. Dazu schreibt Knauer:
"Auch dies übrigens eine Halbwahrheit über all die Jahre. Festge-
nommen wurden nach 'unserer' ADN-Meldung, die nie auch nur
um ein Komma verändert werden durfte, stets nur Bürger der
BRD oder Westberlins, also die Fluchthelfer. Fluchtwillige DDR-
Bürger waren nie beteiligt - weil nicht sein konnte, was nicht sein
durfte. "[57]

Im MfS fabrizierte ADN-Meldungen oder Zeitungsartikel mußten
normalerweise den "großen Weg" gehen, auf dem letztere meistens
hängen blieben. Der "große Weg" verlief über die MfS-Hierarchie
zur SED-ZK-Abteilung Agitation, wobei dann im Falle einer Genehmigung zur Veröffentlichung häufig die Aktualität verloren gegangen
war.

Gelegentlich wandten sich die MfS-Journalisten auch direkt an die
Medien, die sich allerdings zurückhaltend bei der Verwendung der
ihnen unter Pseudonym angebotenen Manuskripte verhielten. Die
Chefredakteure veröffentlichten sie in der Regel nur auf ausdrückliche
Weisung der Parteiführung. Sie hätten lieber das ihnen strikt verwehrte Hintergrundmaterial gehabt, um es selbst redaktionell bearbeiten zu
lassen. Lediglich die außenpolitische Monatszeitung "horizont" war
ein stets dankbarer Abnehmer der für die Feindbildvermittlung bestimmten haßtriefenden MfS-Pamphlete. So veröffentlichte dort der
bereits erwähnte Gerd Knauer mehrere Artikel unter dem Decknamen
"Gerd Kernau", in denen er sogenannte westliche Feindorganisationen
wie die "Arbeitsgemeinschaft 13. August" in Berlin (West) oder die in
Frankfurt am Main residierende "Internationale Gesellschaft für Menschenrechte"(IGfM) aufs Korn nahm.[58] Dabei stützte er sich nach eigenen Aussagen auf die Zuarbeit aus der Hauptabteilung XXII
(Terrorabwehr). Aktenkundig ist eine Absprache vom 6. Oktober
1987 zwischen Knauer und zwei für die Bearbeitung und Zersetzung
von Feindorganisationen zuständigen Offizieren der Abteilung 5 der
Zentralen Koordinierungsgruppe Übersiedlung (ZKG).[59] Gemäß der
vom Leiter der ZKG, Generalmajor Niebling, erteilten Aufgabenstellung erhielt Knauer - detailliert aufgelistet - umfangreiche Materialien
zur Vorbereitung eines grundsätzlichen Artikels über die "Feind-
organisation" IfGM. Spätestens nach drei Tagen sollte Knauer den
Entwurf bei der ZKG/Abteilung 5 zur Abstimmung vorlegen. Nachzulesen ist der Artikel von "Gerd Kernau" erst Monate später im

"horizont" (Nr. 2/1988) unter der Überschrift "Aktenzeichen 6227 - IfGM: Portrait einer Institution gefährlicher Falschmünzerei".

Gewissensbisse überkamen angeblich Knauer, als er erfuhr, daß er einen freien Mitarbeiter der "Arbeitsgemeinschaft 13. August" zu Unrecht diskreditiert hatte. Unter dem Siegel der Verschwiegenheit erhielt er, verbunden mit Lob für einen "horizont"-Artikel, von einem Mitarbeiter der Abteilung XXII das Protokoll eines Telefonmitschnitts aus der dafür zuständigen Abteilung 26. Nach dessen Lektüre übte sich Knauer in nachträglicher Selbstkritik:

"Als ich dann aber las, was Wolfgang D. seiner Mutter am Telefon anvertraut hatte - warum sollte er lügen? - wurde ich nachdenklich. Was ich da gemeint hatte, entlarven zu müssen, sah im persönlichen Zwiegespräch von Sohn zu Mutter ganz anders aus. Ein ehemaliger DDR-Bürger hatte Heimweh und Furcht vor der Stasi, die ihn nicht zur Jugendweihe eines Familienangehörigen reinlassen wollte, oder wenn doch, wahrscheinlich 'hochziehen' würde. Der D. war kein Kumpan von Gewalttätern, Provokateuren oder Neonazis, sondern hatte sich in der Vergangenheit mehrfach darum bemüht, die 'Arbeitsgemeinschaft' von genau solchen Typen sauberzuhalten. Drei von ihnen, mit denen ich ihn auf eine Stufe gestellt hatte, wollte er gar verklagen. Warum eigentlich nicht mich?"[60]

Die Feindbildvermittlung mißlang dem MfS vor allem deshalb so gründlich, weil es in den letzten Jahren der SED-Herrschaft keine überzeugenden Fakten mehr anzubieten hatte. Aus der Luft gegriffene Diffamierungen des Gegners konnte man sich schon aufgrund der durch die desolate wirtschaftliche Lage bedingten Abhängigkeiten und der stehenden Fußes zu erwartenden Richtigstellungen durch bundesdeutsche elektronische Medien praktisch nicht mehr leisten. Obwohl es zum Auftrag der Öffentlichkeitsarbeiter des MfS gehörte, geständige CIA- oder BND-Agenten in den Medien zu präsentieren, mangelte es dafür auch an geeigneten Delinquenten. Knauer beschreibt dieses "Dilemma":

"Wenn wir Kontakt mit der Hauptabteilung II [Spionageabwehr, G. H.] aufgenommen haben, um Informationen zu erhalten, kam meistens unter dem Strich heraus, ja wir haben eigentlich gar keine. Seit zehn oder fünfzehn Jahren ist schon keiner mehr gefangen worden, der hier vorzeigbar wäre. Allenfalls irgendein Geisteskranker, der selber nicht genau weiß, für wen er gearbeitet hat."[61]

Darüber hinaus fanden sich laut Knauer auch keine "subversiven Elemente" mehr, die "Sabotage" in den Betrieben verübt hatten, die das MfS dann zum "Schutze des Volkseigentums" hätte entlarven und ins Gefängnis bringen können. Aber auch die Bekämpfung des "inneren Feindes", also vorrangig der oppositionellen Gruppen, konnte nicht immer mit der von der Partei und dem MfS gewünschten Schärfe geführt werden, weil sie dadurch nur noch stärker in den Blickpunkt der Öffentlichkeit des In- und Auslands gerückt wären. Widerständiges Verhalten orientierte sich zunächst hauptsächlich an einer Reform des Sozialismus nach dem Vorbild von Gorbatschows Glasnost und Perestroika. Doch eine offene Diskussion darüber scheute die SED ebenso wie die dazu unabdingbare Abkehr vom Halbwahrheiten-Journalismus, den die Stasi-Agitatoren auf höhere Weisung und mehrheitlich wohl auch aus eigenem Antrieb bis zur Perfektion praktizierten.

Medienpolitische "Hinweise" an die Partei

Staatssicherheitsminister Erich Mielke bekräftigte in seiner Dienstanweisung Nr. 2 vom 12. Januar 1984 die alleinige Zuständigkeit der Agitationsbürokraten im SED-Zentralkomitee für die Öffentlichkeitsarbeit des MfS:
"Wesentliche publizistische Maßnahmen, die durch die Massenmedien realisiert werden sollen, stimmt die Abteilung Agitation [des MfS, die 1985 aufgelöst wurde; G. H.] mit der Agitationskommission beim Politbüro des ZK der SED ab."[62]
Der Leiter der Agitationskommission beim Politbüro war 1975 Werner Lamberz. Aber selbst er besaß keineswegs die letzte Entscheidungsbefugnis. Am 25. April jenen Jahres übersandte er Erich Honecker einen "gemeinsam mit den Genossen des Ministeriums für Staatssicherheit" entworfenen Kommentarentwurf für das DDR-Fernsehen.[63] Er enthielt vernichtende Charakteristiken von drei Bundesbürgern, denen unter anderem wegen Spionage, Sabotoge und Rauschgifthandel der Prozeß gemacht worden war. Zwei von ihnen erhielten eine lebenslängliche Freiheitsstrafe, einer acht Jahre. Die erklärte Absicht der Kommentatoren war es, westliche Veröffentlichungen über Terrorurteile in der DDR zu konterkarieren. Doch Honecker hielt davon nichts. Er verfügte:"Nicht zweckmäßig - für uns sind es Spione und Rauschgifthändler."

Etwas erfolgreicher war demgegenüber Markus Wolf, als er sich im September 1984 bei Mielke für eine schnelle Realisierung des dreiteiligen Fernsehfilms "Vera Lenz" seines Freundes Karl Georg Egel verwandte.[64] Egel hatte sich zuvor vehement bei Wolf über die tagespolitisch begründete Hinhaltetaktik von Parteifunktionären bei der Abnahme seines Drehbuchs beschwert. Der geplante Film, erläuterte Wolf seinem Minister, wäre zwar im Spionagemilieu angesiedelt, aber es handele sich nicht um einen "Kundschafterfilm", "sondern um die stark verfremdete Geschichte einer Frau, die sich an die Motivation anlehnt, wie sie Genossin Ursel LORENZEN gegenüber der Öffentlichkeit dargestellt hat." Lorenzen war eine westdeutsche NATO-Sekretärin in Brüssel, die zugleich in den Diensten des MfS stand. 1979 kam sie ihrer Festnahme durch die Flucht in die DDR zuvor, wo man ihr unverzüglich in den Medien die Gelegenheit bot, Horrorgeschichten über die "Kriegstreiber" in der westlichen Hemisphäre zu verbreiten.

Markus Wolfs knappe Begründung für die Notwendigkeit, Egels Film schnell zu produzieren, wirft zugleich ein Schlaglicht auf die Schwerfälligkeit des Parteiapparates, gegen die auch die bei Spionagefilmen obligatorischen MfS-"Fachberater" machtlos waren:

"Viele Köche verderben den Brei. Deshalb sollte sich im ZK und im Fernsehfunk nur je ein Genosse mit den inhaltlichen Problemen im einzelnen befassen. Dabei sollten Fragen der tagespolitischen Opportunität ausgeklammert werden. Darüber zu entscheiden ist nach Fertigstellung des Films in 1 1/2 bis 2 Jahren immer noch Zeit. Es ist zu überlegen, ob und durch wen dieses Thema beim Generalsekretär bzw. Genossen HERRMANN anzusprechen ist."

Wolf mußte noch über vier Jahre bis zum Januar 1989 auf die Austrahlung des dreiteiligen Fernsehfilms seines Freundes Egel "Vera - Der schwere Weg der Erkenntnis" warten. Da war er schon Vorruheständler und stand als Buch- und Filmautor selbst auf Kriegsfuß mit den Meinungsmachern in der Parteispitze.

So rigoros man dort oben das MfS von der Mitsprache an den Medieninhalten fernhielt, so wenig nahm man sich auch dessen Informationsberichte über die Kritik in der Bevölkerung an der Schönfärberei der Massenmedien zu Herzen. In Vogel-Strauß-Manier diskutierte man selbst im Politbüro nicht über die MfS-Informationen, die die jeweils zuständigen Mitglieder zu ihren Fachgebieten erhielten. Sie waren, so Günter Schabowski, eben nur Informationen, die man kommentar- und folgenlos in dieser Runde zur Kenntnis nahm.[65] Die Verfasser dieser vor allem aus der Zentralen Auswertungs- und Informationsgruppe des MfS stammenden Parteiinformationen hatten deshalb das in der DDR wohl einzigartige Privileg, ungeschminkt und ohne taktische Winkelzüge vollziehen zu müssen, über sämtliche Probleme aus allen gesellschaftlichen Bereichen wahrheitsgemäß berichten zu können. So enthalten die veröffentlichten Berichte der ZAIG aus dem Jahre 1989 eine Fülle sorgfältig erfaßter Unmutsbekundungen über die Medien- und Informationspolitik der Parteiführung - darunter diese vom 11. September:

"Besonders beachtenswert erscheinen vorliegende interne Hinweise, wonach journalistisch tätige Personen ihre Verbitterung über fortgesetzte administrative Entscheidungen der Abteilung Agitation/Propaganda des ZK der SED bezüglich der Qualität, der Eignung und der Nutzung von zur Veröffentlichung vorgeschlagenen Artikeln zum Ausdruck bringen. Dies erzeuge bei Ihnen zunehmend das Gefühl, daß den Journalisten ihr Urteilsvermögen abgesprochen werde."[66]

Ein Gefühl, das die als Öffentlichkeitsarbeiter agierenden Stasi-Journalisten aus ihrem spezifischen Blickwinkel   natürlich schon längst beschlichen hatte.

Aber nicht erst kurz vor Toresschluß kamen solche deutlichen Hinweise. Auf dem Dienstwege, über die SED-Kreisleitung Berlin-Mitte und den damaligen 1. Sekretär der Bezirksleitung Berlin, Politbüromitglied Konrad Naumann, erreichte den Mediensekretär Joachim Herrmann am 23. April 1981 ein Spitzelbericht der MfS-Kreisdienststelle Berlin-Mitte.[67] Danach wäre aus dem Kreis von Redakteuren und Mitarbeitern der Union-Druckerei der CDU, in der auch deren Parteiorgan, die "Neue Zeit" gedruckt wurde, folgendes bekannt geworden:

"Ein Teil von Produktionsarbeitern sprach in den letzten Tagen davon, ob es denn tatsächlich notwendig sei, im Zusammenhang mit dem X. Parteitag der SED Sonderschichten zu fahren und eine Vielzahl von Überstunden zu leisten. Eine derartige Diskussion ergab sich auf Grund der Tatsache, weil im CDU-Zentralorgan 'Neue Zeit' das Referat des Genossen Honecker und weitere wichtige Materialien des Parteitages im vollen Wortlaut gedruckt wurden.

Bei diesen Diskussionen gingen sie davon aus, daß es sich doch um eine CDU-Zeitung handelt, und da müßte es doch genügen, wenn nur die wichtigsten Passagen zusammengefaßt und in konzentrierter Form wiedergegeben werden. Daraus ergebe sich ein höherer Nutzeffekt, weil doch überall gespart werden soll. Wer sich dann für die Materialien im vollen Wortlaut interessiere, könne sich auch das ND oder die angekündigten Broschüren kaufen. Dadurch können wertvolle Rohstoffe, Arbeitszeit und Lohnkosten eingespart werden."

Diesen, Volkes Stimme so treffend wiedergebende Meinungen hätten, so die MfS-Information, auch drei anwesende Redakteure der "Neuen Zeit", darunter deren stellvertretender Chefredakteur Wolfgang Hasse, beigepflichtet. Resignierend hätte Hasse hinzugefügt, schließlich gäbe es ohnehin keine neuen wesentlichen Dinge, es sei wie immer dasselbe: "Setzt und druckt das mal ruhig, wir müssen es doch sowieso machen. Man wisse doch jetzt schon, daß die wenigsten Leute lesen, was wir drucken. Es geht, wie auch sonst, alles an den Altstoffhandel." Anschließend hätten die Redakteure die zum SED-Parteitag verschärften Sicherungsmaßnahmen im Gebäude des "Neuen Deutschlands" ins Lächerliche gezogen. Zitat:

"H a s s e erklärte, daß er während seines Aufenthaltes in der ND-Druckerei wieder viele Herren von der Staatssicherheit in schwarzen Anzügen sehen konnte, die herumpatroullierten und jeden Schnipsel Papier aufhoben, der irgendwo hinfiel, damit auch nichts nach außen dringen kann. Es handelt sich angeblich um Materialien des Parteitages, die bereits fertig gedruckt waren, obwohl der Parteitag noch nicht eröffnet worden ist."

Ob Konsequenzen aus diesem Spitzelbericht gezogen wurden, geht aus den noch vorhandenen Akten Joachim Herrmanns nicht hervor. Der stellvertretende Chefredakteur der "Neuen Zeit", Hasse, verblieb jedenfalls weiterhin in seinem Amt. Herrmann verlangte jedoch handschriftlich vom ZK-Abteilungsleiter Agitation, Heinz Geggel, eine gründliche Behandlung des Vorfalls sowie einen Bericht, an dem der Leiter des Presseamtes, Kurt Blecha, und der Leiter der ZK-Abteilung Befreundete Parteien, Waldemar Pilz, beteiligt werden sollten.

Unbequeme Wahrheiten ignorierte die SED-Führung in den 80er Jahren zunehmend. Gelegentlich besaß sie immerhin noch soviel Realitätssinn, sich nicht der Lächerlichkeit preiszugeben und vom Übereifer des MfS anstecken zu lassen. Die Rollenverteilung im Verhältnis des MfS zur SED-Führung war hinsichtlich der Kontrolle der DDR-Medien eindeutig - die Partei hatte auch hier stets das letzte Wort.

IfGA ZPA IV 2/2.035/149

Gen. Erich Honecker Erster Sekretär	Mitglied des Politbüros W. Lamberg	Diktatzeichen La/Sti	Datum 25.4.75	Erledigungsvermerk

Betr.

Werter Genosse Erich Honecker!

Für das Fernsehen der DDR wurde gemeinsam mit den
Genossen des Ministeriums für Staatssicherheit
beiliegender Entwurf eines Kommentars über die
kürzlich verurteilten BRD-Bürger und Einwohner
Westberlins vorbereitet.

Angesichts der ununterbrochenen Veröffentlichungen
des Gegners in dieser Richtung könnten wir eine
Veröffentlichung dieser Art durch uns in Betracht
ziehen.

Mit sozialistischem Gruß

Werner Lamberz

Anlage
Entwurf

*Mitteilung des ZK-Agitationssekretärs Werner Lamberz an Honecker,
der darauf vermerkte: „Nicht zweckmäßig - für uns sind es Spione und
Rauschgifthändler".*

122

Stellvertreter des Ministers   Berlin, den 2o. September 1984

Genossen Minister
Armeegeneral Mielke

Zu unserer Rücksprache wegen des Films von Karl-Georg EGEL"Vera Lenz"
übersende ich zur Beurteilung des Hintergrundes einen Brief des Genossen EGEL.

Meine Meinung dazu:

1. Man muß den Film machen. Der Inhalt ist hoch aktuell und wird vermutlich aktuell bleiben.

2. Viele Köche verderben den Brei. Deshalb sollte sich im ZK und im
Fernsehfunk nur je ein Genosse mit den inhaltlichen Problemen im einzelnen befassen. Dabei sollten Fragen der tagespolitischen Opportunität ausgeklammert werden. Darüber zu entscheiden ist nach Fertigstellung des
Films in 1 1/2 bis 2 Jahren immer noch Zeit.

3. Nach Vorliegen des meiner Meinung nach geeigneten Manuskripts sind
jetzt die Fragen entscheidend, die Genosse EGEL am Schluß seines Briefes (Seite 4) zusammengefaßt hat.

Es ist zu überlegen, ob und durch wen dieses Thema beim Generalsekretär
bzw. Genossen HERMANN anzusprechen ist.

Es handelt sich um keinen Kundschafterfilm, sondern um die sehr stark
verfremdete Geschichte einer Frau, die sich an die Motivation anlehnt,
wie sie Genossin Ursel LORENZEN gegenüber der Öffentlichkeit dargestellt
hat.

Anlage

                                    Generaloberst

I f G A   Z P A IV 2/I.037/42

*Vermerk von Markus Wolf an Erich Mielke (Fundort: SAPMO-BArch,
DY 30/IV 2/2, 037/42, Bl. 127).*

123

IV. Die Journalisten: Täter, Mitläufer und Opfer zugleich

"Funktionäre der Arbeiterklasse"

Auch wenn es die einstmals Aktiven gelegentlich bestreiten: Alle Journalisten in der SBZ/DDR hatten als "Funktionäre der Arbeiterklasse" aufzutreten - also im Klartext als Propagandisten der SED. Dies galt selbst für Mitglieder der Blockparteien oder für parteilose Journalisten. Das ausdrücklich nur für Studenten des sogenannten "Roten Klosters" - der Sektion Journalistik der Leipziger Universität - bestimmte "Wörterbuch der sozialistischen Journalistik" ließ an der den Journalisten zugewiesenen Rolle keinen Zweifel:

"Der sozialistische Journalist ist Funktionär der Partei der Arbeiterklasse, einer anderen Blockpartei (bei Mehrparteiensystemen im Sozialismus) bzw. einer gesellschaftlichen Organisation und der sozialistischen Staatsmacht, der mit journalistischen Mitteln an der Leitung ideologischer Prozesse teilnimmt. Er hilft, das Vertrauensverhältnis des Volkes zu Partei und Staat zu festigen. Seine gesamte Tätigkeit wird grundlegend vom Programm und den Beschlüssen der marxistisch-leninistischen Partei der Arbeiterklasse sowie durch die Verfassung des sozialistischen Staates bestimmt."[1]

Doch die im Artikel 27 der DDR-Verfassung gewährte Pressefreiheit war nichts als eine leere Floskel, denn dieser Verfassungsauftrag galt nur "den Grundsätzen dieser Verfassung gemäß". Zu diesen Grundsätzen zählten aber auch die im Artikel 1 festgeschriebene führende Rolle der SED und der im Artikel 47 verankerte "Demokratische Zentralismus". Dies bedeutete nichts anderes als die bedingunglose Anerkennung der von der Parteiführung gefaßten Beschlüsse. Der 1948 in der ersten DDR-Verfassung noch enthaltene Satz "Eine Zensur findet nicht statt" wurde 1968 aus gutem Grund ersatzlos gestrichen. Hatten sich doch inzwischen die Lenkungsmechanismen der SED-Agitationsbürokratie so gut eingespielt, daß diese sich auf den vorauseilenden Gehorsam der Journalisten weitgehend verlassen konnte.

Eine Zensur im klassischen Sinne erübrigte sich schon deshalb, weil sie unter anderem durch als "Empfehlungen" verbrämte, jedoch strikt zu befolgende Weisungen in Verbindung mit unberechenbaren Eingriffen in die Arbeit der Redaktionen, die Papierkontingentierung, die vorgeschriebene staatliche Lizensierung aller Zeitungen und Zeitschriften sowie deren alleinigen Vertrieb durch die Deutsche Post schon überflüssig geworden war. Zudem dürfte bereits die mögliche Anwendung der die Meinungsfreiheit unterdrückenden verfassungs- und strafrechtlichen Normen, die ständig wie ein Damoklesschwert über den Journalisten schwebten, deren "Schere im Kopf" geschärft haben. In kaum einem anderen Beruf bedurfte es in einem vergleichbaren Ausmaß der Selbstverleugnung. Publizistische Freiräume und Nischen waren ungeachtet gegenteiliger Wahrnehmungen - beispielsweise von Kultur- und Wissenschaftsredakteuren - entweder von der SED-Medienbürokratie politisch gewollt oder sie entzogen sich schlichtweg ihrer Kontrolle. Denn eine flächendeckende und lückenlose Nachzensur aller Medien war trotz der angestrebten Perfektion in der Medienlenkung nicht durchführbar.

Biologe, Arzt, Tierarzt und - im seltsamen Kontrast dazu - Journalist zählten in der SBZ/DDR zu den begehrtesten Berufen. Die vermeintliche Attraktivität und vielleicht auch das in der DDR von den elektronischen West-Medien suggerierte besondere Flair, die das Metier des Journalisten umgeben, veranlaßte am 1. August 1976 den "Sonntag", die Wochenzeitung des Kulturbundes der DDR, vor allzu romantischen Vorstellungen nachdrücklich zu warnen:

"Im Journalisten sehen viele den Zeitgenossen, der ständig auf Reisen ist, sein Ohr immer am heißen Puls des Lebens hat und anderen das Erlebte in erregender Weise nahe bringen kann. Alle diese Motive sind von positiven Momenten getragen. Sie besagen jedoch nichts über die besondere Eignung für einen Beruf, über die Ausfüllung eines Arbeitsplatzes, über echte Berufung."

Offenbar ein Wink mit dem Zaunpfahl. Denn der Alltag begann für die frischgebackenen Journalisten ernüchternd. Die erste, nicht gerade begehrte Anstellung konnte nämlich auch in einer der mehr als 600 Betriebszeitungsredaktionen erfolgen. Doch die anderen Medien verhießen kaum bessere Arbeitsbedingungen. Weder die Bezahlung noch die materielle Ausstattung - insbesondere in den nicht zur SED-eigenen "Zentralen Druckerei-, Einkaufs- und Revisionsgesellschaft" (Zentrag) gehörenden Verlagen - entsprachen den hochgesteckten Erwartungen der Berufsanfänger. Das Privileg, über mehr Hintergrundwissen als die meisten Parteifunktionäre zu verfügen, konnte alsbald zur unerträglichen Last werden - wurde es doch nur zur persönlichen Kenntnisnahme gewährt, damit die Berichterstattung über unerwünschte Fakten und Informationen unterdrückt beziehungsweise falsche Zungenschläge vermieden werden konnten.

Journalisten galten nicht nur nominell als "Funktionäre der Arbeiterklasse". Sie wurden auch wie Parteifunktionäre behandelt. Das galt insbesondere bei erforderlichen beruflichen Veränderungen, denen je nach Bedeutung der neuen Funktion ein erheblicher bürokratischer Aufwand der zuständigen Parteigremien vorausging. Beispielhaft ist dafür die turnusmäßige Abberufung des Bonner Korrespondenten und späteren Chefredakteurs des FDGB-Organs "Tribüne", Günter Simon, der durch Wolfgang Aier, einen Redakteur des Gewerkschaftsblatts, ersetzt werden sollte. Dafür bereitete die stellvertretende FDGB-Vorsitzende und Leiterin der Abteilung Agitation im Bundesvorstand der Gewerkschaft Ende Oktober 1978 eine Vorlage in 22facher (!) Ausfertigung an das Sekretariat des SED-Zentralkomitees vor.[2] Mitzeichnen mußten fünf ZK-Abteilungsleiter, die für folgende Abteilungen zuständig waren: Agitation, Kaderfragen, Westabteilung, Gewerkschaften und Sozialpolitik sowie Internationale Verbindungen. Als Befähigungsnachweis für den neuen Korrespondenten genügte es, daß er als "ein klassenbewußter Genosse" beurteilt wurde, der "eng mit unserer Partei verbunden ist und stets bestrebt ist, sein marxistisch-leninistisches Wissen und seine Fähigkeiten zur Verwirklichung der Beschlüsse der Partei einzusetzen."

Ein anderes anschauliches Beispiel für die Lösung von Personalfragen - allerdings mit einer besonderen Variante von Nepotismus auf höchster Ebene - enthält der parteiinterne Schriftverkehr anläßlich der Ernennung Gisela Herrmanns, der Ehefrau des ZK-Sekretärs Joachim Herrmann, zur Leiterin des Kulturressorts der "Berliner Zeitung". Der Dienstweg begann in diesem Falle bei Reginald Grimmer, dem Sekretär für Agitation bei der SED-Bezirksleitung Berlin, der sich am 11. Dezember 1978 mit diesem Vorschlag direkt schriftlich an Joachim Herrmann wandte.[3] Herrmann bestellte Heinz Geggel, den ZK-Abteilungsleiter Agitation, zur Rücksprache, bei der die Beförderung Gisela Herrmanns offenkundig besiegelt wurde. Zuvor hatte Geggel, der sich übergangen fühlte, dazu jedoch einen Vermerk gefertigt, in dem er knapp, aber prägnant das doppelte Unterstellungsverhältnis der "Berliner Zeitung" und die damit zusammenhängenden personalpolitischen Zuständigkeiten entsprechend den geltenden Kadernomenklatur-Regularien skizziert:

"1. Der Chefredakteur der 'Berliner Zeitung' ist Nomenklaturkader des Sekretariats des ZK, d.h. er muß durch das Sekretariat des ZK beschlossen werden. 2. Die Mitglieder des Kollegiums der 'Berliner Zeitung' gehören zur Kontrollnomenklatur der Abteilung Agitation des ZK, d.h. sie können nur mit Zustimmung der Abteilung Agitation des ZK eingesetzt oder abgelöst werden. 3. Von einer geplanten Veränderung im Kollegium der 'Berliner Zeitung' ist der Abteilung Agitation bisher nichts bekannt."[4]

Geggels Belehrung ist vor dem Hintergrund zu sehen, daß schriftliche Vorlagen an das Zentralkomitee normalerweise vorher mündlich mit dem fachlich zuständigen Abteilungsleiter erörtert wurden. Ob das bei dem Joachim Herrmann am 12. Juli 1988 schriftlich unterbreiteten Personalvorschlag vom Fernseh-Komitee-Vorsitzenden Heinz Adameck[5] der Fall war, geht aus den Akten nicht hervor. Herrmann zeigte sich jedoch begeistert über die von Adameck angeregte Nachfolgeregelung für den nicht mehr sonderlich geschätzten Moderator des "Schwarzen Kanals", Karl-Eduard von Schnitzler. Herrmann schrieb an den Rand des Briefes: "sehr gut" und ergänzte "solide Perspektive für die Sendung". Mittelfristig sollte für "Sudel-Ede" der damals 33jährige Jan Carpentier aufgebaut werden, der sich, so Adameck, in der letzten Zeit "bei politischen Ereignissen als Moderator bewährt" habe.

Carpentier, damals ein ambitionierter und politisch zuverlässiger Mitarbeiter der "Aktuellen Kamera", machte sich später in der Wendezeit kurzfristig auch in Westdeutschland einen Namen als Enthüllungsreporter für "ELF 99", eine im September 1989 eingerichtete Jugendsendung des Fernsehfunks. Er sorgte für Schlagzeilen mit seinen Berichten über das Politbürokraten-Ghetto Wandlitz oder die bitteren Klagen von Wehrpflichtigen des MfS-Wachregiments über ihre dienstliche Unterbringung und ihre erniedrigende Behandlung.

Absolute Linientreue war die Voraussetzung für die Zulassung zum Studium in Leipzig an der Fachschule des Journalistenverbandes oder der Sektion Journalistik der Universität. Die 1956 gegründete Fachschule verlieh nach dreijährigem erfolgreichen Studium die staatlich geschützte Berufsbezeichnung "Journalist", während man sich an der Sektion Journalistik der Karl-Marx-Universität zum "Diplomjournalisten" graduieren konnte. In der Regel war eine journalistische Tätigkeit nur mit diesen Abschlüssen möglich. Es bestand aber auch die

Möglichkeit, mit einem anderen Studium als Fachjournalist oder - allerdings nur in seltenen Fällen - als freier Journalist für die Medien zu arbeiten. In den Redaktionen schätzte man diese Kollegen, da sie als Spezialisten auf ihrem Gebiet mehr vorzuweisen hatten als nur die durch die Leipziger "Rotlichtbestrahlung" erworbenen Kenntnisse der kommunistischen Klassiker. Weniger willkommen waren dort allerdings von der Partei protegierte ehemalige Volkskorrespondenten, die sich als ehrenamtliche Mitarbeiter bei der Presse und den elektronischen Medien ideologisch bewährt hatten.[6]

Wolfgang Kirkamm, zu DDR-Zeiten Journalist bei der "Jungen Welt", der als Jugendlicher in den 50er Jahren mit seinen Eltern aus der Bundesrepublik in die DDR übergesiedelt war, schildert die Anfänge seines Berufslebens und den von ihm erlebten Studienbetrieb am "Roten Kloster".[7] Er bewarb sich 1966 bei der Neubrandenburger SED-Bezirkszeitung "Freie Erde", die ihn nach einem Eignungstest als Volontär einstellte. Im Mai 1967 wurde er für 18 Monate als Wehrpflichtiger zur NVA eingezogen. Anschließend delegierte ihn seine Volontariatsredaktion zum Journalistikstudium nach Leipzig. Da Kirkamm anschließend ein Forschungsstudium aufnahm, das er 1974 mit der Promotion zum Dr.rer.pol. abschloß, wurde er nicht, wie allgemein üblich, wieder in seine Heimatredaktion zurückgeschickt. Seinem Wunsch, nach dem Studium in die Nachrichtenagentur ADN einzutreten, entsprach die Einsatzkommission der SED-ZK-Abteilung Agitation jedoch nicht. Stattdessen vermittelte man ihn an die FDJ-Zeitung "Junge Welt". Eine freie Wahl des Arbeitsplatzes gab es nicht. In den Einsatzgesprächen, denen sich jeder Student der Sektion Journalistik im dritten Studienjahr stellen mußte, wurde vielmehr in der Regel per "Parteiauftrag" die Rückkehr in die Volontariatsredaktion angeordnet.

Durch die journalistische Praxis während des Volontariats und der - so Kirkamm - "nicht selten idealisierenden Universitätsausbildung" seien den Studenten rasch eine Reihe von gravierenden Widersprüchen zum "rauhen SED-Kommandojournalismus" aufgefallen. Einen hohen Anteil der von der ZK-Abteilung Agitation überwachten Ausbildung an der Sektion Journalistik nahmen gesellschaftswissenschaftliche Vorlesungen und Seminare aus dem Bereich des Marxismus-Leninismus ein. Er überschritt bei weitem den in anderen Studiengängen obligatorischen Umfang. Nützlicher für das Berufsleben waren dagegen die ebenfalls zum Lehrangebot gehörenden handwerklichen

Unterweisungen und praktischen Übungen in journalistischer Methodik. Der Dauerkonflikt bei der Mehrzahl seiner Kommilitonen, so erinnert sich Kirkamm, habe sich zwischen den Polen einer ideologisch überfrachteten Lehre, dem Wissen um die oft gänzlich andere Praxis, der erlebten gesellschaftlichen Realität und einer ständigen Beschäftigung "mit einem anderen deutschen Journalismus" bewegt. Letzteren veranschaulichten die elektronischen West-Medien insbesondere durch ihre Informationssendungen und "Minderheitenprogramme". Zu Kirkamms Studienzeit habe sich deshalb die Kritik der Studenten vor allem auf folgende Punkte bezogen:

"- die tiefe Kluft zwischen dem Universitäts-Ideal und der journalistischen Praxis,
- das unzureichende praktische journalistische Training,
- die krampfhaften Versuche im Fach 'Wesen und Funktion des sozialistischen Journalismus', das Handwerk Journalismus philosophisch verquast nach Marx/Engels/Lenin zur Wissenschaft befördern zu wollen,
- die einseitig auf Russisch orientierte Sprachen-Ausbildung,
- die allgemeine Verschulung des Studiums über disziplinierende Druckmittel wie Anwesenheitslisten, Teilnahme an militärischer Ausbildung, Wissenstests, Selbststudium nach sehr formalen Kriterien,
- die Überbetonung offensichtlich ziemlich sinnloser 'journalistikwissenschaftlicher Erkenntnisse' aus der Sowjetunion und die nahezu völlige Ignoranz gegenüber Arbeiten der westdeutschen oder amerikanischen Kommunikationsforschung,
- die im Laufe der 70er Jahre geradezu panisch werdende Angst vor der soziologischen Forschung (Sektionsdirektor Dusiska zur Forderung meiner Studentengruppe, Wirkungsforschung zu betreiben: 'Sie wissen doch, die Partei wünscht so etwas nicht.')"[8]

Während sich die Haltung der Studenten gegenüber der Sowjetunion seit Mitte der 80er Jahre unter dem Eindruck der innen- und außenpolitischen Lockerungsübungen Gorbatschows zum Positiven veränderte, verstärkte sich im gleichen Maße die Unzufriedenheit über die von Honecker und Herrmann praktizierte Informationspolitik. Unter deren Widersprüchen und Auswüchsen hatten sowohl die Berufsanfänger als auch die altgedienten Journalisten zu leiden, sofern sie zu kritischem Denken befähigt waren.

129

Zur Kontrolle und Gängelung der Journalisten diente auch der "Verband der Journalisten der DDR" (VDJ), wie er seit 1972 offiziell hieß. Er nahm am 1. Januar 1946 als "Verband der Deutschen Presse" seine Arbeit auf - bis 1950 zunächst in allen Sektoren Berlins. Bis 1953 gehörte der VDJ dem Freien Deutschen Gewerkschaftsbund an. Anschließend konstituierte sich ein auf dem Papier selbständiger "Verband der Journalisten". Tatsächlich sollte der Journalistenverband aber nur unmittelbar unter die Fittiche der SED-Führung genommen werden. Die ideologischen und kaderpolitischen Vorgaben konnten fortan auf direktem Wege übermittelt werden. Wenn beispielsweise Führungspositionen im VDJ vergeben wurden, so wählte man sie zwar förmlich von den dafür nach dem Statut zuständigen Delegiertenversammlungen der 15 Bezirksverbände oder auf den zentralen Kongressen, zuvor wurden sie jedoch - wie allgemein üblich - bereits entsprechend den jeweils gültigen Kadernomenklaturlisten von der SED-Agitationsbürokratie intern bestimmt.

So behielt sich beispielsweise Walter Ulbricht 1967 das letzte Wort bei der Besetzung des VDJ-Vorsitzenden vor. Der damalige Leiter der ZK-Abteilung Agitation, Werner Lamberz, wandte sich in einer Hausmitteilung an den Parteichef, in der er den Ablauf des bevorstehenden VDJ-Kongresses erläuterte und anfragte, ob Gehard Kegel, seinerzeit außenpolitischer Berater Ulbrichts, Vorsitzender werden könne. Ulbricht strich diese Passage durch und schrieb lediglich an den Rand: "Es wurde Czepuck vorgeschlagen."[9] Entsprechend wurde verfahren. Harri Czepuck, langjähriger Mitarbeiter von "Neues Deutschland" als Bonner Korrespondent und bis 1971 als stellvertretender Chefredakteur, verblieb bis 1981 an der Spitze des VDJ. Dann zwang ihn wiederum sein früherer Chefredakteur und Intimfeind, der inzwischen zum ZK-Sekretär für Agitation und Propaganda aufgestiegene Joachim Herrmann, zum Rücktritt.

Der VDJ bezeichnete sich als Berufsorganisation der Journalisten, die hauptberuflich bei den Printmedien, Hörfunk und Fernsehen, der Nachrichtenagentur ADN, Verlagen und weiteren, sogenannten journalistischen Institutionen, wie beispielsweise staatlichen Pressestellen, tätig waren. Außerdem gehörten dem Verband freischaffende Journalisten, Wissenschaftler sowie Studenten und Dozenten der Leipziger Ausbildungsstätten an. 1988 waren mehr als 90 Prozent der DDR Journalisten - etwa 9000 - im VDJ organisiert. Als dessen Verbandsorgan erschien von 1947 bis 1990 die "Neue Deutsche Presse". Ungeachtet ihrer propagandistischen Inhalte erfreuten sich die Weiterbildungslehrgänge des VDJ einer gewissen Beliebtheit, weil sie informelle und gern genutzte Kommunikationsmöglichkeiten außerhalb des Redaktionsalltags boten. Die relativ hohen Mitgliedsbeiträge im VDJ und vor allem die jährliche, angeblich für Journalisten in kommunistisch orientierten Ländern der Dritten Welt bestimmte obligatorische Solidaritätsspende in Höhe eines Tagesverdienstes hielten demgegenüber die Begeisterung für die VDJ-Mitgliedschaft in Grenzen.

Während auf dem X. Schriftstellerkongreß der DDR im November 1987 prominente Schriftsteller gegen dogmatische und bürokratische Behinderungen ihrer Arbeit und insbesondere gegen die restriktive Druckgenehmigungspraxis protestierten, waren auf den VDJ-Kongressen auch nur leise Anflüge von Kritik am Meinungsmonopol der SED undenkbar. Stattdessen agitierte der VDJ-Vorsitzende Eberhard Heinrich auf dem letzten Verbandskongreß im März 1988 noch ganz im Stil der 50er Jahre, als er gegen Pressefotografen zu Felde zog, die sich der parteiamtlich verordneten Schönfärberei zu entziehen suchten:

"Die empfehlen uns die Mülltonne im Hinterhaus und Tod und Verfall als 'neue Sicht auf das Leben'. Diese Herrschaften, die nicht das Berufsethos des Bildjournalisten besitzen, die nicht unserem Verband angehören, werfen sich zu Zensoren auf und wollen die Pressefotografie in den Orkus verdammen. Sie allein möchten anscheinend die Oberwelt beherrschen, die wir dann in ihrem Ablichtungszustand nicht mehr wiedererkennen würden."[10]

Auch Eberhard Heinrich, Kandidat des SED-Zentralkomitees, war im November 1989 in seinem schriftlich zur 10. ZK-Tagung eingereichten Redebeitrag nicht mehr wiederzuerkennen. Nunmehr fühlte er sich berufen, die inzwischen abgetretene Parteiführung anzuklagen:

"Die Blutleere der Medien war nicht der Blutlosigkeit der Journalisten geschuldet. Die frühere Medienpolitik widersprach vielmehr ihren Erfahrungen und Kenntnissen. Sie hatten andere Vorstellungen. Wir haben sie oft genug in dieser oder jener Weise vorgebracht. Auch der Verband der Journalisten hat sie gebündelt vorgelegt."[11]

Der Fotoreporter der "Neuen Berliner Illustrierten", Pierre Guillaume, der Sohn des DDR-Spions im Kanzleramt, beschrieb im Jahre 1988 nach seiner Rückkehr in die Bundesrepublik die trostlosen Arbeitsbedingungen seiner ehemaligen Kollegen.[12] Anders als in der

Kulturszene, in der es noch gewisse Freiräume gegeben habe, sei der Journalismus "fast völlig zu" gewesen. Viele Journalisten hätten resigniert, würden teilweise aussteigen oder gar das Land verlassen. Tatsächlich setzten sich, ähnlich wie in den 50er Jahren, im letzten Jahrzehnt der Existenz der DDR zahlreiche Journalisten legal oder illegal in den Westen ab. Ihre Erfahrungsberichte stießen dort allerdings nur auf begrenztes öffentliches und wissenschaftliches Interesse. Wohl auch deshalb, weil die Aussagen der "Renegaten" dem in der westdeutschen Forschung und Publizistik zuweilen bewußt oder unbewußt geschönten DDR-Bild dunklere Konturen verliehen hätten.

Nach dem Kriege hatte die ostzonale Presse bei ihrer verzweifelten Suche nach geeigneten Journalisten noch größere Schwierigkeiten zu überwinden als die ebenfalls lizenzierte Presse in den Westzonen. Hier wie dort verzichtete man weitgehend auf die Mitarbeit nationalsozialistisch belasteter Journalisten. Während jedoch die drei westlichen Besatzungsmächte versuchten, Redakteuren renommierter bürgerlicher Zeitungen der Weimarer Republik oder solchen, die im Dritten Reich in die innere Emigration gegangen waren, erneut eine Chance zu geben, war für die Sowjets und die SED die Auswahl noch schwieriger. Schließlich wollte man nur bewährte kommunistische Redakteure und Funktionäre berücksichtigen, von denen es kaum noch welche gab. Deshalb mußten, so der VDJ-Vorsitzende Harri Czepuck, "klassenbewußte Arbeiter und Bauern herangezogen und zu Journalisten gemacht" werden.[13] Das Bildungsniveau dieser journalistischen Debütanten sei - ähnlich wie in der Volksbildung und in der Justiz - teilweise so katastrophal niedrig gewesen, daß "manche Blume noch mit 'h'" geschrieben hätten. Derartige orthographische Unsicherheiten kämen zwar inzwischen - im Jahre 1971 - nicht mehr vor, aber man müsse bei den nunmehr zu 80 Prozent akademisch und auf Fachschulen ausgebildeten Journalisten darauf achten, die Trägheit bei der Aufnahme neuer wissenschaftlicher Erkenntnisse auszumerzen. Czepuck dachte dabei wohl hauptsächlich an die sich seit dem 1968 erfolgten Einmarsch der Warschauer-Pakt-Staaten in die CSSR in der jüngeren Generation mehrenden Zweifel am Marxismus-Leninismus.

Nicht zuletzt auf den Mangel an erfahrenen kommunistischen Journalisten dürfte es zurückzuführen gewesen sein, daß selbst altgediente NSDAP-Mitglieder nicht nur in der alten Bundesrepublik,[14] sondern auch in der SBZ/DDR eine journalistische Karriere machen konnten. Zu diesen ehemals braunen "Funktionären der Arbeiterklasse" zählten beispielsweise Gerhard Dengler, unter anderem Chefredakteur der "Leipziger Volkszeitung" und Bonner Korrespondent von "Neues Deutschland", Hans W. Aust, langjähriger Chefredakteur der Zeitschrift "Deutsche Außenpolitik", ebenso wie der von 1958 bis 1989 amtierende Leiter des DDR-Presseamtes, Kurt Blecha, oder der emsige militärpolitische Hörfunk- und Pressekommentator Egbert von Frankenberg und Proschlitz, der bereits im April 1931 in die NSDAP eingetreten war. Zwei Jahre später wurde Karl-Heinz Gerstner - nach dem Kriege Mitarbeiter der "Berliner Zeitung" sowie vielbeschäftigter Hörfunk- und Fersehjournalist - Mitglied der Hitler-Partei geworden. Die Zeitungen der 1948 gegründeten National-Demokratischen Partei Deutschlands (NDPD), die nach dem Abschluß der Entnazifizierung in der SBZ durch die sowjetische Besatzungsmacht entstanden, dienten aus taktischen Gründen und ungeachtet des sogenannten antifaschistisch-demokratischen Neubeginns in der SBZ als Auffangbecken für viele ehemalige nationalsozialistisch belastete Journalisten.

Günter Kertzscher, bis 1983 stellvertretender Chefredakteur von "Neues Deutschland", ein unermüdlicher Verleumder der alten Bundesrepublik als "Nazi-Staat", rechtfertigte seine NS-Vergangen-heit am 17. Juni 1959 in der 150. Ausgabe des "Treffpunkts Berlin", einer von Karl-Eduard von Schnitzler geleiteten Fernseh-Diskussionsrunde. Teilnehmer waren diesmal hochrangige SED-Mitglieder, denen der in Berlin (West) ansässige "Untersuchungsausschuß freiheitlicher Juristen" eine frühere NSDAP-Mitgliedschaft vorgehalten hatte. Kertzscher äußerte sich dazu folgendermaßen:

"Ich bin 1937 Mitglied der NSDAP und 1933 Mitglied der SA geworden. Ich war damals 20 Jahre alt. In jener Zeit war es für einen jungen Menschen nicht einfach, sich zurechtzufinden, zumal dann nicht, wenn er von zu Hause aus keine richtige Orientierung mitbekommen hatte. Ich gehörte als Gymnasiast der bürgerlichen Jugendbewegung an. Damals schwirrten viele verworrene Ideen herum. Als ich 1933 in die SA eingetreten war, habe ich das im guten Glauben getan. Das sage ich ganz offen. 1937 bin ich automatisch Mitglied der NSDAP geworden."[15]

Kertzscher nahm für sich selbst großzügig das prinzipiell jedermann zustehende Recht auf politischen Irrtum in Anspruch, das er seinen Altersgenossen in der Bundesrepublik rigoros verwehrte. Kertzschers Kollege aus ND-Zeiten, Gerhard Dengler, stammt ebenfalls aus einem bürgerlichen deutsch-nationalen Elternhaus. Auch die Jahre des Eintritts in die SA und die NSDAP stimmen bei beiden überein. Sie decken sich im übrigen mit denen der Mehrzahl der damaligen Studenten. Um zur Universität zugelassen zu werden, bedurfte es der Mitgliedschaft in der NSDAP oder ersatzweise in einer nationalsozialistischen Organisation wie beispielsweise der SA oder der NS-Studentenschaft. Dengler verweist darauf in seinen bis1958, dem Ende seiner Bonner Korrespondententätigkeit, reichenden Memoiren. Darin erklärt er auch in nachvollziehbarer Weise die Gründe für seine SA-Zugehörigkeit.[16] Allerdings unterschlägt Dengler stets seinen Eintritt in die NSDAP am 1. Mai 1937 (Mitgliedsnummer 5.470.128).[17] Er will - ebenso wie andere, später führende Kommunisten in der SBZ/DDR - nichts von seiner Überführung in die NSDAP gewußt haben.[18] Ein Argument, das kaum glaubhaft erscheint, denn Beitrittsanträge mußten unterschrieben werden. Das konnte in den letzten Kriegsjahren auch mehr oder weniger freiwillig geschehen, wenn beispielsweise der Klassenlehrer dies von seinen Schülern als deren Beitrag zum "Endsieg" verlangte. So begründet jedenfalls durchaus glaubwürdig der ehemalige DDR-Kulturminister und Fernsehjournalist, Hans Bentzien, seinen Eintritt in die NSDAP zu Hitlers Geburtstag am 20. April 1944.[19]

Zu der Einsicht, ideologischen Fehleinschätzungen und opportunistischem Denken erlegen zu sein, kamen nach der Wende nicht wenige DDR-Journalisten. So ging Hendryk Goldberg in der Silvesterausgabe 1989 der FDJ-Zeitung "Junge Welt" mit sich und seiner Zunft selbstkritisch ins Gericht:

"Es kann doch nicht sein, Freunde, daß wir wieder einmal nichts gewußt haben. So gar nichts, so überhaupt nichts. Den Satz haben wir doch schon unseren Eltern zurückgegeben, und sie hatten nun, weiß Gott, mehr Recht, mehr Angst zu haben. Und sagt nicht, Freunde, wir mußten. Wir mußten schon: wenn wir weitermachen wollten. Aber mußten wir weitermachen wollen? Wir haben doch selbst gestrichen, wovon wir wußten, es würde gestrichen werden... "

Der im November 1989 abgelöste Chefredakteur der "Jungen Welt", Hans-Dieter Schütt, wirft sich selbst vor, wider besseres Wissen auf den vom ZK-Sekretär Joachim Herrmann geleiteten Sitzungen der Agitationskommission ebenso wie die anderen versammelten Chefredakteure aus karrieristischen Gründen geschwiegen zu haben. Allenfalls habe man sich untereinander "vielsagende Blicke" zugeworfen und "Opposition mit der Augenbraue" betrieben. Nicht ein einziges Mal sei er aufgestanden und gegangen, was sich für Schütt im nachhinein als eines der schlimmsten Zeichen von Selbstverleugnung und Feigheit darstellt.[20] Und Angelika Unterlauf, die Nachrichtensprecherin der "Aktuellen Kamera", gestand in einem "Spiegel"-Interview: "Ich hab' mich geschämt für manche Meldungen."[21]

Sanktionen und Reglementierungen

Journalisten, die der SED-Inquisition zum Opfer fielen, waren in der Regel überzeugte Marxisten. Bekennenden Zweiflern versperrte man ohnehin den Zugang zu den Medien. Einige im Berufsalltag vom Glauben abgefallene Journalisten zogen zwar von sich aus Konsequenzen. Doch dies erforderte schon aus existentiellen Gründen besonderen Mut, den nur wenige besaßen.

Im Laufe der Geschichte der SBZ/DDR verfeinerten sich die Repressionsmethoden der SED-Diktatur. Dies läßt sich beispielhaft an ihrer Vorgehensweise gegenüber mißliebig gewordenen Journalisten darstellen. Erhielten jene in den frühen Jahren noch drakonische Strafen, so versuchten die zunehmend nervöser werdenden Herrschenden in der Endzeit der DDR, mit subtileren Mitteln Unbotmäßigkeit zu ahnden oder gar unter der Decke zu halten. Diese Entwicklung soll im folgenden - gestützt auf nunmehr zugängliche schriftliche Überlieferungen und teilweise auf ergänzende Auskünfte von Beteiligten - anhand einiger ausgewählter Beispiele von Disziplinarmaßnahmen gegenüber Parteijournalisten dargestellt werden.

Die beiden SED-Vorsitzenden Otto Grotewohl und Wilhelm Pieck unterzeichneten gemeinsam am 8. Dezember 1948 einen inhaltlich nicht näher begründeten Verweis für Lex Ende, einen der damaligen zwei Chefredakteure des Parteiorgans "Neues Deutschland". Ihre knapp gehaltene Maßregelung im Wortlaut:

"Werter Genosse Ende!
Für die Veröffentlichung des Fotos von der Pressekonferenz des Deutschen Volksrates am 23. November in der Berliner Ausgabe des 'Neuen Deutschland' Nr. 273 wird Dir von den beiden Vorsitzenden der Partei ein Verweis erteilt."[22]

Eine Begründung fand sich in den eingesehenen Akten nicht. Sie dürfte vermutlich mündlich gegeben worden sein. Was war geschehen?

Die nähere Betrachtung des inkriminierten Fotos auf der ND-Titelseite ist aufschlußreich. Dort sind von links nach rechts abgebildet: der LDPD-Politiker Hermann Kastner in seiner Eigenschaft als Co-Präsident des unter anderem die DDR-Verfassung vorbereitenden Deutschen Volksrates, neben ihm Johanna Schumann und Otto Grotewohl sowie im Hintergrund - kaum noch zu erkennen - der Ost-CDU-Vorsitzende Otto Nuschke und die FDGB-Funktionärin Friedel Malter. Stein des Anstoßes dürfte die in der Podiumsmitte auffällig und protokollwidrig laut Bildunterschrift plazierte "Frau Schumann" gewesen sein. Sie war damals Grotewohls Sekretärin, mit der er ein Verhältnis hatte und sich 1950 schließlich verheiratete.

Ob Lex Ende diesen "Fauxpas" mit der Veröffentlichung des Fotos absichtlich beging, war nicht zu eruieren. Die Maßregelung stand aber wohl im Zusammenhang mit seinem ohnehin gespannten Verhältnis zur Parteiführung. Dies beruhte nicht zuletzt auf dem Verfolgungswahn Walter Ulbrichts gegenüber bewährten und kampferprobten Altkommunisten, die aber mit dem "Makel" behaftet waren, sich in westlichen Ländern vor der nationalsozialistischen Verfolgung in Sicherheit gebracht zu haben. Von dort aus organisierten viele von ihnen im Auftrag der Partei den politischen Widerstand gegen die NS-Gewaltherrschaft. Nach dem Kriege bezichtigte man sie des Antisowjetismus, Trotzkismus, Nationalismus, der Zusammenarbeit mit westlichen Geheimdiensten oder, was wohl am schwersten wog, eines demokratisch-pluralistischen Politikverständnisses. Letzteres galt im offiziellen Parteijargon als "englische Krankheit", mit der sich die aus dem Westen zurückgekehrten Parteijournalisten in den Augen der in der Sowjetunion geschulten KPD-Funktionäre um Walter Ulbricht infiziert hatten.

So erwirkte Ulbricht am 18. Oktober 1949 einen Politbürobeschluß über die "Lage am Berliner Rundfunk", aufgrund dessen der seit 1947 amtierende Intendant, Heinz Schmidt, seines Postens enthoben wurde. Den Chefredakteur Bruno Goldhammer und dessen Vertreter Erich Böhm sowie die Mitarbeiterin der Abteilung Kontrolle und Planung, Edith Hauser, bestrafte man mit einer strengen Rüge wegen "ideologischer Sorglosigkeit".[23] Die Politbürokraten formulierten:

"Genosse Heinz Schmidt wird wegen nationalistischer Überheblichkeit und 'englischer Krankheit' seiner Funktion enthoben. Die parteimäßige Untersuchung wird der ZPKK [Zentralen Parteikontrollkommission, G. H.] übertragen. Alle Mitarbeiter des Berliner Rundfunks, die in der englischen Emigration waren, sind zu entlassen. Die Kaderabteilung wird beauftragt, Vorschläge für ihren Einsatz zu unterbreiten. Die Kaderabteilung wird außerdem beauftragt, alle Angestellten im Berliner Rundfunkapparat zu überprüfen."[24]

Dieses Vorgehen des SED-Politbüros fügte sich nahtlos in die Hexenjagd ein, die man in jenen Jahren auf Stalins Geheiß in den Ostblockstaaten auf ehemalige kommunistische Westemigranten veranstaltete. Sie gipfelte in der Tschechoslowakei, Ungarn und Bulgarien in Schauprozessen gegen führende KP-Funktionäre, die der Zusammenarbeit mit dem amerikanischen Geheimdienst bezichtigt, zum Tode verurteilt und hingerichtet wurden. Als vermeintliche Schlüsselfigur hatte man den Amerikaner Noel H. Field auserkoren, der während des Krieges von der Schweiz aus humanitäre Hilfe für NS-Verfolgte organisierte. Field unterhielt auch diesbezügliche Kontakte zu führenden deutschen Kommunisten, denen ein von Ulbricht offenkundig vorbereiteter Schauprozeß in erster Linie wohl nur durch Stalins Tod erspart geblieben war.[25]

Auch Lex Ende hatte in Frankreich Verbindungen zu Noel Field unterhalten, um mit dessen Hilfe Genossen vor den Nationalsozialisten in Sicherheit bringen zu können. Lex Ende (Jahrgang 1899) war bürgerlicher Herkunft, durch seine Mutter aber schon in jungen Jahren pazifistisch geprägt. Bereits 1919 trat er in die KPD ein. Sein eigentlicher Vorname lautete Adolf. Als Redakteur und Chefredakteur verschiedener kommunistischer Zeitungen benutzte er in den 20er Jahren neben anderen das Pseudonym "Lex Breuer", woraus sich sein späterer Vorname ableitete. Von 1928 bis 1930 vertrat er die KPD als Abgeordneter im Reichstag. Nach der Machtergreifung der Nationalsozialisten emigrierte er nach Frankreich und später nach Mexiko. In der Emigration betätigte er sich sowohl journalistisch für kommunistische Zeitungen als auch in der aktiven Parteiarbeit. Ulbricht übertrug ihm 1945 nach seiner Rückkehr die Chefredaktion des "Freien Bauern" in Berlin. Von 1946 bis zu seiner von Ulbricht veranlaßten unvermittelten Absetzung am 1. Mai 1949 war Lex Ende wegen der damals noch zwischen Kommunisten und Sozialdemokraten zum

Schein gewahrten Parität zusammen mit dem ehemaligen SPD-Mitglied Max Nierich, Chefredakteur des SED-Zentralorgans "Neues Deutschland". Gleichzeitig leitete Ende die Redaktion der satirischen Zeitschrift "Frischer Wind", dem Vorgänger des "Eulenspiegels". Im Sommer 1949 übernahm Lex Ende auf Vorschlag von Jürgen Kuczynski und mit Billigung Ulbrichts die Gründungsvorbereitungen und anschließend die Chefredaktion der "Friedenspost", einer bis 1953 erschienenen illustrierten Wochenzeitung der Gesellschaft für Deutsch-Sowjetische Freundschaft (DSF).[26]

Am 24. August 1950 wurde Lex Ende zusammen mit einer Reihe weiterer prominenter Funktionäre und Journalisten - darunter das Politbüromitglied Paul Merker, der Intendant des Deutschlandsenders Leo Bauer und der inzwischen als Abteilungsleiter beim Amt für Information eingesetzte Bruno Goldhammer - als "Werkzeug des Klassenfeindes entlarvt", der Spionage beschuldigt und aus der SED ausgeschlossen. Einige von den Angeklagten erhielten in der Folgezeit mehrjährige Haftstrafen.[27] Auch mit verzweifelten Eingeständnissen von "Fehlern" in Rechtfertigungsschreiben, die er sowohl an die Zentrale Parteikontrollkommission als auch an Walter Ulbricht persönlich richtete, vermochte Lex Ende seinen Parteiausschluß nicht rückgängig machen zu lassen.[28] Er wurde trotz seines schlechten Gesundheitszustandes zum Buchhalter degradiert und in den Uranbergbau zur SAG Wismut verbannt, wo er am 15. Januar 1951 in Muldenhütten unter ungeklärten Umständen verstarb. Aufgrund der gleichen, ebenso unbewiesenen Anschuldigungen, die übrigens häufig - wie beispielsweise 1950 bei der Absetzung des DSF-Präsidenten Kuczynski - auch offen oder verdeckt antisemitische Elemente enthielten, wählte bereits ein Freund und Kollege Endes, der Leiter der Außenpolitischen Abteilung von "Neues Deutschland", Rudolf Feistmann, im Juni 1950 den Freitod.[29]

Lex Ende wurde erst am 13. Dezember 1989 von der Zentralen Parteikontrollkommission der noch existierenden SED rehabilitiert. Seine Verdienste und Fähigkeiten als überzeugter Parteijournalist, der aber auch unorthodoxes Denken und selbständiges Handeln nicht scheute, waren unter seinen damaligen Kollegen unumstritten. Schließlich versah selbst Otto Grotewohl sein Buch "Im Kampf um Deutschland" noch am 6. April 1948, zu Endes 49. Geburtstag, mit dieser pathetisch-überschwenglichen, allerdings auch zweischneidig klingenden Widmung:

"Lex Ende,
dem sturmerprobten Ritter der Feder in der Kohorte derer, die für Demokratie streiten, aber den Sozialismus erkämpfen wollen, zum Geburtstag."[30]

Die Karriere des vier Jahre jüngeren Nachfolgers Lex Endes auf dem Sessel des ND-Chefredakteurs, Rudolf Herrnstadt - seit 1929 in der KPD, von 1946 bis zu seinem Parteiausschluß im Januar 1954 SED-Mitglied - sollte ebenfalls im Juli 1953 abrupt enden. Herrnstadt, der seit 1930 für den sowjetischen Geheimdienst tätig war, brachte es in der DDR bis zum Kandidaten des SED-Politbüros. Während des Krieges war er in der Sowjetunion Mitarbeiter des kommunistisch gelenkten Nationalkomitees Freies Deutschland, dem die Indoktrinierung und Umerziehung von dafür geeigneten deutschen Kriegsgefangenen oblag. Dazu hatte die von Herrnstadt geleitete Zeitung des Komitees "Freies Deutschland" ihren Beitrag zu leisten. Nach seiner Rückkehr nach Deutschland setzte die Rote Armee Herrnstadt im Juni 1945 als ersten deutschen Chefredakteur in der von ihr gegründeten "Berliner Zeitung" ein. Außerdem übertrug man ihm die Leitung des Berliner Verlages.

Im Unterschied zu den meisten von Ulbricht Anfang der 50er Jahre verfolgten Kommunisten wurden Herrnstadt nicht - wohl auch kaum vorhandene - Westkontakte, sondern vermutlich seine engen Beziehungen zum sowjetischen Geheimdienst zum Verhängnis. Nach der Niederschlagung des Volksaufstandes vom 17. Juni 1953 warf man ihm vor, zusammen mit dem damaligen Staatssicherheitsminister Wilhelm Zaisser eine parteifeindliche Fraktion gebildet zu haben und - angeblich im Bunde mit Lawrenti Berija, dem im Juni 1953 gestürzten und später hingerichteten sowjetischen Amtskollegen Zaissers - den Sturz Ulbrichts geplant zu haben. Dagegen setzte sich Herrnstadt in seinem 1956 geschriebenen, von ihm nicht zur Veröffentlichung bestimmten und erst nach der Wende von seiner Tochter publizierten sogenannten "Herrnstadt-Dokument" heftig zur Wehr.[31]

Als scharfzüngiger und brillanter Propagandist, Agitator und Journalist sowie als Chefredakteur von "Neues Deutschland" leistete Herrnstadt der SED-Führung stets treue Dienste. Ihr nach dem gescheiterten Juniaufstand gefälltes Verdikt über eine angeblich "kapitulantenhafte" Haltung des Parteiorgans im Vorfeld der Ereignisse des 17. Juni diente lediglich zur Kaschierung des eigenen Versagens. Als sich am 30. Juni 1953 der Justizminister Max Fechner, ein ehemaliger Sozialdemokrat, in einem am 30. Juni veröffentlichten Interview mit "Neues Deutschland" für die Straffreiheit von Streikenden aussprach und dies dort am 2. Juli noch in einer "Berichtigung" dadurch sensationell mit der Feststellung bekräftigt wurde, daß das Streikrecht verfassungmäßig garantiert wäre, warf man Herrnstadt "Sozialdemokratismus" vor. Dies, obwohl Herrnstadt in jenen Tagen mit Aufgaben in der Parteiführung betraut war und keinen Kontakt zur Redaktion hatte. Die Genesis des Interviews von Fechner, der umgehend seines Amtes enthoben und bis 1956 inhaftiert wurde, bedarf noch einer endgültigen Klärung. Der damalige ND-Redaktionssekretär Gerhard Dengler nahm später die Schuld auf sich und machte sich den Vorwurf, den vom Justizministerium erhaltenen Wortlaut nicht vorher geprüft zu haben. Diese Darstellung stellt Nadja Stulz-Herrnstadt jedoch in Frage, zumindest hält sie sie für verkürzt.[32]

Herrnstadt wehrte sich vergeblich gegen seine Abschiebung als wissenschaftlicher Mitarbeiter ins Deutsche Zentralarchiv, Abteilung Merseburg. Die Versetzung gemaßregelter hoher Parteifunktionäre in das Archivwesen oder in die Staatliche Archivverwaltung sollte Schule machen - so auch später bei den in Ungnade gefallenen Politbüromitgliedern Karl Schirdewan und Konrad Naumann. Immerhin erging es Herrnstadt besser als Lex Ende, denn er durfte, wenn auch nur unter Pseudonym, linientreue Bücher schreiben. Er starb am 28. August 1966 in Halle. "Neues Deutschland" verweigerte die Veröffentlichung einer Todesanzeige. Sie erschien in der Hallenser SED-Bezirkszeitung "Freiheit" nur mit der Formulierung, er wäre ein "aufrechter Mensch" und nicht - wie es seine Familie wünschte - ein "aufrechter Kommunist" gewesen.[33]

Nadja Stulz-Herrnstadt versuchte bis zur Wende vergeblich, eine parteioffizielle Rehabilitierung für ihren Vater zu erwirken. Da er sich unter seinen einstigen Kampfgefährten durch seinen ungebändigten Ehrgeiz offenbar viele Feinde geschaffen hatte, blieb er bis 1988 in der SED-Geschichtsschreibung eine Unperson oder wurde noch posthum wegen seiner "parteifeindlichen" Aktivitäten kritisiert. Seine offizielle Rehabilitierung durch die SED erfolgte erst Ende November 1989.

Allerdings hatte sich Erich Honecker im April 1988 durch ein Schreiben Stultz-Herrnstadts erweichen lassen und einen von ihr verfaßten und beigefügten Artikel zum 85. Geburtstag ihres Vaters über das Grundanliegen seines Lebens, "den unbeugsamen Antifaschismus", zur Veröffentlichung in der Nr. 6 der Monatszeitschrift "horizont" freigegeben.[34] Honecker strich lediglich eine Passage aus dem Aufsatz mit der Einflechtung, Herrnstadt habe alle seine Artikel, Konzeptionen und Bücher auf einer "remington-portable" geschrieben, darunter auch "seinen fassungslosen und verzweifelten Protest gegen die im Juli 1953 erhobenen Vorwürfe, die die Entfernung aus allen Ämtern und den Parteiausschluß zur Folge hatten."[35] Honecker, der an dem damaligen Beschluß beteiligt war, scheint sich allerdings beim Redigieren überlegt zu haben, zunächst nur den "fassungslosen" Protest unter den Tisch fallen zu lassen. Darauf lassen zumindest die deutlich erkennbaren Klammern schließen.

"Degradiert, entlassen, zum Schweigen gebracht" lautete der Titel einer dreiteiligen Serie, in der - kurz vor ihrer Einstellung im Frühjahr 1990 - die "Neue Deutsche Presse", das Organ des Journalistenverbandes der DDR, das Schicksal dreier in Ungnade gefallener Journalisten schilderte. Einer von ihnen war Hugo Polkehn, dessen Sohn Klaus Polkehn, langjähriger stellvertretender Chefredakteur der "Wochenpost", erstmals Teile aus den hinterlassenen Aufzeichnungen seines Vaters veröffentlichte.[36]

Hugo Polkehn war am 6. März 1953, am Tage nach Stalins Tod, Chef vom Dienst im Gewerkschaftsblatt "Tribüne". Erst nach Redaktionsschluß traf gegen 22.00 Uhr der Nachruf des SED-Zentralkomitees in der Druckerei des "Neuen Deutschland" ein, in der auch die "Tribüne" hergestellt wurde. In großer Hektik machte sich der Setzer Karl Richter ans Werk. Beim Korrekturlesen wurde ein fehlendes Komma entdeckt. Richter fügte es ein, machte dabei jedoch einen folgenschweren Setzfehler. Stalin sollte als überragender Kämpfer für die Erhaltung und Festigung des "Friedens" gewürdigt werden - bei der Korrektur des Kommas wurde jedoch das Gegenteil daraus - nämlich des "Krieges".

Dieses versehentliche Vertauschen von bis zum Überdruß strapazierten propagandistischen Leerformeln versetzte die Partei- und Gewerkschaftsführung in Panik. Sie beauftragten umgehend das MfS mit der Untersuchung. Der Chefredakteur der "Tribüne" Günther Erxleben, ein ehemaliger KZ-Häftling, und sein Vertreter Alfred Lowack verloren alsbald ihre Posten. Zuvor hatte das Redaktionskollegium noch verschärfte Regularien für die Imprimatur beschlossen. Erxleben unterrichtete noch am 9. März die Redaktion: "Das Kollegium ist der Meinung, daß die Endkontrolle prinzipiell vom Chefredakteur oder seinem Stellvertreter auszuführen ist."[37] Voller Sarkasmus fügte er hinzu, der Chefredakteur müsse dann aber von allen anderen Aufgaben entlastet werden. Von den 25. 500 Exemplaren der Berliner Ausgabe der "Tribüne" vom 7. März konnten lediglich 5.000 von der Polizei und der Post sichergestellt werden.[38] Der FDGB-Vorstand verpflichtete anschließend die Redaktion der "Tribüne" demonstrativ dazu, "Selbstverpflichtungen aus Anlaß des Todes des Genossen Stalin stets auf der ersten Seite zu veröffentlichen".[39]

Die Staatssicherheit nimmt noch am Erscheinungstage der fehlerhaften Ausgabe Hugo Polkehn, Karl Richter und den verantwortlichen Korrektor fest. In einem undatierten und nicht unterzeichneten Vermerk[40] heißt es ergänzend, der Setzer habe augenscheinlich Verbindung zum englischen Geheimdienst. Er sei altes KPD-Mitglied und "allem Anschein nach Trotzkist". Über Polkehn wird mitgeteilt, er arbeite seit 1945 in der "Tribüne", sei früher SPD-Mitglied gewesen und habe "Verbindung nach Westberlin".

Polkehn wird im berüchtigten "U-Boot" des Stasi-Gefängnisses in Berlin-Hohenschönhausen von seinen Vernehmern brutal mißhandelt. Er sollte gestehen, im Auftrag westlicher Geheimdienste den Setzfehler absichtlich in die Zeitung gebracht zu haben. In seiner Not gesteht er, aus "Sozialdemokratismus" gehandelt zu haben. Vor Gericht widerruft er sein erpreßtes Geständnis. Der Richter unterbricht Polkehns ausführliche Rechtfertigungsrede zu seinem Erstaunen nicht, doch der Staatsanwalt beantragt daraufhin eine Vertagung der Verhandlung und die Rückgabe der Akten an die Untersuchungsbehörden.

Beim nächsten Prozeßtermin am 29. Dezember 1953 ist die Öffentlichkeit wiederum ausgeschlossen. Hugo Polkehn, dem diesmal gar nicht erst das Wort erteilt wird, und Karl Richter erhalten jeweils fünfeinhalb Jahre Freiheitsstrafe wegen "Boykotthetze" und "Agententätigkeit". Weil Polkehn sein erpreßtes Geständnis widerrufen hatte, wird die Untersuchungshaft wegen der "Verleumdung" der Stasi nicht angerechnet. Polkehns Eingaben an das Justizministerium, an Ulbricht und an den Staatspräsidenten Pieck sowie die Bemühungen von Freunden und einigen Kollegen führen erst am 30. April 1956 zur Begnadigung und vorzeitigen Entlassung aus dem Zuchthaus Luckau. Um seine vollständige strafrechtliche Rehabilitierung, die das Bezirksgericht Halle erst im Juni 1992 aussprach, kämpfte Polkehn bis zu seinem Tode im Jahre 1986 vergeblich. Dennoch fand er, wie sein

Sohn schreibt, schnell wieder Arbeit in der Lokalredaktion der "Berliner Zeitung" und blieb dort ein "bis weit über das 80. Lebensjahr hinaus immer zuverlässiger Redakteur".[41] In der "Berliner Zeitung" meldete sich Polkehn, der inzwischen wieder in die SED aufgenommen worden war, am 3. Januar 1957 in eigener Sache zu Wort. Unter der Überschrift "Erneut ertappt" tadelte er parteilich-polemisch das westberliner SPD-Organ "Berliner Stimme", dem die Freilassung Polkehns entgangen war. Darauf entgegnete er unter bemerkenswerter, möglicherweise erzwungener Selbstverleugnung:

"Den Namen zwar etwas verstümmelt, aber sonst ohne Zweifel mich meinend, fordert die 'Berliner Stimme' vom 29. Dezember 1956 plötzlich meine Freilassung als politischer Gefangener. Dabei sitze ich weder in Luckau noch in irgendeiner anderen Haftanstalt, sondern fühle mich seit längerem als Mitabeiter der 'Berliner Zeitung' äußerst wohl. Aber jede Woche steht Franz Neumann [damals SPD-Landesvorsitzender in West-Berlin; G. H.] vor der peinlichen Frage, woher nehmen, wenn nichts da ist, nämlich Namen von sogenannten politischen Häftlingen in der DDR. Er ist schon einige Male bei seinen unhaltbaren Behauptungen ertappt worden. Mein Name in der 'Berliner Stimme' beweist erneut, was man von seiner Aufzählung zu halten hat."

Ungeachtet seiner persönlichen schmerzlichen Erfahrungen verharrte Polkehn in Nibelungentreue zur Partei, wie es viele seiner durch die eigenen Genossen gedemütigten Leidensgefährten in kaum nachvollziehbarer Weise taten. Allerdings, so der ihm damals in der Lokalredaktion der "Tribüne" unterstellte Jungredakteur, Günter Schabowski, strafte Polkehn seine ehemaligen Kollegen fortan mit schweigender Verachtung, "weil wir ihn nicht herausgepaukt hatten".[42] Erst 1985, zum 40. Jahrestag des Gewerkschaftsblatts, setzte sich dessen Chefredakteur Günter Simon bei der FDGB-Führung erfolgreich für eine späte Wiedergutmachung an Polkehn ein.[43]

In dem von ihm mit Vorliebe gepflegten flapsig-sarkastischen Stil schildert Schabowski seinen Karrieresprung zum stellvertretenden Chefredakteur der "Tribüne", der unmittelbar mit der Ausschaltung Polkehns verknüpft war. Höheren Orts hätte man bei ihm angesichts der beim Ableben des Georgiers bei einem Teil der Redaktion zutage getretenen Nervenschwäche die Fähigkeit entdeckt, Hysterie moderieren zu können.[44] Als "Glaubensnovize" habe er den schrecklichen Ernst, der "über dem zeremoniellen Weihrauch dieses Todes lag", nicht so intensiv verspürt und daher einige Kollegen wieder dazu gebracht, "daß ihre Hände nicht mehr so zitterten, wenn sie einen Seitenabzug zur Kontrolle einzulesen hatten". Schabowskis Resümee: "So verdankte der Stift von gestern als 24jähriger seine Beförderung zum stellvertretenden Chefredakteur einem Setzfehler, der zwei anderen Menschen Unglück und Leid gebracht hatte." Er hätte hinzufügen können, daß der ihm so frühzeitig übertragene verantwortungsvolle Posten wohl auch seinen späteren Aufstieg zum Chefredakteur von "Neues Deutschland" und zum Politbüromitglied begünstigt hatte.

Anders als in der DDR-Endzeit scheute die SED-Führung in den turbulenten 50er Jahren nicht davor zurück, vermeintliche und tatsächliche Gegner öffentlich an den Pranger zu stellen. Das galt auch für die parteiamtliche Medienschelte - etwa auf den vier sogenannten Pressekonferenzen des ZK der SED in den Jahren 1950, 1951, 1959 und 1964, die sich mit der Perfektionierung der Parteikontrolle über die Medien befaßten.[45] Der damalige Leiter der ZK-Abteilung Agitation, Horst Sindermann, erstattete bereits im Januar 1957 in der Parteizeitschrift "Einheit" eine Vollzugsmeldung:

"Wenn auch in einigen Fällen personelle Veränderungen notwendig wurden, der Feind wurde geschlagen, die wenigen Träger bürgerlicher Ideologie isoliert."[46]

Nunmehr glaubte die SED, die Spätfolgen des Juni-Aufstandes von 1953 und die im Grunde für sie noch dramatischeren Ereignisse des Jahres 1956 - die Auswirkungen der Entstalinisierung in der Sowjetunion, des Ungarn-Aufstandes und des Aufbegehrens der polnischen Intelligenz gegen stalinistisch verkrustete Parteistrukturen - überwunden zu haben. Sindermann ging deshalb in die Offensive:

"Mit Hinweis auf die Ereignisse und Diskussionen in Volkspolen und in unserer polnischen Bruderpartei wurde beispielsweise von der 'Wochenpost' beanstandet, daß unsere Nachrichtenorgane nicht objektiv 'über das Wesen' der politischen Entwicklung in Polen informiert hätten."[47]

Damit war das Ende der journalistischen Karriere von Rudi Wetzel (1909-1992) besiegelt. Als Gründer und Chefredakteur der "Wochenpost" von 1953 bis 1957 hatte er sich in dieser Eigenschaft Ende Oktober 1956 im Namen des Redaktionskollegiums schriftlich beim Politbüro über die Unterdrückung der Informationsfreiheit angesichts der innerparteilichen Auseinandersetzungen in Polen beschwert.[48] Seine Warnungen an die SED-Führung sollten unter dem

Vorzeichen von Glasnost und Perestroika auch dreißig Jahre später nichts an Aktualität verloren haben. So Wetzels Feststellung: "Nicht die offene Information der Massen durch uns, sondern die Tatsache, daß wir die Information den Gegnern überlassen, stellt eine große Gefahr für unsere Partei und unseren Staat dar." Die Partei könne zwar weiterhin im "Kampf gegen unsere Feinde, ganz gleich mit welchen Mitteln er geführt werden muß, auf jeden von uns rechnen". Aber man könne es, so Wetzel, nicht länger mit dem Gewissen vereinbaren, den Lesern nur die "halbe Wahrheit" zu sagen.

Wetzel, der selbst vor seiner "Wochenpost"-Zeit im Parteiapparat mit der Medienlenkung befaßt war, verlor daraufhin nicht nur seinen Chefredakteursposten, sondern auch den Vorsitz im Journalistenverband. Er konnte sich jedoch in der Folgezeit als freischaffender Wissenschaftsjournalist und als Berliner Korrespondent der schwedischen Zeitung "Grafia", deren Redaktion er allerdings nie aufsuchen durfte, über Wasser halten. Selbst seine Freundschaft mit Rudolf Bahro, dessen Buch "Die Alternative" er lektorierte, blieb für Wetzel folgenlos. Die Zeiten hatten sich insofern unter Honecker gewandelt, weil nach Möglichkeit parteiinterne Kritik unter der Decke gehalten werden sollte. Hinzu kam, daß Wetzel auch ein Intimfeind Ulbrichts war. Mit ihm hatte sich der ehemalige KZ-Häftling bereits vor dem Kriege überworfen, weil er als Mitglied einer Göteburger Parteigruppe den deutsch-sowjetischen Nichtangriffspakt öffentlich wegen der Aufwertung Hitlers kritisiert hatte. Wetzel, seit 1932 KPD-Mitglied, blieb sich und seiner Partei auch nach der Wende treu - nunmehr, "aus Solidarität", der PDS.[49]

Mit seiner "antifaschistischen Grundhaltung" begründet auch Hans Bentzien, der vielfach von seiner Partei gebeutelte und degradierte Intellektuelle, in seiner Autobiographie den unerschütterlichen Glauben an die utopischen Verheißungen eines humanen Sozialismus.[50] Im seltsamen Kontrast zu seinen mutigen Attacken gegen die verbohrte Kulturpolitik der SED, die er 1966 mit dem Verlust seines Ministeramtes und 1979 des stellvertretenden Vorsitzes im Staatlichen Fernsehkomitee büßen mußte, glorifiziert er Wilhelm Pieck und andere führende Funktionäre, obwohl sie lediglich die Büttel der von ihm nicht geschätzten Generalsekretäre waren. Zu deren Gehilfen gehörte auch Joachim Herrmann, an dem Bentzien allerdings aus eigener bitterer Erfahrung kein gutes Haar läßt. Auf Herrmanns Betreiben verlor er schließlich seine Funktion beim Fernsehen, die mit der Leitung der Hauptabteilung Funkdramatik verbunden war.

Bentzien wurde angekreidet, daß er "verdiente" Parteischreiber als Drehbuchautoren überging und stattdessen einen Film über die auch durch den tristen sozialistischen Alltag verursachte Entfremdung eines Intellektuellen-Ehepaares in mittleren Jahren - die "Geschlossene Gesellschaft" mit dem Regisseur Frank Bayer - oder die Verfilmung von Gottfried Kellers Novelle "Ursula" durch Egon Günther veranlaßt und unterstützt hatte. Vordergründig machte man hier Bentzien die gezeigte sexuelle Freizügigkeit zum Vorwurf. Tatsächlich störte man sich jedoch an der Botschaft, daß es sinnlos sei, im Namen einer Religion oder einer Ideologie Kriege zu führen. Bentzien beschreibt die sich anschließenden Auseinandersetzungen mit dem Parteiapparat ausführlich und veröffentlicht im Vorspann seines Buches zudem die Berichte von Inoffiziellen Mitarbeitern, die die Hauptverwaltung XX des MfS auf ihn angesetzt hatte. Bentziens beharrliche Obstruktion gegen die Widerstände in der ZK-Abteilung Agitation, beim Vorsitzenden des Staatlichen Fernsehkomitees, Heinz Adameck, bei dessen Stellvertreter, dem TV-Politruk Günter Leucht, sowie bei der Zentralen Parteileitung im Fernsehen verdeutlichen mehrere erhalten gebliebene Vorgänge vom Frühjahr bis Ende 1978 über die Dreharbeiten und die "Nacharbeit" zur "Geschlossenen Gesellschaft". So beklagte sich der Parteisekretär Hannes Schäfer vehement beim ZK-Abteilungsleiter Heinz Geggel über die Uneinsichtigkeit Bentziens, der sogar von "aufgebauten Zensurfunktionen" bei der Leitung des Fernsehens gesprochen habe. Deshalb, so Schäfer abschließend, sei es unumgänglich, "jetzt eine prinzipiellere Auseinandersetzung" zu führen.[51] Sie endete mit der bereits erwähnten Absetzung Bentziens als Leiter der Dramatischen Kunst. Ihm folgte in dieser Position der auf diesem Gebiet völlig unerfahrene Erich Selbmann, der Chefredakteur der "Aktuellen Kamera".

Abgestürzte Nomenklaturkader des Zentralkomitees fielen allerdings nicht mehr wie in früheren Jahren ins gesellschaftliche Abseits. Bentzien wurde, seinen Neigungen entsprechend, im Fernsehen stellvertretender Bereichsleiter für dokumentarische Geschichtssendungen. In seiner diesbezüglichen Vorlage an den ZK-Sekretär Herrmann vermerkt vorsichtshalber der einflußreiche Leiter des Sektors Rundfunk/Fernsehen in der ZK-Abteilung Agitation, Eberhard Fensch, dieser Bereich werde von Heinz Prohl, "einem prinzipienfesten und bewährten Genossen, geleitet."[52] Fensch fügte hinzu, daß die jetzigen materiellen Bezüge Bentziens dabei im wesentlichen gewährleistet würden "einschließlich seiner Versorgung im Regierungskrankenhaus Scharnhorststraße". Nach der Wende bekleidete Bentzien kurzfristig das unter der Regierung Modrow neugeschaffene Amt eines Generalintendanten im Deutschen Fernsehfunk.

Als Journalist nicht so hoch in der Nomenklatur angesiedelt, hat der Fall des stellvertretenden Chefredakteurs des Gewerkschaftsorgans "Tribüne", Arno Kossert, jedoch eine exemplarische Bedeutung. Sie betrifft sowohl die Vorgehensweise der ZK-Abteilung Agitation bei der Ahndung von "politischen Fehlern" als auch deren einsichtige Hinnahme durch einen wahrhaften journalistischen "Funktionär der Arbeiterklasse".

Kossert mußte im Frühjahr 1981 den erkrankten Chefredakteur Claus Friedrich vertreten und stand unter großem Zeitdruck. Deshalb kam er nicht dazu, für die Rubrik "Was viele bewegt", die auch Anregungen für Leserzuschriften geben sollte, einen vorgesehenen Artikel zu schreiben. Stattdessen entnahm er unkommentiert aus der Parteitagsrede Breschnews fünf Zitate aus dem "Neuen Deutschland" vom 24. Februar 1981 und verarbeitete sie am 6. März 1981 in der "Tribüne" in einer Kolumne unter der Überschrift "Ärgernisse, die auch uns zu schaffen machen". Die Zitate enthielten eine massive Kritik Breschnews an KPdSU-Funktionären wegen ihrer Nachlässigkeit bei der Organisierung des sozialistischen Wettbewerbs. Arbeitsverpflichtungen kämen nicht von der Basis, sondern würden von höheren Institutionen "herabgereicht", die Verbesserung der Arbeits- und Lebensbedingungen der Werktätigen würde von den leitenden Kadern als nebensächlich angesehen, die Gleichmacherei in der Lohn- und Prämienzahlung schade der Arbeitsmoral und der Produktion. Und schließlich: in der Kunst und in den Medien werde statt Aktualität nur Langeweile verbreitet.

Das Politbüromitglied Günter Mittag beschwerte sich umgehend sowohl beim FDGB-Vorsitzenden Harry Tisch[53] als auch bei Joachim Herrmann über Kosserts Artikel. ZK-Abteilungsleiter Heinz Geggel vermeldete Herrmann noch am Erscheinungstag, gegen Kossert werde ein Parteiverfahren eingeleitet. Über dessen Ergebnis werde Geggel am 11. März 1981 berichten.[54] Die Mitglieder der Abteilungsparteiorganisation in der "Tribüne" hätten, so Geggel, einmütig die "politisch verantwortungslose, die ideologische Wachsamkeit vermissende

Arbeit des Genossen Kossert" verurteilt. In seiner schriftlich abgegebenen Stellungnahme habe sich Kossert jedoch um eine "parteimäßige Haltung" bemüht. Kossert räumte darin selbstkritisch ein, er habe es versäumt, die Leserdiskussion, die er eigentlich gar nicht gewollt habe, mit der Parteiführung abzustimmen.[55] Die nach der Veröffentlichung mit ihm geführten Gespräche hätten ihm jedoch die Augen dafür geöffnet,

"welchen politischen Schaden das von mir leichtfertig in Druck gegebene Material anrichten kann. Ich verstehe heute, daß es geeignet ist, eine einseitige Fehlerdiskussion anzuregen. Es könnte dem Klassengegner Ansatzpunkte schaffen, mit der Hetzarbeit seiner Massenmedien gegen die DDR da oder dort zur Wirkung zu kommen. Darüber hinaus könnte das Material selbst von den Massenmedien des Klassengegners für ihre Arbeit gegen die DDR genutzt werden."

Zerknirscht und unterwürfig räumte Kossert im verquasten, jedoch entlarvenden SED-Deutsch ein, er habe sich über Hinweise der

"die Zeitungsarbeit anleitenden Organe in der Zeit der Parteitagsvorbereitung und insbesondere angesichts der Situation in der Volksrepublik Polen, jede kritische Veröffentlichung politisch besonders sorgfältig abzuwägen, verantwortungslos hinweggesetzt."

Kossert blickt überraschenderweise keineswegs im Zorn auf seine damalige Maßregelung zurück. Wenn seinerzeit ein zwischen den Zeilen lesender Beobachter eine subtil eingefädelte politische Insubordination hätte vermuten können, so besteht Kossert darauf, nur seine Arbeitsüberlastung sei die Ursache für die mißglückte Kolumne gewesen.[56] Schließlich sei er noch glimpflich davongekommen, weil ihn seine Kollegen und Günter Simon, der neue Chefredakteur der "Tribüne", in der Folgezeit gedeckt hätten. Er hätte nur eine Parteirüge erhalten und nach dem X. SED-Parteitag lediglich seinen Posten als stellvertretender Chefredakteur gegen die ebenfalls zum Leitungsbereich gehörende Funktion eines Redaktionssekretärs tauschen müssen.

Die verhältnismäßig milde Bestrafung Kosserts war in den 80er Jahren charakteristisch für die Verhängung von Sanktionen gegenüber Journalisten, die mit der Parteilinie in Konflikt gerieten. In der Regel drohten ihnen nur noch berufliche Degradierungen oder Versetzungen, die jedoch häufig gravierende Folgen im persönlichen und beruflichen Umfeld der Betroffenen nach sich zogen. Allerdings führte die wachsende innen- und außenpolitische Verunsicherung der SED-Führung sowie nicht zuletzt deren wirtschaftliche Abhängigkeit von der Bundesrepublik ebenso wie Honeckers verkrampftes Bestreben, im Westen seine Reputation zu verbessern, zu überraschenden Winkelzügen. So erhielt eine Reihe von Journalisten sogar die Erlaubnis zur Übersiedlung in die Bundesrepublik, obwohl man sie zum Kreis der Geheimnisträger zählte. Nicht ungewöhnlich war es auch, daß auf höchster Ebene hinter den Kulissen die Messer gegen Journalisten gewetzt wurden, sie es aber nie erfuhren.

So geht aus dem Tagesordnungspunkt 19 des Politbüro-Pro-tokolls vom 28. Februar 1989 - "Berichterstatter E. Honecker" - hervor,[57] daß offenbar heftig über einen Artikel auf der Frage-Antwort-Seite des FDJ-Organs "Junge Welt" vom 23. Februar 1989 diskutiert worden sein muß. Darin ging es um die Entwicklung der sowjetisch-chinesischen Beziehungen. Im Protokoll hielt man in einer für die Honecker-Ära ungewöhnlichen Schärfe fest:

"Genosse E. Krenz wird beauftragt, den Zentralrat der FDJ über den entstandenen politischen Schaden zu informieren. Dem Chef-redakteur der 'Jungen Welt' ist ein Verweis auszusprechen. Der verantwortliche Redakteur ist notwendigenfalls zu entlassen."

In den SED-Akten befinden sich keine Hinweise über die Hintergründe der Aufregung und die Konsequenzen, die dieser Beschluß hatte. In solchen, nicht seltenen, Fällen können nur die Beteiligten für Aufklärung sorgen. Egon Krenz konnte sich allerdings auf Befragen nicht mehr an den Vorgang erinnern und meinte lediglich, er habe wohl seine schützende Hand über die JW-Redaktion gehalten.[58] Darüber war Hans-Dieter Schütt, dem damaligen Chefredakteur der "Jungen Welt" jedoch nichts bekannt.[59]

Der beanstandete Artikel enthielt eine durchaus korrekte Darstellung der aggressiven Rolle, die Rot-China in seinen Beziehungen zur Sowjetunion jahrzehntelang gespielt hatte. Schütt erfuhr erstmals zwei Tage nach Erscheinen des Artikels durch einen Anruf aus der ZK-Abteilung Agitation vom Zorn der Politbürokraten. Der ZK-Sekretär für Internationale Beziehungen, Hermann Axen, intervenierte auf Grund eines Protestes der chinesischen Regierung, die den Pekinger DDR-Botschafter ins Außenministerium einbestellt hatte. Schütt vereinbarte daraufhin mit dem FDJ-Chef Eberhard Aurich, für sich eine Abmahnung zu erbitten, aber zugleich den Autor, einen parteilosen Redakteur, völlig aus dem Spiel zu lassen. Erklärte Absicht war es dabei, innerhalb der Redaktion keine Unruhe auszulösen und nichts nach außen dringen zu lassen. Stattdessen begnügte sich Schütt mit allgemein gehaltenen politischen Ermahnungen. Ein Verfahren, daß symptomatisch für die Endzeitstimmung im Jahre 1989 war.

Journalisten konnten auch für "Verfehlungen" ihrer Ehefrauen zur Rechenschaft gezogen werden. Dies widerfuhr dem Warschauer Korrespondenten von "Neues Deutschland", Detlef-Diethard Pries, dessen Frau die gemeinsamen Kinder heimlich evangelisch taufen ließ und sie mit der gebotenen Vorsicht und seinem stillschweigenden Einverständnis christlich erzog. Aus Sorge, die Kinder könnten sich verplappern, vertraute sie sich der Kindergärtnerin in der DDR-Botschaft an, die es zu ihrem späteren Bedauern der Kindergartenhelferin, der Ehefrau des Parteisekretärs in der Botschaft, weitergab. Daraufhin kam die Lawine ins Rollen, und das Korrespondentenehepaar sollte innerhalb von acht Tagen Warschau verlassen. Im nachhinein vermag Pries nicht mehr zu beurteilen, ob, wie er damals angenommen habe, der Parteisekretär seinen "Fall" mit besonderem Eifer betrieben oder "kleingeredet" hätte. Daß dessen Ehefrau früher katholisch war und nach der Wende wieder in ihre Kirche eingetreten ist, könnte für beides eine Erklärung bieten.[60]

Günter Schabowski, damals Chefredakteur von "Neues Deutschland", informierte am 29. Mai 1984 den ZK-Sekretär Joachim Herrmann über die bevorstehende Abberufung von Pries aus Warschau, die aus politischer Rücksichtnahme auf die polnischen Genossen erst nach dem 40. Jahrestag des befreundeten Nachbarlandes am 22. Juli erfolgen sollte.[61] Schabowski berichtete:

"Durch einen Zufall ist ans Licht gekommen, daß seine Frau religiös ist und gegen den Willen von Genossen Pries die Kinder heimlich taufen ließ. Sie hat das gesprächsweise gegenüber einer Mitarbeiterin unserer Botschaft in Warschau geäußert. Mehrere Rücksprachen mit Genossen Pries haben ergeben, daß er davon wußte, uns aber vor seinem Auslandseinsatz davon keine Mitteilung gemacht hat. Nachdem er das Ganze anfänglich zu bagatellisieren versuchte, hat er sich schließlich in seiner schriftlichen Stellungnahme entschieden von der Handlungsweise seiner Frau distanziert und zugesagt, daß er in der gebotenen Weise auf sie Einfluß nehmen wird. Klar ist auch ihm, daß bei dieser Lage ein weiterer Einsatz als Auslandskorrespondent nicht in Frage kommt.

Über den weiteren Verbleib im ND werden wir nach Ablauf eines Jahres noch einmal mit ihm eine Aussprache führen."

Die Rolle Schabowskis vermag Pries auch heute noch nicht abschließend zu bewerten. Er habe zwei Gespräche mit ihm geführt, wobei das erste in einer betont menschlichen Atmosphäre ohne jegliche Schuldzuweisung verlief. Durch die Blume habe Schabowski zur Scheidung geraten, was aber für Pries damals schon aus Prinzip nicht infrage gekommen wäre. Im zweiten Gespräch habe Schabowski ihm erklärt, daß er in Warschau nicht mehr zu halten und die Angelegenheit eigentlich ein Parteiverfahren wert gewesen wäre, von dem man aber absehen wolle. Dazu Detlef-Diethard Pries heute:

"Ich muß gestehen, daß sich bei mir in jenen Tagen Trotz und nackte Angst abwechselten, ich habe mich bestimmt nicht immer mannhaft verhalten - aber dies hielt ich denn doch für eine leere Drohung. Denn vor der mit einem Parteiverfahren verbundenen Öffentlichkeit (zumindest in der Redaktion) scheute sich die Parteiführung schon damals mehr als ich selbst. Das kam auch darin zum Ausdruck, daß in unserer Redaktion (und auch in unserem Wohnumfeld) als Grund für meine Abberufung lediglich 'familiäre Probleme' genannt wurden, was viele Vermutungen sprießen ließ."[62]

Das von Schabowski angekündigte, nach Ablauf eines Jahres mit Pries zu führende Gespräch fand beim stellvertretenden Chefredakteur von "Neues Deutschland" statt. Es hatte jedoch nur noch einen formalen Charakter. Pries verblieb in der Außenpolitik-Abteilung seiner Zeitung, in der man ihm keine Vorbehalte entgegengebracht hätte. Schabowski, der sich auf Befragen nicht mehr an den Vorgang erinnern konnte,[63] hätte ohne viel Federlesens Pries zumindest in die Provinz versetzen lassen können. Daß er es nicht tat, läßt auf sein Gespür für das Nötige und Mögliche, aber auch auf seine menschliche Qualitäten schließen. Widerstand gegen das Zentralkomitee zu leisten und gegen die Abberufung von Pries aus Warschau zu opponieren, wäre zwar ehrenwert gewesen, hätte ihm aber selbst einen Karriereknick eingebracht. Das totalitäre System, dem auch er an hervorgehobener Stelle diente, gab kein Pardon für Eigenwilligkeiten, schon gar nicht für solche von Nomenklaturkadern. Gegenüber den Anfangsjahren verfeinerten sich zwar die Repressionsmethoden der SED und des MfS, ihres Erfüllungsgehilfen, doch die psychische Belastung der Betroffenen war deshalb nicht geringer.

Nach der Rückkehr nach Berlin wurde Ilsa Pries bei der Erziehung ihrer Kinder offenkundig von MfS-Beauftragten massiv unter Druck gesetzt. Sie mußte sich verzweifelt dagegen wehren, ihr jüngstes Kind tagsüber in die staatliche Krippe zu geben, was sie aus pädagogischen Gründen strikt ablehnte. Nur die Einschaltung einer befreundeten ZK-Mitarbeiterin vermochte diesem Spuk ein Ende zu setzen. Auch dies ist ein Beweis für die Allmacht des Parteiapparates, der nach Gutdünken nicht nur seine Journalisten, sondern auch deren Angehörige entweder drangsalieren oder aber vor Unbill schützen konnte.

Zwischen Anpassung und Verweigerung

Erich Loest und Ralf Bachmann waren 1949 vielversprechende Jungredakteure im SED-Bezirksorgan "Leipziger Volkszeitung". Ihre anfängliche Freundschaft wurde jedoch, so Ralf Bachmann, "ein Opfer unserer unterschiedlichen politischen Positionen - er kritisierte die beginnenden Deformationen viel radikaler und konsequenter als ich".[64] In der Tat war Erich Loests Weg vom scharfzüngigen Glossenschreiber der "Leipziger Volkszeitung" über den gesellschaftskritisch aktiven SED-Intellektuellen - was ihm sieben Jahren Zuchthaus in Bautzen einbrachte - bis hin zum in ganz Deutschland erfolgreichen und hochgeehrten Schriftsteller von Konsequenz geprägt. Frühzeitig legte Loest ideologische Scheuklappen ab und diskutierte darüber offen im spitzeldurchsetzten Leipziger Freundeskreis. Nach zermürbenden Konflikten mit den SED-Kulturbürokraten sah er sich 1981 gezwungen, in die Bundesrepublik auszureisen.

Ralf Bachmann plagten zwar insgeheim ähnliche "ideologische Bauchschmerzen" wie Loest, die er nach der Wende in seiner Autobiographie auch benennt. Doch zu DDR-Zeiten verstand er es, sie für sich zu behalten. Weder der Tod des Vaters im Zuchthaus Bautzen, wohin diesen die Sowjets wegen seiner Aktivitäten in der SPD verbracht hatten, noch die Vorbehalte, auf die Bachmann als Halbjude stieß, hinderten ihn daran, seinen Beruf in Frage zu stellen. Er machte vielmehr Karriere. Von 1959 bis 1961 war er stellvertretender Leiter des Presseamtes und anschließend langjähriger Auslandskorrespondent von ADN. In Bonn gelang es ihm sogar, durch sein unkonventionelles Auftreten aus der Isolation der DDR-Korrespondenten auszubrechen und freundschaftliche Kontakte zu westdeutschen Journalisten und führenden Sozialdemokraten zu pflegen.

1949 verband Loest und Bachmann noch der unerschütterliche Glaube an die allein seligmachende Weisheit der Partei. Auf einer außerordentlichen Mitgliederversammlung der SED-Betriebsgruppe der "Leipziger Volkszeitung" am 3. Oktober 1949 traten beide als überzeugte und linientreue Genossen auf. Einziger Tagesordnungspunkt war der Parteiausschluß des Hofarbeiters Willi Michaelis. Jener hatte sich auf Parteiveranstaltungen - theoretisch erstaunlich versiert - offen zum Trotzkismus bekannt, für den "internationalen Weg" zur Weltrevolution plädiert und nachdrücklich die fehlende innerparteiliche Demokratie in der SED beklagt. Bachmann erwähnt den Fall Michaelis im Zusammenhang mit Säuberungen innerhalb der Redaktion im Frühjahr 1950, denen auch Erich Loest zum Opfer fiel. Bevor der damals im Zentralkomitee für die Anleitung der Medien zuständige Hermann Axen öffentlich das Eindringen des "Agenten" Michaelis in die "Leipziger Volkszeitung" angeprangert habe, hätten jedoch die meisten Redakteure dessen Namen nie gehört.[65] Das erscheint jedoch schon deshalb unwahrscheinlich zu sein, weil das Protokoll der besagten Parteiversammlung vom 3. Oktober 1949 die Teilnahme zahlreicher leitender Redakteure belegt. Ein Durchschlag des Protokolls, das - hätte es nicht einen so ernsten Hintergrund - über weite Strecken kabarettistische Züge aufweist, gelangte bereits in den 50er Jahren in den Westen. Erich Loest bestätigte die Echtheit des Protokolls.[66]

Bachmann erinnert sich heute dunkel: Willi Michaelis habe sich gelegentlich als Trotzkist bezeichnet, ohne zu wissen, was das eigentlich sei. Die Ausführungen des Michaelis vor dem Tribunal der SED-Betriebsgruppe belegen demgegenüber gründliche Kenntnisse der kommunistischen Klassiker und - zumindest vom trotzkistischen Standpunkt aus - eine bemerkenswerte analytische Schärfe. Loest hat den "Fall" Michaelis noch deutlich vor Augen. In dem von ihm im Rahmen des Parteilehrjahres geleiteten Zirkel über Stalins "Kurzen Lehrgang" habe ihm Michaelis schwer zu schaffen gemacht. Loest fühlte sich als junger Genosse Michaelis nicht mehr gewachsen und gab die Angelegenheit an die Parteileitung ab. Rückblickend bekennt sich Erich Loest ohne Umschweife zu seiner damaligen politischen Haltung:

"Gar keine Frage: Wir waren alle überzeugt, auf der richtigen Seite zu stehen und bemühten uns nach Kräften, 'gute Genossen' zu sein. Bei mir ging das wenig später schief, wie bekannt."[67]

Nicht alle Journalisten, die der DDR den Rücken gekehrt haben, stehen so freimütig zu früheren, vielfach vor ihrem biographischen Hintergrund durchaus nachvollziehbaren Überzeugungen. Dies gilt beispielsweise für den ehemaligen Chefredakteur der "Neuen Berliner Illustrierten" (NBI) Rudolf Reinhardt, der sich am 7. Februar 1958 von seiner Sekretärin zur Mittagspause verabschiedete und sich anschließend Hals über Kopf mit der U-Bahn nach West-Berlin absetzte. Zuvor hatte ihn sein Stellvertreter vor einer am Nachmittag geplanten Verhaftung gewarnt. Mit dieser Episode beschließt Rudolf Reinhardt sein 1988 erschienenes Buch "Zeitungen und Zeiten - Journalist im Berlin der Nachkriegszeit". Reinhardt stützt sich darin auf seine vielfältigen Berufserfahrungen in der SBZ/DDR, die allerdings hinsichtlich der Darstellung seiner eigenen Rolle lückenhaft erscheinen. Reinhardts journalistische Stationen vor seiner Berufung zum NBI-Chefredakteur waren: Mitarbeiter eines 1945 vorübergehend in Dresden erschienenen Nachrichtenblatts der Roten Armee; Redakteur in der "Täglichen Rundschau" (von 1945 bis 1955 Zentralorgan der Sowjetischen Militäradministration); Abteilungsleiter bei "Neues Deutschland"[68]; Mitwirkung an einem nicht realisierten Projekt zur Herausgabe der Wochenzeitung "Die Republik"[69], mit der Albert Norden - in der Erinnerung Rudolf Reinhardts - methodisch das von Goebbels konzipierte - ausländischen Beobachtern Pluralismus vortäuschende - Vorzeigeblatt "Das Reich" zu kopieren gedachte.

Diese Funktionen konnte Reinhardt selbstverständlich nur ausüben, weil er als zuverlässig geltender Genosse galt. Deshalb nahm man im Westen seine Flucht in den Hochzeiten des sogenannten Kalten Krieges mit Zurückhaltung auf. In einer für DDR-Journalisten bestimmten Tarnschrift des seinerzeit gut informierten West-Berliner Untersuchungsauschusses Freiheitlicher Juristen, der Flüchtlinge im allgemeinen wohlwollend empfing, hieß es damals mit kritischem Unterton:

"Reinhardt hatte die Chefredaktion [der NBI; G. H.] Ende 1956 als Nachfolger des zum Chefredakteur des 'Sonntag' berufenen Bernt von Kügelgen übernommen. Er galt durchaus als linientreu und duldete bei seinen Mitarbeitern keine 'Abweichungen'."[70]

Reinhardt hatte am 18. Januar 1958, also kurz vor seiner Flucht, an den "Lieben Genossen Stolpe", dem Ende der 50er Jahre in der ZK-Abteilung Agitation für den Berliner Verlag und somit auch für die

NBI zuständigen Instrukteur, einen zwölfseitigen Brief geschrieben, den er zur Vorbereitung einer Aussprache mit Stolpe verfaßt hatte.[71] Darin stellte Reinhardt seinen Chefredakteursposten zur Verfügung, weil er sich den damit verbundenen Belastungen physisch und psychisch nicht mehr gewachsen fühlte. Er sandte den Brief jedoch nicht ab. Nach seiner Flucht fand man ihn bei der Durchsuchung von Reinhardts Haus in Kleinmachnow und leitete ihn dem Büro Ulbricht zu.

Der in vertraulicher Form gehaltene Brief Reinhardts offenbart in seltener Deutlichkeit die Nöte und die persönliche Bedrängnis eines strikt auf Parteilinie agierenden, aber dennoch um Einfallsreichtum bemühten Journalisten. Reinhardt beklagt sich darin heftig über die ihm gegenüber praktizierten Anleitungsmethoden und inszenierten Intrigen. Er beschwert sich über verschiedene, namentlich genannte Funktionäre des Zentralkomitees sowie über das Verhalten und die Inkompetenz einiger Kollegen innerhalb und außerhalb der NBI-Redaktion. Im parteisprachlichen Duktus mit deutlichen denunziatorischen Wendungen notierte Reinhardt beispielsweise über seinen Amtsvorgänger:

"Die Redaktion war unter der Leitung von Kügelgen durchaus kleinbürgerlich ausgerichtet. Kameraderie statt kollektiver Arbeit, Versöhnlertum statt Prinzipialität, Disziplinlosigkeit statt straffer Arbeitsorganisation."

Unter Beachtung der in kommunistischen Parteien ritualisierten Spielregeln für Kritik und Selbstkritik räumt Reinhardt zwar auch eigene Fehler ein, ohne sie allerdings zu benennen. Dazu dürfte vor allem ein mit dem Ost-CDU-Vorsitzenden Nuschke geführtes NBI-Interview gezählt haben, das in der Nr. 36 vom 7. September 1957 erschienen war. Nuschke und die ihn interviewende Jornalistin Dörte Säckl hatten sich darin unter anderem über die Humorlosigkeit in den DDR-Medien mokiert. Das rief Walter Ulbricht auf den Plan, der sich persönlich angegriffen fühlte und sogleich einen Leserbrief fabrizieren ließ, der in der NBI veröffentlicht werden mußte. Reinhardt schildert in seinem Buch die Folgen des Nuschke-Interviews ausführlich und dem Anschein nach in allen Einzelheiten. Tatsächlich verharmlost er im Rückblick den Ablauf und beschreibt ihn in heiterer Gelassenheit. Vor allem verdrängt er dabei weitgehend seine damalige, für ihn dramatisch sich zuspitzende persönliche Situation. An den nicht abgesandten Brief an Stolpe konnte sich Reinhardt auf Nachfrage zunächst nicht erinnern. Nach Kenntnis seines Briefes lehnte er es ab, sich zum Inhalt näher zu äußern.[72] Reinhardt gelang es nach seiner Flucht, sich beruflich als Kolumnist und Leiter der "Zeitung für Frankfurt", dem Stadtblatt der "Frankfurter Allgemeinen Zeitung", zu etablieren.

DDR-Journalisten, die nach dem Mauerbau in die Bundesrepublik flüchteten oder in wenigen Fällen auch legal ausreisen durften, konnten in der Regel in ihrem Beruf nicht mehr Fuß fassen. Sie stießen nicht selten auf Vorbehalte, und - was vielleicht noch gravierender war - ihr handwerkliches Rüstzeug und ihre Flexibilität reichten nicht aus, um sich vom gewohnten Verlautbarungsjournalismus abzuwenden und sich auf eigene Recherchen und eine öffentlich artikulierte eigene Meinung einzustellen. Dennoch demonstrierten sie mit dem Verlassen der DDR ihre Verweigerung gegenüber dem SED-Staat.

Einen besonders originellen Abgang verschaffte sich im August 1989 Jörg Kotterba, Sportredakteur bei der "Berliner Zeitung" und Chefredakteur der Fachzeitschrift "Der Leichtathlet". Als Delegationsleiter einer Gruppe von DDR-Leichtathleten verließ er in Schweden seine Mannschaft. Zuvor hatte er noch für die August-Nummer seiner Zeitschrift einen Kommentar verfaßt, dessen Veröffentlichung aus Zeitgründen nicht mehr verhindert werden konnte. Kotterbas Thema war die offizielle Verabschiedung von 41 DDR-Spitzenathleten vom Leistungssport. Er führte alle namentlich in einer Liste auf, die er jedoch mit der Überschrift versah: "42 nahmen Abschied von der Welt des Sports". Dabei hatte er sich, unbemerkt von den zur Wachsamkeit verpflichteten Korrektoren, stillschweigend selbst mitgezählt. Den Kugelstoßer Udo Beyer zitierte Kotterba vielsagend:

"Es geht einem schon unter die Haut, wenn der Tag X, auf den du dich lange vorbereitet hast, dann heran ist. Jetzt, sagst du dir, jetzt gilt's, nun bist du an einer neuen Wegmarkierung deines Lebens angelangt."

Kotterba schloß diesen wehmütigen Abschiedskommentar: "Sag beim Abschied leise Servus - das Wiener Liedl kommt mir in den Sinn. Dabei kann einem das Herz schwer werden. Servus!"

Nur wenige der in ihrem Beruf demoralisierten Journalisten sahen nach dem Mauerbau noch einen Sinn in der Totalverweigerung in Form einer für sie im Einzelfall möglichen Flucht in die Bundesrepublik. Sie gingen stattdessen in die innere Emigration und paßten sich in ihrer Mehrheit dem SED-Regime an. Symptomatisch dafür ist das heutige

Bekenntnis von Hans-Herbert Biermann, von 1969 bis 1990 amtierender Chefredakteur der "Liberal-Demokratischen Zeitung" in Halle:

"Sicher war mir viel früher, als ich es zugab, klar, daß es so nicht mehr lange weitergehen kann. Ich bin zum Opportunisten geworden, habe mich angepaßt und Sachen vertreten, an die ich nicht glaubte. Aber man muß ja an seine Familie denken. Ein Fehler - und die Kinder können nicht studieren. Ich wollte auch nicht in irgendeinem Betrieb den Hof fegen."[73]

Mit der Einschüchterung der Journalisten und deren Angst vor sozialem Abstieg und Berufsverbot machte sich die SED-Führung die Medien bis in die Endphase ihrer Herrschaft gefügig. Eine Degradierung - etwa vom Physiker zum Hilfsarbeiter - aufgrund von Verweigerung und widerständigem Verhalten nahmen vornehmlich nur Aktivisten der Bürger- und Friedensbewegungen freiwillig in Kauf.

Scham und Trotz im Rückblick

Heinz Friedrich Grahner war bis 1954 Kulturredakteur des Gewerkschaftsorgans "Tribüne". Seine Kollegen hielten ihn für einen zuverlässigen Genossen. Als er bei der Rückkehr von einem unerlaubten Besuch bei Freunden in West-Berlin dort von der Polizei kontrolliert und dabei von ihm mitgeführtes kommunistisches Schriftgut gefunden wurde, entschied er sich aus Angst vor Bestrafung dafür, nicht nach Ostberlin zurückzukehren. Für das Ostbüro der SPD und den Untersuchungsausschuß freiheitlicher Juristen fertigte er kurz darauf einen detaillierten Bericht über Redaktions-Interna aus der "Tribüne" an.[74] Darin erstellte er unter anderem in betont sachlicher Form Kurzcharakteristiken über seine ehemaligen Kollegen. Den damals 25jährigen stellvertretenden Chefredakteur der "Tribüne", Günter Schabowski, beurteilte Grahner dabei äußerst wohlwollend:

"...der klügste Kopf der Redaktion, sehr fähiger Journalist, Oberschulbildung, großes Allgemeinwissen, sehr belesen, 5 Monate Gewerkschaftshochschule (1952), psychologischer Blick, erkennt schnell Schwächen und 'politische Unklarheiten' anderer an Gesten, Mienen, ungewollten Äußerungen. Ironisch und zynisch. Achtet streng auf Einhaltung der politischen Linie. Es besteht aber die Möglichkeit, daß er dadurch seine wahre Gesinnung und politische Zweifel geschickt verbirgt. Man hat den Eindruck, daß er menschlich und seelisch nicht zu Denunziationen fähig ist."

Damit lieferte Grahner über den jungen Schabowski ein aus heutiger Sicht frappierend stimmiges Psychogramm, dem jener selbst nur in einem Punkt energisch widerspricht: Er hält sich nicht für einen Zyniker.[75] Doch die Grenzen zwischen Ironie und Zynismus können fließend sein und unterliegen dem jeweiligen subjektiven Empfinden des Beobachters. Schabowskis heutige erbitterte Gegner im Umfeld der SED-Nachfolgepartei, der PDS, halten ihm seine parteiinternen, absolut linientreuen und bisweilen scharfmacherischen Auftritte vor. Diejenigen, die ihn als Journalisten und Chefredakteur von "Neues Deutschland" oder als Berliner SED-Bezirksvorsitzenden und Politbüromitglied persönlich näher kennengelernt haben, billigen ihm zumindest ein menschliches und kameradschaftliches Verhalten zu. Seine früheren Mitstreiter verübeln Schabowski aber wohl am meisten, daß er nach 1989 öffentlich und schonungslos mit sich selbst und der SED-Führung ins Gericht gegangen ist, ohne die bei Altgenossen und DDR-Nostalgikern gängigen, dem "Klassenfeind" angelasteten Entschuldigungsgründe für das eigene Versagen ins Feld zu führen.

Schabowski bekennt sich heute ohne Abstriche zu seinem persönlichen Opportunismus und Karrieredenken. Darüber hinaus konstatiert er - wohl als einziger ehemaliger Spitzengenosse in dieser Deutlichkeit -, daß in der Verselbständigung der Machtfrage zur "Machtneurose" der SED-Führung die eigentliche Ursache für deren Untergang gelegen habe.[76] Damit reduziert Schabowski zutreffend die herrschende Ideologie - die Heilslehre des Sozialismus/Kommunismus - auf ihre tatsächliche Zweckbestimmung. Sie diente lediglich als Instrument und Legitimation für den Machterhalt.

Ohne Ausflüchte steht Schabowski auch zu seinem Versagen als Journalist. Als Fernstudent der Leipziger Fakultät für Journalistik habe er in dogmatischer Weise die Leitsprüche Lenins zur revolutionären Pressearbeit verinnerlicht und sich später ohne innere Anfechtungen des fragwürdigen leninistischen Regelwerks der "Presse neuen Typs" bedient. "Heute, auch beim Lesen meiner Aufzeichnungen," bilanziert Schabowski, "muß ich mir vorwerfen, daß ich als Journalist zur geistigen Kastration durch Schönfärberei und Kritiklosigkeit beigetragen habe."[77]

Hans-Dieter Schütt, von 1984 bis 1989 Chefredakteur des FDJ-Organs "Junge Welt", besaß die besten Voraussetzungen, in Schabowskis Fußstapfen zu treten und ebenfalls in eine Spitzenposition der Parteiführung aufzusteigen. Ebenso wie Schabowski verfügte Schütt

158

über eine hohe Intelligenz, journalistisches Talent, die Fähigkeit zur Integration seiner Untergebenen sowie über ein selbst eingestandenes, überdurchschnittliches Maß an Opportunismus und Selbstverleugnung. In seiner karg bemessenen Freizeit entspannte sich der gelernte Kulturwissenschaftler, der spätere Redenschreiber und persönliche Referent von Egon Krenz als Verfasser schöngeistiger Aphorismen. Der nunmehr parteilose Schütt, seit 1992 redaktioneller Mitarbeiter bei "Neues Deutschland", übertrifft in der Entschiedenheit seiner heutigen Selbstkritik noch Günter Schabowski. Dessen Fundamentalkritik am sogenannten humanen Sozialismus teilt er jedoch nicht. Schütt setzt immer noch darauf, daß sich der "ketzerische Gedanke einer sozialeren Gesellschaft jenseits der existierenden Marktwirtschaft" durchsetzen könne.[78] Andererseits steht Schütt unter den Autoren eines von Hans Modrow herausgegebenen Sammelbandes zum 50. Jahrestag der FDJ-Gründung allein auf weiter Flur, wenn er bekennt:

"Auch mit dem, was von mir in der *Jungen Welt* stand, sind Menschen in die Opposition getrieben worden oder in einen Zorn, der sich aufgrund der Machtverhältnisse in der DDR in Ohnmacht aufrieb. Es ist bitter, daß für mich erst Westen werden mußte, um zu begreifen, was Sozialismus hätte wirklich sein können."[79]

Dabei bezieht sich Schütt auch auf seine Polemik vom 12. Dezember 1988 in der "Jungen Welt", in der er gegen ein zu mildes Urteil gegen "Skinheads" protestierte, die wegen angeblichen "Rowdytums" vor der Zionskirche in Berlin-Mitte verurteilt worden waren. "Der Feind", so Schütt damals, "ob er nun in der Pose eines 'Mahnwächters', stets pünktlich wie auf Bestellung, mit Fernsehkameras vor die Kirchentore zieht, oder ob er Rowdys mit faschistischem Vokabular und Schlagwaffen ausrüstet - er hat bei uns keine Chance." Das frühere SED-Mitglied, die Bürgerrechtlerin Vera Wollenberger, erstattete daraufhin - natürlich vergeblich - Strafanzeige gegen Schütt. Nach der Wende entschuldigte sich Schütt persönlich bei ihr für seine Verleumdungen. Seinen eigenen Anteil an der Deformation der Medienpolitik in den späten 80er Jahren sieht Schütt selbstkritisch:

"Patriotismus, Wehrbereitschaft, Disziplin und Linientreue waren die Hauptworte meiner Arbeit, und gerade Kommentare der *Jungen Welt* bleiben verbunden mit auffallend scharfer Verteidigung von Ereignissen, an die selbst hartgesottene Sozialisten mit Scham und Unverständnis zurückdenken: die Verhaftungen bei der Liebknecht-Luxemburg-Demonstration im Januar 1988, das Verbot der

sowjetischen Zeitschrift 'Sputnik', die Vorfälle auf Pekings Tien-anmen-Platz, die Beleidigung des sowjetischen Films 'Reue', Verleumdungen des Neuen Forums, Verunglimpfungen der Sozialismus-Kritiken von Tschingis Aitmatow und Rolf Henrich."[80]
Bei seiner ihm notwendig erscheinenden kritischen Auseinandersetzung mit der Vergangenheit legt Hans-Dieter Schütt Wert darauf, nicht eine "würdelose Anbiederung" an "neuerlich vermeintliche Sieger der Geschichte" betreiben zu wollen.[81] In diesem Punkt unterscheidet er sich von dem zwei Jahrzehnte älteren Günter Schabowski, dessen Illusionen nicht durch simple Anbiederung, sondern durch die tiefgründigere Analyse seiner Erfahrungen als Mitverantwortlicher und Profiteur der totalitären Herrschaftsstrukturen des SED-Regimes offenbar restlos verflogen sind.

Inzwischen liegt eine beträchtliche Anzahl von Erinnerungen ehemals prominenter DDR-Journalisten in Gestalt von Buchveröffentlichungen oder Artikeln vor. Sie vermitteln, wie beispielsweise der Bonner Korrespondent des DDR-Fernsehens, Günter Herlt, oder auch sein damaliger ADN-Kollege in der Bundeshauptstadt, der bereits erwähnte Ralf Bachmann,[82] durchaus neue Einblicke in den Alltagsfrust bei grundsätzlich von ihrer Mission überzeugten DDR-Journalisten. Zum Ausgleich genossen sie - den Spitzensportlern vergleichbar - als meist aus einfachen Verhältnissen aufgestiegene Begünstigte des Regimes Privilegien wie beispielsweise dem Normalbürger verwehrte Aufenthalte im westlichen Ausland. Sie honorieren dies bewußt oder unbewußt noch heute und beschränken sich deshalb in ihren Selbstzeugnissen weitgehend auf anedoktische Details, die als Mosaiksteine zur Erforschung der Medienherrschaft der SED zwar nützlich sind, aber allenfalls oberflächlich deren von Grund auf verlogenen und manipulativen Charakter deutlich werden lassen.

Zu den Ausnahmen zählt hier der bereits erwähnte Blockparteizeitungs-Journalist Hans-Herbert Biermann, seit 1951 Mitarbeiter der "Liberal-Demokratischen Zeitung" (LDZ) in Halle, deren Chefredakteur er von 1969 bis 1990 war. Zum 40. LDZ-Jubiläum pries er am 18. März 1985 in seinem Blatt das enge Bündnis mit der Arbeiterklasse unter der Führung der Partei - "auch natürlich auf der Ebene der Presseorgane". Dieses Bündnis habe sich beispielsweise in der Auseinandersetzung mit der "verlogenen Propaganda des Imperialismus, vor allem mit der BRD" bewährt. Auf den Tag zehn Jahre später räumt der Ruheständler Biermann im Nachfolgeblatt der LDZ, dem

"Halleschen Tageblatt", ein, Mitte der 80er Jahre hätten sich bei ihm "prinzipielle Zweifel nicht am Ziel, aber am Weg unseres Staates" eingestellt. Jüngere, "politisch unverbrauchte" Redaktionsmitarbeiter hätten zudem für viel Zündstoff und harte Auseinandersetzungen gesorgt. Aber viel Spielraum hätten sie nicht gehabt, was Biermann zu dem Selbstvorwurf veranlaßt:

> "Ihnen gegenüber begann für mich das Leben mit der Lüge, der - so sehe ich es heute - Verrat an den Lesern. Man sagte und schrieb, was man zum Teil selbst nicht glaubte. Hier liegt vor allem meine Mitverantwortung dafür, daß die LDZ bis weit in das Jahr 1989 hinein nach außen ungeachtet mancher Lichtblicke in Kultur, Lokalem, Sport und Wirtschaft Erfüllungsgehilfe der Politik der DDR war."[83]

Das "Hallesche Tageblatt", ein Mantelblatt der "Leipziger Volkszeitung" mit eigenem Lokalteil, mußte wenige Tage darauf, am 31. Dezember 1995, aus wirtschaftlichen Gründen sein Erscheinen einstellen. Hans-Herbert Biermann sieht zu Recht einen Grund dafür in der Pressepolitik der DDR. Inwieweit das von ihm unterstellte "Versagen der deutsch-deutschen Politik im Vorfeld des Einigungsvertrages" eine weitere Ursache für das nach der Wende erfolgte Zeitungssterben der Blockparteipresse ist, bedarf allerdings der Überprüfung. Nicht zu bestreiten ist allerdings Biermanns Feststellung, die aus den SED-Bezirkszeitungen hervorgegangenen Blätter seien die Gewinner der Einheit. Die Verlierer waren die Blockparteizeitungen. Vor allem deshalb, weil die neuen Verleger auf der den früheren SED-Gazetten zugestandenen überdimensionierten Ausstattung aufbauen konnten.

Diese Entwicklung nehmen die in den neuen Bundesländern noch aktiven ehemaligen DDR-Journalisten als eine Selbstverständlichkeit hin. Gleichzeitig unterstellen sie nicht selten, auch unter den jetzigen Besitzverhältnissen gäbe es keine echte Pressefreiheit. Sie übersehen dabei geflissentlich die nach wie vor vorhandene Meinungsvielfalt innerhalb der pluralistisch verfaßten bundesdeutschen Medienlandschaft, in der zwar kommerzielle Interessen die Freiräume einzelner Journalisten einengen können, das Grundgesetz jedoch Meinungs- und Pressefreiheit, anders als die DDR-Verfassung, nicht nur auf dem Papier gewährt.

Zu den wenigen unverbesserlichen und völlig unbelehrbaren Kritikern der bundesdeutschen Medien unter den ehemaligen DDR-Journalisten zählt nach wie vor Karl-Eduard von Schnitzler. Für den in Ost und West gleichermaßen verhaßten langjährigen Moderator des "Schwarzen Kanals" ist die "Aktuelle Kamera" im Vergleich zu den heutigen Fernsehnachrichten immer noch ein "Informationsriese".[84] In seinem 1992 erschienenen Abrechnungspamphlet "Der Rote Kanal - Armes Deutschland" entlarvt sich Schnitzler, nunmehr Mitglied einer von ihm mit- und neugegründeten KPD, endgültig als Scharlatan. Die Lektüre seines schlampig geschriebenen und redigierten "Roten Kanals" vermittelt einen kurzweiligen Eindruck von den noch vorhandenen Restbeständen altstalinistischen Gedankenguts. Kurzweilig deshalb, weil "Sudel-Edes" Repertoire als Politikclown unerschöpflich ist. Kostprobe einer seiner Glanznummern: "Es hätte mehr Schalcks geben müssen, beide Wirtschaften [die der Bundesrepublik und die der der DDR; G. H.] einander anzunähern."[85] Oder: für Reiselustige in der DDR habe doch die "halbe Welt" offengestanden - nämlich: "Polen, Ungarn, Tschechoslowakei, Bulgarien, die Sowjetunion".[86] Und schließlich: Das Wandlitzer Ghetto der Politbürokraten sei doch im Vergleich zu dem materiellen und personellen Aufwand, der für bundesdeutsche Poltiker und Wirtschaftsführer betrieben werde, nur eine kostengünstigere Form des Personenschutzes gewesen.[87]

Schnitzler nimmt für sich in Anspruch, er habe für seinen Staat im Äther "ideologische Abwehr im Kalten Krieg" betrieben, jetzt werde hingegen an derselben Stelle "mit Inkompetenz und liederlicher, haßvoller Recherche 'Stimmung gemacht', angeheizt."[88] Er verspüre Genugtuung darüber, am 30. Oktober 1989 das Ende seines "Schwarzen Kanals" im Fernsehen begründet und mit Würde vollzogen zu haben. Zur Untermauerung zitiert er Auszüge aus dem Wortlaut seines Abgesangs. Dabei schreckt er nicht einmal davor zurück, sich selbst zu fälschen. Im Fernseh-Original-Ton gelobte er nämlich noch, nichts dürfe die Kraft zur Erneuerung eines "letztlich siegreichen Sozialismus" behindern und "nichts die Politik der Wende beeinträchtigen". Im Buch heißt es stattdessen, es dürfe "nichts die neue Politik beeinträchtigen".[89] Die völlig unbegründete Sorge Schnitzlers, in den Geruch eines "Wendehalses" zu kommen, trieb ihn offensichtlich dazu, mit gewohnter Routine Hand an sein eigenes Manuskript zu legen.

Im trauten Bunde mit fast allen früheren Spitzenfunktionären räumt Schnitzler lediglich marginale Fehleinschätzungen ein. Für die falschen Zahlen des ZK-Wirtschaftssekretärs Günter Mittag könne man ihn doch schließlich nicht verantwortlich machen. Niemals hätte man ihn der Lüge überführen können. Schnitzler hat im Prinzip recht:

Er beherrscht nach wie vor meisterhaft das Jonglieren mit der Halbwahrheit, mit der man bekanntlich trefflich lügen kann. Zu diesem
Eingeständnis vermag sich der eitle Selbstdarsteller im Gegensatz zu
vielen seiner ehemaligen Berufskollegen aus Trotz und Altersstarrsinn
- möglicherweise sogar wider besseres Wissen - nicht durchringen.

SOZIALISTISCHE EINHEITSPARTEI DEUTSCHLANDS

Der Parteivorsitzende

BERLIN N54 · LOTHRINGER STRASSE 1   ZENTRALHAUS DER EINHEIT · RUF 425271

8. Dezember 1948

Genossen Lex E n d e

"Neues Deutschland" Redaktion
- - - - - - - - - - - - - - - -

Werter Genosse Ende!

Für die Veröffentlichung des Fotos von der Pressekonferenz des Deutschen Volksrates am 23. November in der
Berliner Ausgabe des "Neuen Deutschland" Nr. 273 wird Dir
von den beiden Vorsitzenden der Partei ein Verweis erteilt.

O. Grotewohl   W. Pieck

Fundort: SAPMO-BArch, DY 30/NL 70/5, Bl.34.

164

V. West-Medien: Klassenfeinde und "Entspannungsfreunde"

Der Westen im Alltag des Ostens

Heinz Geggel, einstmals gefürchteter ZK-Agitationschef im SED-Zentralkomitee, stammelte am 19. Oktober 1989, einen Tag nach Honeckers erzwungenem Rücktritt, vor Spitzenjournalisten der Partei auf seiner "Donnerstags-Argu" nur noch späte Einsichten. Darunter diese: "Medien sind dazu da, Fragen der Bürger zu beantworten, unsere, nicht die der Westmedien. Gestern im Westfernsehen die Stimmen vom Alex! Gut, die haben die Schlimmsten genommen, aber es wurde von unseren Bürgern gesagt! Alles von öffentlichem Interesse veröffentlichen - vor dem Westen! Wir hatten ja hier den Zustand, daß man sich im Westen über uns informieren mußte. Das war doch unhaltbar"[1]

Unter diesem Informationsdefizit litten nicht nur der überwiegende Teil der Bevölkerung, sondern auch reformwillige SED-Mitglieder und Funktionäre. Schon einige Tage vor Geggels Auftritt besaß ein Journalist der Chemnitzer SED-Bezirkszeitung "Freie Presse" den Mut, das Ergebnis einer Gesprächsrunde in einem Plauener Betrieb auf den Punkt zu bringen:

"Wer nicht regelmäßig die Westmedien verfolgt, begreift manche Veröffentlichungen bei uns überhaupt nicht. Und selbst über wichtige innenpolitische Ereignisse erfährt man mitunter überhaupt erst oder zumindest mehr aus dem Westen als aus den eigenen Medien."[2]

Nicht erst kurz vor beziehungsweise unmittelbar nach dem Ende der SED-Herrschaft kamen einige Leipziger Medienwissenschaftler zu ähnlichen Erkenntnissen, über die sie allenfalls in geschlossenen Zirkeln diskutieren konnten. So ermittelte bereits 1978 eine Mitarbeiterin des Zentralinstituts für Jugendforschung, dessen Analysen meistens als "Vertrauliche Verschlußsache" im Panzerschrank landeten, bei "Westsenderempfängern" Desinteresse an der DDR-Presse. Eine Binsenweisheit - doch der Abteilungsleiter Jugendforschung des Instituts disqualifizierte den gesamten Bericht als "so gut wie nicht verwendbar" für die Leitungstätigkeit.[3] Eine andere, für die Partei niederschmetternde Erkenntnis der Leipziger Jugendforscher, wonach im Jahre 1988 nur noch vier Prozent der Jugendlichen eine volle Übereinstimmung der Informationen aus den DDR-Medien mit ihren Lebenserfahrungen bestätigen konnten, durfte selbstredend erst nach der Wende publiziert werden.[4] Bereits auf der Donnerstags-Argu am 23. Oktober 1980 erteilte das Zentralkomitee die aus der Mitschrift eines Redakteurs von "Neues Deutschland" ersichtliche "Absolute Weisung: Materialien des Institutes für Jugendforschung Leipzig nicht verwenden."[5]

Unter den Papieren, die zur Vorbereitung auf den durch die Wende verhinderten XII. SED-Parteitag gedacht waren, befindet sich in den Akten von Egon Krenz eine Studie der Sektion Journalistik der Leipziger Universität, die Hans Poerschke und Siegfried Schmidt im Mai/Juni 1989 verfaßt hatten. Ihr Thema: "Zur Rolle der journalistischen Massenmedien im geistigen Leben der DDR."[6] Neben den üblichen parteilichen Ergebenheitsfloskeln schimmert darin schon "Neues Denken" durch, so die "Forderung nach reichhaltiger und reaktionsschneller Information". Dabei müsse es gelingen, "die reale Widersprüchlichkeit [im Original unterstrichen; G. H.] der gesellschaftlichen Gegenwart allseitig und umfassend, in ihrer ganzen Tiefe und oft auch Schmerzhaftigkeit erfaßbar zu machen." Dazu gehöre auch die Vermittlung historischer Erfahrungen und - vermutlich eine Anspielung auf das "Sputnik"-Verbot - der "bitteren Lehren" der Arbeiterbewegung. Keines dieser Probleme solle dem Gegner überlassen werden. Abschließend verlangten die Autoren gar eine Regionalisierung des Fernsehens und machten dies mit dem Argument schmackhaft: Da "unser politischer Gegner in diese Sphäre" große Mittel investiere, müsse "die Auseinandersetzung auch auf diesem Gebiet verstärkt geführt werden".

Auch wenn Wissenschaftler der ehemaligen DDR im nachhinein glauben machen wollen, es hätte seit Mitte der 60er bis Mitte der 70er Jahre eine Phase gegeben, in der die Mehrheit der Bevölkerung hinter ihrer Staatsführung gestanden habe[7], so deuten doch parteiinterne Untersuchungen über den Einfluß des Westfernsehens in eine andere Richtung. Die Hinwendung zu den "Feindsendern" schloß ja nicht nur Informationslücken, sondern signalisierte auch eine Form der inneren Emigration. Einem zusammenfassenden Bericht des Sektors Rundfunk/Fernsehen der ZK-Abteilung Agitation vom 21. Juli 1966[8] ist zu entnehmen, daß sich schon damals 90 Prozent der Bevölkerung, darunter auch die Mehrzahl der Parteimitglieder, hauptsächlich über Westmedien informierte. Weitere aufschlußreiche Ergebnisse der republikweiten SED-Umfrage: Gemeinderatssitzungen wurden bei interessanten Westprogrammen verlegt; Studenten boykottierten Schnitzlers "Schwarzen Kanal", Jugendliche hörten vorwiegend Radio Luxemburg, Deutschlandfunk und Sender Freies Berlin; Ferdinand May, der Vater der Brecht-Interpretin Gisela May, Schriftsteller und SED-Mitglied in Leipzig, wollte es sich nicht nehmen lassen, die Auftritte seiner Tochter in München und anderen bundesdeutschen Städten im Westfernsehen zu verfolgen; der Parteisekretär der LPG Geba (Kreis Meiningen) erklärte unumwunden, mit einer Ausnahme würden alle Funktionäre des Orts "Weststationen" hören und sehen:

"Bei uns im Ort gibt es nur einen, der nicht sieht und hört, und das ist ein Angehöriger der Deutschen Volkspolizei. Für ihn besteht ein Befehl, daß er nicht darf."

Sofern er es wünschte, konnte prinzipiell jeder Bewohner der DDR westdeutsche elektronische Medien nutzen. In Gebieten, in denen bundesdeutsche Fernsehprogramme nicht terrestrisch zu empfangen waren, wie beispielsweise in großen Teilen des Bezirks Dresden, dem "Tal der Ahnungslosen", bestand zumindest die Möglichkeit, westliche Rundfunkstationen zu hören. So den Kölner Deutschlandfunk (DLF), der flächendeckend die DDR versorgte. Er berücksichtigte, ähnlich wie RIAS Berlin, auftragsgemäß stärker als die meisten anderen westdeutschen Sender die spezifischen Interessen seiner Hörer in der DDR. Dabei gehörte es zum Selbstverständnis des DLF, wie dessen langjähriger Leiter der Ost-West-Abteilung Karl Wilhelm Fricke vor der Enquete-Kommission des Bundestages betonte, daß er und seine Kollegen in ihrer Arbeit davon ausgegangen seien, einen Informationssender und keinen Interventionssender zu betreiben.[9] Dies sahen die SED-Propagandisten natürlich ganz anders. In der Durchbrechung ihres Informationsmonopols erblickten sie eine Einmischung in die inneren Angelegenheiten der DDR.

In den 80er Jahren verzichteten nur noch wenige "strenggläubige" Anhänger des Systems auf das bundesdeutsche elektronische Informationsangebot. Hätte es dies nicht gegeben, würde der ohnehin schwierige Einigungsprozeß noch komplizierter verlaufen. Obwohl die persönliche Anschauung natürlich nicht durch Fernsehbilder zu ersetzen ist, förderte der allabendliche Blick in den Westen gleichwohl das Vorstellungsvermögen vom Funktionieren einer parlamentarischen Demokratie. Wie dies geschah, beschrieb der ehemalige SPD-Fraktionsvorsitzende in der letzten Volkskammer, Richard

Schröder, in seiner Rede zum "Tag der Einheit" 1993 im Berliner Schauspielhaus:

"Wir waren per Fernsehen Zaungäste der Bundesrepublik. In Ost-Berlin konnte man erleben, daß aus dem Führerhaus des Milchautos die Bundestagsdebatte tönte. Wir haben schon ein bißchen am politischen Leben der zweiten Republik auf deutschem Boden teilgenommen. Und manche von uns haben es bewundert, wie das möglich ist: die harte Auseinandersetzung in der Sache, das Aufeinandertreffen entgegengesetzter Beurteilungen und dennoch ein stabiler Staat. Gegner bleiben, ohne Feind zu werden."[10]

Die ehemalige Bundestagsabgeordnete Angelika Barbe, zu DDR-Zeiten eine aktive Bürgerrechtlerin, unterstrich, welche Bedeutung insbesondere die westdeutschen Hörfunksender für die intellektuelle Munitionierung der DDR-Opposition besaßen.[11] Buchlesungen aus Aleksandr Solschenizyns "Der Archipel GULAG" oder Sebastian Haffners "Anmerkungen zu Hitler" verschafften ihr ebenso wie Texte von Jürgen Fuchs oder Leszek Kolakowski Zugang zu in der DDR verbotener Literatur. Dabei waren ihr nicht nur Inhalte und Denkanstöße wichtig, sondern auch die glaubwürdige und verständliche Sprache. Sie tippte die Texte ab und verbreitete sie als Diskussionsgrundlage für oppositionelle Kirchengruppen. Nicht zuletzt habe der westliche Hörfunk auch durch die Bekanntgabe von Veranstaltungsterminen zur innerkirchlichen Kommunikation in der DDR beigetragen.

Das Medienkonsumverhalten der meisten DDR-Bewohner ähnelte jedoch weitgehend dem der Altbundesbürger. Unterhaltungsprogramme erhielten ebenso wie Sportsendungen den Vorzug vor Kultur- und Bildungsangeboten. Politische Magazine, wie insbesondere "Panorama" von der ARD und "Kennzeichen D" des ZDF, sowie Informationssendungen mit hohem Nachrichtenwert stießen indessen auf größeres Interesse als in der Bundesrepublik. Diese Annahmen bestätigte bereits eine Befragung von Übersiedlern aus der DDR, wenngleich der angesprochene Personenkreis aus naheliegenden Gründen nicht repräsentativ war.[12]

Die Popularität der elektronischen Medien der alten Bundesrepublik für Rezipienten in der ehemaligen DDR beruhte in erster Linie auf zwei Gründen: Zum einen galten sie als glaubwürdiger, weil sie auch kritisch über das eigene System berichteten, und zum anderen entsprachen die aufwendig gestalteten Unterhaltungsprogramme und insbesondere die für Jugendliche produzierten Musiksendungen eher dem Geschmack der Hörer und Zuschauer als das in fast allen Sparten ideologisierte Angebot der DDR-Sender. In der beträchtlichen Hörer- und Zuschauerpost aus der DDR an westdeutsche Sendeanstalten kam dies deutlich zum Ausdruck.

Der private Empfang westlicher Hörfunk- und Fernsehprogramme war in der DDR zwar nie ausdrücklich unter Strafe gestellt, doch galt er als ideologisch unerwünscht. Bei politischen Strafverfahren konnte er den Angeklagten als Ausdruck einer moralischen Fehlentwicklung angelastet werden. Während noch kurz nach dem Mauerbau im Herbst 1961 von FDJ-Kolonnen nach Westen gerichtete Antennen im Zuge der "Aktion Ochsenkopf" - benannt nach dem Standort des Sendeturms im bayerischen Fichtelgebirge - von den Dächern gerissen wurden, gab sich Honecker nach seinem Machtantritt konziliant. Da er nicht zusätzlich eine Mauer zur Abwehr "feindlicher Ätherwellen" errichten konnte, pries er die DDR als ein weltoffenes Land, das die Konkurrenz angeblich nicht zu scheuen brauchte. Seit den 70er Jahren holten sich daher auch zunehmend systemtreue Kader wie Lehrer, NVA- oder MfS-Offiziere die Sender des "Klassen-feindes" ins Wohnzimmer. In den 80er Jahren diskutierten sie dann schon gelegentlich am Arbeitsplatz über das am Vorabend Gesehene. Schließlich war inzwischen die Informationspolitik der SED so deformiert, daß sie selbst Vorkenntnisse aus westlichen Quellen zum Verständnis ihrer eigenen Verlautbarungen voraussetzte. Nicht zuletzt deshalb hatten die in Ostberlin akkreditierten westdeutschen Hörfunk- und Fernsehkorrespondenten in der DDR ein aufmerksameres Publikum als in der Bundesrepublik. Im Westen interessierte sich die breite Öffentlichkeit allenfalls für spektakuläre Vorgänge in den innerdeutschen Beziehungen und in der DDR.

Seit Anfang der 80er Jahre gestattete das Postministerium der DDR stillschweigend in einigen größeren Neubaugebieten die Errichtung von Gemeinschaftsantennenanlagen, in die auch ARD- und ZDF-Programme, soweit sie vorher mit Einzelantennen empfangen werden konnten, eingespeist wurden. Als Ende der 80er Jahre in zahlreichen Eingaben auch noch die Einspeisung von SAT 1 in das bescheidene Kabelnetz gefordert wurde, war für die SED-Führung die Schmerzgrenze erreicht. Obwohl der kommerzielle Sender nur in wenigen Grenzgebieten terrestrisch empfangen werden konnte, erfreute sich SAT 1 aufgrund seines Boulevardcharakters schnell einer großen Beliebtheit. Günter Schabowski sah sich deshalb in seiner Funktion als

1. Sekretär der SED-Bezirksleitung Berlin genötigt, dem "lieben Achim" (Joachim Herrmann) am 18. Dezember 1987 in der ihm eigenen impulsiven Diktion seine Bedenken mitzuteilen:

"Beiliegend übermittele ich Dir zur Information eine knappe Darstellung unseres Standpunktes zu den hier und da laut werdenden Forderungen, staatliche Mittel für die Gewährleistung des Empfangs des Hetzsenders 'SAT 1' einzusetzen. Wir lehnen dies ab. Das Ganze ist überhaupt nur als erörterungswürdiges Ansinnen zu verstehen, wenn man sich vergegenwärtigt, daß wir seinerzeit die technischen Empfangsmöglichkeiten für die drei Fernsehprogramme der ARD und des ZDF geschaffen haben. Das kann u. E. nicht bedeuten, daß wir bei jedem Drecksender, den der Gegner neu installiert, ihm noch die Wirkung seiner Hetze bei uns finanzieren. Wir stehen ja in puncto Weltoffenheit in Europa einzigartig da."[13]

Nach der Rundfunkanordnung vom 28. Februar 1986 konnten sogar Bürgergemeinschaften oder einzelne Bürger nach Antragstellung unter bestimmten Auflagen Gemeinschaftsantennen-Anlagen betreiben. Mit der Begründung, DDR-Sender würden noch nicht über Satellit ausgestrahlt, durften private Satellitenempfangsanlagen allerdings offiziell nicht installiert werden. Dennoch geschah dies zunehmend auf eigene Faust, was teilweise toleriert, aber auch gelegentlich unterbunden wurde. Insbesondere bei der Bezirksdirektion Dresden der Deutschen Post traf eine Vielzahl von diesbezüglichen Anträgen ein.

In einem als "Persönlich" und "Streng Vertraulich" eingestuften Bericht des Staatssekretärs im Postministerium, Manfred Calov, an das Politbüromitglied Günter Mittag vom 28. März 1988 tritt die Ratlosigkeit der Parteifunktionäre offen zutage:

"Die Forderungen der Bürgergemeinschaften und Bürger, den Westempfang zu genehmigen, werden immer massiver. Es kommt zu ständigen Auseinandersetzungen. Die gesamte Problematik wird immer mehr zum Politikum, zumal die Versuche seitens der Bürger und Bürgergemeinschaften zur unbedingten Erreichung des Satellitenempfangs forciert werden und das Aussprechen von Ordnungstrafen bei Nichteinhaltung der Bestimmungen nicht zum gewünschten Ziel führt."[14]

Unter den umfangreichen Anlagen zu Calovs Bericht befindet sich auch die Abschrift einer Eingabe des Rates der Stadt Weißenberg (Kreis Bautzen) an Honecker. Der Bürgermeister, die Vorsitzenden des Ortsausschusses der Nationalen Front, der Blockparteien und sogar der SED-Wohnparteiorganisation Weißenbergs verwiesen unverblümt auf die existentielle Notwendigkeit des Westfernsehempfangs zur Beschwichtigung der allgemeinen politischen Unzufriedenheit, für die Verbesserung der Arbeitsmoral und nicht zuletzt zur Eindämmung der Ausreiseanträge:

"Seit 1987 im Mai wird in Weißenberg über die Satellitenempfangsanlage empfangen. Hierbei handelt es sich zur Zeit um die Regionalprogramme WDF und Bayern. Wir müssen feststellen, daß seit dieser Zeit eine echte Zufriedenstellung der Bürger seit Bestehen der Gemeinschaftsantennenanlage zu verzeichnen ist, die sich fast alle Bürger der Stadt mit einem enormen Zeit- und Arbeitsaufwand selbst geschaffen haben. In Gesprächen mit den Bürgern ist ständig zu erkennen, daß sich die Einstellung der Bevölkerung seitdem zum Positiven hin entwickelt hat, da sie nun durch einen breiteren Informationsfluß mit vielen Dingen noch realer konfrontiert wird. Wir schätzen ein, daß dadurch auch die Arbeitsfreudigkeit der Bürger gestiegen ist, und wir zur Zeit auch keinerlei politische Probleme mehr mit den Bürgern haben. Von den Mitgliedern der Interessengemeinschaft liegen auch keine Übersiedlungsersuchen mehr vor. Wir bitten Sie als demokratischen Block der Stadt Weißenberg, unsere Bevölkerung bei der positiven Lösung des Problems zu unterstützen. Wir wissen auch, daß eine Maßnahme des Abbaus der Spiegelanlage auf keinerlei Verständnis der Bürger stoßen würde und uns als Rat bzw. demokratischer Block in der Folgezeit enorme politische Probleme in der Zusammenarbeit mit unseren Bürgern aufwerfen würde, da sie den Wünschen der Bürger der Stadt sowie auch der angeschlossenen Gemeinden des Gemeindeverbandes voll widersprechen würde."

Staatssekretär Calov berichtete am 23. August 1988 vor dem SED-Politbüro über den Sachstand und unterbreitete Vorschläge, die die Politbürokraten billigten, obwohl sie praktisch auf eine völlige Liberalisierung bei Genehmigungsverfahren für Satellitenanlagen hinausliefen. Dennoch dürfte Günter Mittag in seinem am 28. Februar 1989 im Politbüro vorgetragenen Untersuchungsbericht[15] über angebliche ideologische Aufweichungserscheinungen in der von Hans Modrow geleiteten SED-Bezirksparteiorganisation Dresden nicht von ungefähr auf die rapide steigende Zahl von Anträgen zur Errichtung von Empfangsanlagen verwiesen haben. Danach waren zum Stichtag 10. Februar 1989 von der Deutschen Post 203 Anlagen im Bezirk Dresden registriert. 250 neue Anträge seien in den vorangegangen fünf Monaten - also seit dem erwähnten Politbürobeschluß vom August des Vorjahres - gestellt worden.

Die SED erblickte durchaus zu Recht auch in den westlichen Printmedien einen Destablisierungsfaktor ihres totalitären Informationssystems, obwohl ausländische und westdeutsche Zeitungen und politische Zeitschriften, sofern sie nicht von Kommunisten herausgegeben wurden, nur in wenigen Exemplaren für den Dienstgebrauch in die DDR eingeführt werden durften. Doch die bundesdeutschen elektronischen Medien bezogen sich in ihren Sendungen natürlich auch auf schlagzeilenträchtige Vorgänge aus der DDR-Berichterstattung der Printmedien.

Im Sommer 1989 lieferte Honecker persönlich ein Beispiel dafür, wie grotesk der Umgang mit Veröffentlichungen westdeutscher Zeitungen sein konnte. Er setzte einfach voraus, daß ein Bericht der "Bild"-Zeitung über seine Erkrankung allgemein bekannt war und griff selbst zur Feder. In einem ausnahmsweise mit "E.H." gezeichneten Artikel für "Neues Deutschland" vom 12. September mokierte er sich:

"Es gibt keinen Zweifel, daß in Springers 'Bild'-Zeitung die klügsten Köpfe der Bundesrepublik sitzen. Kein Tag vergeht, ohne daß sie sich einen Geistesblitz aus den Fingern saugen würden. Dabei wird das Gehirn erst gar nicht beansprucht, und die Aufmerksamkeit ihrer Leser schätzen sie entsprechend ein. Für die Gehirnmasse dieser Springer-Leute paßt keine andere Schale. Sie bleibt zu klein, um zwischen Dichtung und Wahrheit zu unterscheiden. Was soll's. Offensichtlich kennen sie nicht einmal Goethe, der diese Frage einschlägig behandelt hat. Laut 'Bild' wollte Honecker gestern 'schon nicht mehr leben' - 'Bauchspeicheldrüsenkrebs'. Heute fette Schlagzeile: 'Honecker will sterben'. ..."

Am Tage darauf sah sich "Neues Deutschland" zur peinlichen Korrektur eines Druckfehlers genötigt: Statt Honecker "wollte" nicht mehr leben, hätte es "sollte" heißen müssen. Offensichtlich hatte sich wieder einmal niemand getraut, das Manuskript des Generalsekretärs vorher zu redigieren.

Einige der Wiedervereinigung skeptisch gegenüberstehende Kommunikationswissenschaftler in Ost und West bezeichneten die demokratische Revolution des Herbstes 1989 als eine "Medienrevolution". Gemeint war damit, die Berichterstattung der westdeutschen elektronischen Medien über die Fluchtwelle habe die Wende erst herbeigeführt. Sicherlich ist nicht zu verkennen, daß beispielsweise die Bilder vom Sturm der Flüchtlinge auf die deutsche Botschaft in Prag oder von den Leipziger Montagsdemonstrationen den Rücktritt der noch Regierenden beschleunigt haben dürften. Doch westliche Medien konnten schließlich nur über das berichten, was die SED durch ihre jahrzehntelange Repression und Mißwirtschaft selbst ausgelöst hatte. Im übrigen muß sich sogar mancher westdeutsche Journalist vorhalten lassen, er habe die Lage in der DDR beschönigt.

Aus der Sicht der kirchlichen Friedensgruppen und der Bürgerrechtsiniativen waren die West-Medien für die Opposition ein Schutzschild und zugleich ein unverzichtbares Kommunikationsinstrument. Pfarrer Rainer Eppelmann nutzte es häufig - ungeachtet vieler Bedenkenträger in seiner zur übertriebenen Rücksichtnahme auf den Staat geneigten Kirchenleitung. Rückblickend hält Eppelmann seine engen Kontakte zu westlichen Journalisten für mehr als gerechtfertigt:

"Da die Medien in der DDR zensiert wurden und wir keine Chance hatten, über sie an die Öffentlichkeit zu treten, mußten wir zwangsläufig den Weg über den Westen wählen. Zwar wurden die Rundfunk- und Fernsehsendungen dort vor allem für Bundesdeutsche ausgestrahlt, aber da fast alle DDR-Bürger ARD und ZDF sahen und SFB oder RIAS hörten, ergaben sich für uns gute Möglichkeiten, unsere Meinungen bekanntzumachen. Außerdem hatte es der auf internationale Anerkennung erpichte Staat schwerer, uns zu verfolgen, wenn wir im In- und Ausland keine unbekannten Größen waren. Schließlich konnten wir dazu beitragen, daß die internationale Öffentlichkeit nicht nur durch die offiziellen DDR-Medien unterrichtet wurde, wenn wir Westjournalisten Informationen gaben. Es durfte doch nicht sein, daß das DDR-Bild der Menschen im Westen in erster Linie durch Erich Honecker und das 'Neue Deutschland' geprägt wurde."[16]

Insoweit haben die West-Medien tatsächlich das Meinungsmonopol der SED aufgeweicht und einen wesentlichen Anteil an der friedlichen Revolution in der DDR gehabt, ohne daß sie jedoch zum Sturz Honeckers aufgerufen hätten.

Da die SED von jeher in ihrer Innen-, Außen- und Deutschlandpolitik die kritische Begleitung der westdeutschen elektronischen Me-

173

dien ins Kalkül ziehen mußte, befand sich ihre Informationspolitik stets in der Defensive und damit in einem Zustand desolater Hilflosigkeit. Um daraus zu entrinnen, suchte sie vergeblich nach Patentrezepten, weil es die ohne Gewährung der Meinungs- und Informationsfreiheit eben nicht gab. Andererseits war der Parteiführung immer bewußt: Durch eine größere Offenheit und mehr Transparenz hätte sie, wie es Gorbatschow schließlich widerfahren ist, ihre "führende Rolle" und damit die Alleinherrschaft im Staate aufs Spiel gesetzt.

Kampf gegen Windmühlenflügel: Die SED in permanenter Defensive

Auf der "Donnerstags-Argu" am 21. September 1989 gab sich Heinz Geggel noch kämpferisch, wenn auch ein Anflug von Verzweiflung nicht zu verkennen war. In seinen letzten Tagen richtete das SED-Regime intensiver denn je den Blick wie das Kaninchen auf die Schlange gen Westen. Ulrich Bürger - ein unter Pseudonym schreibender, gelegentlicher Teilnehmer der Argus - stenographierte dazu die entlarvenden Wortfetzen Geggels mit:
"Nicht wild herumballern, nicht jedes Thema aufzwingen lassen; manchmal müssen wir natürlich reagieren. Wir nehmen die SPD hart, sind aber dialogbereit, geben doch unsere Friedens- und Koexistenzpolitik nicht auf! Auch nicht anlegen mit westl. Wirtschaftsmanagern - wir brauchen die. Unsere nachteilige Lage an der Trennlinie muß positiv genutzt werden: wenn die schon Transit wollen, dann sollen sie dafür blechen bis sie schwarz werden. Bestimmte Teile der BRD-Bourgeoisie - FDP - wollen die Lage nicht zuspitzen. Wir auch nicht. Drüben ist der Feind. [...] Kampagne mit den Abgehauenen hat natürlich Wirkung. Das Leben geht weiter. [...] Obhuts-pflicht/Verweigerung der Anerkennung einer DDR-Staatsbürgerschaft: dranbleiben! Auch die SPD fischt im rechten Gewässer - Chauvinismus, auch wegen Wahlen. Wir bringen z. Z. nichts über Rückkehrer. Es kommen welche."[17]
Auf dem letzten Pädagogischen Kongreß im Juni 1989 forderte die Volksbildungsministerin Margot Honecker die Jugend auf, wenn nötig mit der Waffe in der Hand den Sozialismus gegen feindliche Kräfte zu verteidigen. Anschließend wunderte sich am 19. Juni der namenlos gebliebene Leitartikler von "Neues Deutschland" über die Reaktion der westlichen Medien: "Den politisch aufmerksamen, gut

informierten und beispielhaft verantwortungsbewußten Pädagogen ist selbstverständlich nicht entgangen, mit welcher grenzübergreifenden ideologischen Aggressivität ZDF, ARD, RIAS TV und andere Sender ihr kommunistisches Feindbild nun verstärkt auf die DDR und die SED projizieren und konzentrieren." Da man sich aber auch "westlich unserer Staatsgrenze" für das DDR-Bildungswesen stark interessiere, gab sich das ND zuversichtlich, "daß vernünftige Leute in der BRD etwas tun, um das peinliche Informationsdefizit in den nächsten Tagen und Wochen wenigstens teilweise abzubauen."

Der mögliche Einwand, die Erinnerung an diese Momentaufnahmen vom Sommer 1989 sei wieder einmal der untaugliche Versuch, die Geschichte der DDR von ihrem Ende her aufzurollen, zielt ins Leere. Die SED-Medienpolitik - und nicht nur sie - befand sich seit ihren Anfängen auf der Verliererseite. Bereits im August 1946 beklagte sich Lex Ende als damaliger Chefredakteur von "Neues Deutschland", die Seitenabzüge würden spätabends stundenlang bei den sowjetischen Zensuroffizieren liegen. Dies hätte zur Folge, daß das ND erst in den Vormittagsstunden die Leser erreiche, während die "feindlichen Blätter" aus den Westsektoren Berlins, die damals noch im Sowjetsektor erhältlich waren, rechtzeitig vor Arbeitsbeginn erschienen und gekauft würden: "Dadurch überlassen wir dem Feind jeden Morgen das erste Wort. Viele Arbeiter kaufen den 'Telegraf', weil das 'ND' nicht erhältlich ist."[18]

Eine andere Zielgruppe wollte der ambitionierte Wolfgang Harich, seinerzeit Theaterkritiker bei dem Organ der sowjetischen Besatzungsmacht "Tägliche Rundschau", erreichen. Unter seiner damaligen Adresse im amerikanischen Sektor, in Berlin-Dahlem, verfaßte Harich im Juli 1947 eine Denkschrift an das SED-Zentralsekretariat - zur persönlichen Absicherung mit Durchschlägen an die Presseabteilung der Sowjetischen Militäradministration und an die Chefredaktion der "Täglichen Rundschau" -, in der er eine großangelegte Propagandaoffensive unter linksbürgerlichen Kreisen in den Westzonen anregte. Dazu gehörte auch die Neugründung einer von der SED zu kontrollierenden Tageszeitung, für die er seine Mitwirkung anbot.[19] Außerdem sollten die besten SBZ-Journalisten, die vorsichtshalber unter Pseudonym schreiben müßten, aber auch der Theaterkritiker Friedrich Luft oder der Hamburger Publizist Axel Eggebrecht gewonnen werden. Im Impressum dieser Zeitung sollte kein Hinweis auf den sowjetischen Lizenzgeber erscheinen. Stattdessen schlug Harich vor: "'Unabhängig und unzensuriert' würde nicht schaden." In den politischen Kommentaren müßte der marxistische Standpunkt in einer pointiert bürgerlichen Terminologie vorgetragen werden: "Aeusserste Vorsicht bei lobender Erwaehnung der Ostzone und der SED! Gelegentlich sogar Kritik an der Ostzone und der SED ueben. Wenn man die Ostzone lobt, dann etwa in dem Ton. 'Man muss es der SED schon lassen, dass sie das und das geschafft [hat]." Wenn auch das Projekt Harichs nicht realisiert wurde, so diente es doch später als Modell für westliche "fellow travellers" der SED oder Stasi-Spitzel in bundesdeutschen Redaktionsstuben und DDR-Forschungsinstituten.

In den 50er Jahren klammerte sich die SED noch an die Illusion Ulbrichts, die Wiedervereinigung unter kommunistischen Vorzeichen erreichen zu können. Ihre Medienkampagnen variierten deshalb zwischen Liebeswerben und Haßpropaganda gegenüber der Bundesrepublik. Später, im Gefolge des Mauerbaus, verlegte sich die SED-Führung im Umgang mit den West-Medien - abgesehen von nicht selten erfolgreichen "aktiven Maßnahmen" des MfS auf dem Felde der Desinformation - zunehmend auf die Defensive und ein hypertrophes Sicherheitsdenken. Für die DDR-Medien bedeutete dies, den "Feindlichen" in der Bundesrepublik und im westlichen Ausland unter keinen Umständen auch nur die geringsten Hinweise auf Schwachstellen im eigenen Lande zu geben. Deshalb hatte vor jeder Veröffentlichung eine akribische Überprüfung zu erfolgen, ob der "Gegner" aus ihr unerwünschte Rückschlüsse ziehen konnte. Einen derartigen "politischen Fehler" zu begehen, wurde selbst bei parteiergebenen Journalisten zum Alptraum, wie dies beispielsweise bei dem im vorigen Kapitel beschriebenen Mißgeschick des stellvertretenden Chefredakteurs des Gewerkschaftsorgans "Tribüne", Arno Kossert, der Fall war.[20]

Selbst eine nichtautorisierte, vorzeitige Meldung über den Beginn der Sommerzeit konnte dem "Gegner" in die Hände spielen und für die Verantwortlichen fatale Folgen haben. Eine Anordnung über die Rechtsstellung der Karnevalsklubs, so befand 1986 der stellvertretende Leiter des Presseamts, Rudolf Müller, sollte deshalb nicht in den Tageszeitungen erwähnt werden, weil damit gerechnet werden müsse, daß der "Gegner" einsteigt, wie schon beim Treffen der Karnevalspräsidenten (Staatliche Gängelei)."[21]

Die Auseindersetzung mit den westlichen Medien gestaltete sich für die SED in der Honecker-Ära immer schwieriger. Sie ähnelte dem Kampf des Ritters von der traurigen Gestalt gegen die übermächtigen

Windmühlenflügel. Honecker buhlte im westlichen Ausland um seine Anerkennung als gleichberechtigter Staatsmann. Zugleich verstrickte er sich jedoch mit seiner ruinösen Wirtschafts- und Sozialpolitik in eine nicht mehr auflösbare wirtschaftspolitische Abhängigkeit insbesondere von der Bundesrepublik aber auch von anderen bedeutenden westlichen Industriestaaten. Das führte dazu, daß die Agitationsbürokratie die DDR-Journalisten immer häufiger und eindringlicher dazu anhielt, sich "klug" - eine ihnen oft dringend empfohlene, aber schwer kalkulierbare Verhaltensweise - und zurückhaltend gegenüber den Regierungen und Wirtschaftskreisen dieser Länder zu verhalten. Deshalb hatte aus kommunistisch orthodoxer Sicht die Schriftstellerin Ruth Werner, ehemalige sowjetische Spionin und die Schwester des Wirtschaftshistorikers Jürgen Kuczynski, aus ihrer orthodox-kommunistischen Sicht durchaus Recht mit der Vorhaltung: "Ich wünsche mir ebenfalls kräftige, konkrete Antworten auf das DDR-Zerrbild in westlichen Medien, das ja auch zum kalten Krieg gehört, statt unseres vornehmen Schweigens."[22]

Geschwiegen wurde zwar keineswegs, doch die DDR bediente sich nach ihrer internationalen Anerkennungswelle aus den genannten Gründen einer differenzierteren und weniger grobschlächtigen Sprache. Von "Bonner Ultras" und "Kriegshetzern" war jedenfalls nach der Normalisierung der innerdeutschen Beziehungen keine Rede mehr. Den Empfang westdeutscher Hörfunksender störte man nicht mehr. Und die maßgeblich von der damals noch bestehenden MfS-Abteilung Agitation gestalteten Programme des "Freiheitssenders 904" und des für Bundeswehrangehörige bestimmten "Soldatensenders 935" verschwanden aus dem Äther. Wenn es nötig erschien, sich beispielsweise wegen der Ausweisung von Journalisten und tödlicher Zwischenfälle an der Demarkationslinie oder hinsichtlich anderer bekannt gewordener Menschenrechtsverletzungen im In- und Ausland zu rechtfertigen, behalf man sich mit den über die Nachrichtenagentur ADN verbreiteten "Abwehr- und Ablenkungsmeldungen". Diese wurden während angespannter Konstellationen in den innerdeutschen Beziehungen bei Bedarf durch entsprechende, von der Parteispitze abgesegnete Kommentare ergänzt, in denen auch Signale für kundige Leser im Bundeskanzleramt versteckt sein konnten.

Die Überschriften der "Abwehr- und Ablenkungsmeldungen" waren so durchsichtig formuliert, daß die sich dahinter verbergenden Botschaften, auch der Westen sei nicht besser, selbst für Begriffsstutzige unschwer zu erkennen waren. Beispielhaft waren dafür im März 1977: "Schauspielerin Sophia Loren vom Zoll nackt ausgezogen"; "Fernsehteam der BRD wurde aus Uganda ausgewiesen"; "Schweizer Sozialdemokraten beantragen Autobahngebühr". Seriencharakter hatten demgegenüber alljährliche Kurzmeldungen zu den Jahresberichten des Bundesgrenzschutzes. So meldete ADN am 14. Juni 1979: "Bundesgrenzschutz der BRD wies Hunderttausende zurück". Der BGS-Jahresbericht für 1978 bezifferte die Anzahl der zurückgewiesenen Personen auf 219.149, was - selbstredend ohne Angabe der ebenfalls spezifiziert benannten Gründe - ADN natürlich hervorhob. Unerwähnt blieb dagegen die Gesamtzahl der Ein- und Ausreisen, die sich auf rund 876 Millionen belief. Wäre diese Zahl von ADN erwähnt worden, wäre die Farce des beabsichtigten, zugunsten der DDR ausfallenden "Reisefreiheit-Vergleichs" noch offensichtlicher gewesen. Andere der SED besonders unangenehme, aber jeweils politisch notwendig erscheinende "Abwehrmeldungen" waren allerdings nicht immer für den Hausgebrauch gedacht. Sie erschienen unter der stereotypen und wenig Phantasie verratenden Rubrik "Von A bis Z erlogen". Viele dieser über den ADN-Ticker laufenden Meldungen bezogen sich auf Tabu-Themen für DDR-Medien und waren deshalb nur für die Bundesrepublik und das Ausland bestimmt. Dazu ein typisches und ungekürztes Beispiel vom 12. August 1988 :

„Berichte westlicher Medien über angeblich 1000 politische Häftlinge in der DDR sind von A bis Z erlogen."

Es gab aber auch subtilere Formen im innerdeutschen "Mediendialog". Eine Meldung der "Bild"-Zeitung vom 4. Oktober 1977, wonach der DDR-Landwirtschaftsminister, Heinz Kuhrig, vom Staatssicherheitsdienst verhaftet worden sei, dementierte "Neues Deutschland" in einem Exklusivbericht am folgendem Tage prompt - jedoch in indirekter Form. Kuhrig, der tatsächlich mehrere Wochen nicht in der Öffentlichkeit aufgetreten war, habe sich am Vortage über den Verlauf der Zuckerrübenernte und "die Verarbeitung dieser wertvollen Frucht" im Kombinat Oderland in Seelow informiert. In kürzester Frist hatte offenbar die ZK-Abteilung Agitation die "Bild"-Meldung "verarbeitet", um nachzuweisen, daß Kuhrig sich nicht hinter Gefängnismauern befand.

Während die Zeitungen in der Dauerfehde mit den westlichen Medien eine verhältnismäßig größere Zurückhaltung üben mußten - schließlich hätten sie gegnerische Argumente zumindest in Umrissen dann auch drucken müssen -, oblag es dem Hörfunk und Fernsehen der DDR, grobschlächtiger zu agieren. Über dem Plansoll lagen hier Schnitzlers montägliche Haßtiraden und Halbwahrheiten im "Schwarzen Kanal" des ersten Fernsehprogramms, gesendet nach den NS-Schnulzen aus der UFA-Film-Produktion.

Der Sektor Rundfunk/Fernsehen der ZK-Abteilung Agitation hatte stets alle Hände voll zu tun, neue Konzepte zur Bekämpfung "feindlicher" Medien, aber auch für die Anpassung an westliche Sendungen und Programmstrukturen zu entwickeln. Der "Polizeiruf 110" war die Antwort auf den auch in der DDR gern gesehenen "Tatort" der ARD. Die 1982 begonnene "Verwestlichung" des Fernsehens auf dem Unterhaltungssektor gehört ebenfalls zu den Bemühungen, die Zuschauer für die DDR-Kanäle zurückzugewinnen. Schon im März 1966 hatte die ZK-Abteilung Agitation einen Maßnahmenkatalog des DDR-Hörfunks für die "Zurückdrängung des Einflusses von Westfernsehen und Westrundfunk"[23] vorgelegt, in dem sie auf erste Erfolge verwies:

"Eine neue Sendereihe 'Das mißbrauchte Wort' führte Radio DDR I in sein Frühprogramm ein. In ihr wird täglich nachgewiesen, mit welchen Methoden und Mitteln die westdeutschen Rundfunk- und Fernsehsender versuchen, die Deutsche Demokratische Republik und ihre Politik zu verfälschen und zu verleumden. Mit der Reihe 'Denken ist erste Bürgerpflicht' und mit der geplanten Sendung 'Zur Kasse bitte' (die dümmste Lüge der Woche) schuf sich der Deutschlandsender die Möglichkeit, kontinuierlich die Auseinandersetzung mit Westrundfunk und -fernsehen zu führen."

Diese Aufgabenstellung des Hörfunks blieb bis zur Wende unverändert. Der Autor (G. H.), langjähriger freier Mitarbeiter des Kölner Deutschlandfunks, kritisierte am 8. Oktober 1988 in einem Kommentar die gegen den Viermächtestatus ganz Berlins verstoßende Präsenz militärischer Dienststellen in Ostberlin sowie die aus dem gleichen Grunde widerrechtlich zelebrierte NVA-Parade anläßlich des DDR-Nationalfeiertages. Heinz Britsche ereiferte sich daraufhin am 13. Oktober in der Sendung "Wort auf der Waage" von Radio DDR II, die NVA sei ein "besonderer Dorn im Auge gegenwärtiger Wiedervereinigungsapostel". Obwohl es zutrifft, daß ich an eine Wiedervereinigung in einem überschaubaren Zeitrahmen geglaubt habe, hatte ich mich dazu in diesem Zusammenhang gar nicht geäußert. Nach der Wiedergabe einer längeren Passage aus meinem Kommentar wandte sich Britsche erneut an mich: "Hat der immer noch nicht begriffen, daß Berlin die Hauptstadt der souveränen DDR ist? Wer das nicht begreifen will, der lebt wahrlich hinter dem Mond." Dieses Gefühl hatte ich allerdings nicht.

Mit der Grundlagenforschung über die "ideologische Diversion der imperialistischen Massenmedien" - so der durchgängige terminus technicus - waren die Sektion Journalistik der Leipziger Universität und das fachlich dem SED-Zentralkomitee unterstellte Institut für Politik und Wirtschaft beauftragt. In den Hauszeitschriften beider Institute erschienen dazu zahlreiche Aufsätze und Berichte über diesbezügliche wissenschaftliche Kolloquien. Thomas Falkner, im Herbst 1989 ein besonders beflissener "Wendejournalist", verteidigte in Leipzig noch im Oktober 1985 seine Promotion zum Thema: "Zur Rolle des bürgerlichen Journalismus in internationalen Kampagnen unter besonderer Berücksichtigung der grenzüberschreitenden elektronischen Medien der BRD und Westberlins in konterrevolutionären Kampagnen des BRD-Imperialismus gegen die DDR." Falkner hatte sich bereits davor in offensichtlicher Unkenntnis der Gepflogenheiten in der bundesdeutschen Medienlandschaft darauf spezialisiert, unter anderem beim Deutschlandfunk "Kampagnestäbe" und "Anti-DDR-Leitjournalisten" ausfindig zu machen, die in Theorie und Praxis der DDR den Kampf angesagt hätten.[24] Klaus Preisigke, Leiter des Wissenschaftsbereichs Journalistische Methodik an der Sektion Journalistik und Spezialist für westliche elektronische Medien, schlußfolgerte am 16. November 1983 auf einem wissenschaftlichen Symposium:

"Das Fernsehen der BRD und Westberlins hat seit seiner Gründung eine Doppelfunktion im ideologischen Klassenkampf. Es ist das wichtigste Instrument zur Manipulation der Massen im imperialistischen Herrschaftsbereich. Zugleich spielt das Fernsehen die zentrale Rolle im Konzept des deutschen Imperialismus zur ideologischen Diversion gegen den realen Sozialismus in der DDR."[25]

Nach der Wende bekannte Preisigke, er habe nie unter den Restriktionen gelitten, weil er "schlau genug" war, um zu wissen, was man dürfe und was nicht. Da die "Aktuelle Kamera" von höchster Stelle gemacht worden wäre und deshalb außerhalb jeder Kritik stand, habe er sich eben in den 80er Jahren mit dem Westfernsehen beschäftigt.[26]

Während die Leipziger Medienwissenschaftler in ihren Veröffentlichungen kein Jota von den Vorgaben der ZK-Abteilung Agitation abweichen durften, konnte es sich die MfS-Presseabteilung in einer allerdings nur "für berechtigte Angehörige des MfS!" bestimmten Schrift leisten, die Professionalität der westdeutschen Fernsehanstalten zu loben und die Vertiefung der inzwischen schon vorsichtig praktizierten Zusammenarbeit beim Programmaustausch zu befürworten.[27] Solche Töne fanden sich jedoch nicht in der unter MfS-Einfluß stehenden außenpolitischen Monatszeitung "horizont", die gelegentlich bemerkenswert kenntnisreiche Artikel über westdeutsche Sendeanstalten veröffentlichte.

Heinz Geggel gebührt zur Illustration des zum Scheitern verurteilten Abwehrkampfes der SED gegen die Westmedien das letzte Wort. In den Unterlagen Günter Schabowskis aus seiner Zeit als Chefredakteur von "Neues Deutschland" befinden sich einige Aufzeichnungen über die Donnerstags-Argus. Demnach forderte Geggel von den DDR-Journalisten, die über das Treffen Helmut Schmidts und Honekkers am 10. Dezember 1981 berichten sollten, unerschütterliche Tapferkeit vor dem Feinde:

"Beim Briefing sollen die eigenen Journalisten aktiv sein und keine Angst zeigen, ebenso bei den Pressekonferenzen. Aktiv fragen und auch die Fragen der Westjournalisten beantworten. Wer das nicht kann, soll zu Hause bleiben."[28]

Die Angst, beim Schmidt-Besuch eine politisch falsche Frage zu stellen, war deshalb so übermächtig, da man bei solchen Gelegenheiten normalerweise Absprachen zum Frage- und Antwortspiel zwischen DDR-Funktionären und einheimischen Journalisten traf.

West-Korrespondenten unter Partei- und MfS-Aufsicht

Zum Grundlagenvertrag zwischen der Bundesrepublik Deutschland und der DDR vom 21. Dezember 1972 gehörte auch ein "Briefwechsel vom 8. November 1972 über Arbeitsmöglichkeiten von Journalisten". Er bildete die Rechtsgrundlage für die gegenseitige Akkreditierung von ständigen Korrespondenten und Reisekorrespondenten. Während in der Bundesrepublik auch zuvor schon DDR-Journalisten unbehelligt arbeiten konnten, durften westdeutsche Journalisten nur auf gezielte Einladung oder gelegentlich auch als Touristen in die DDR einreisen. Bis zum Abschluß des Grundlagenvertrages oblag dem Presseamt beim Ministerrat in enger Zusammenarbeit mit dem MfS die Kontrolle der westdeutschen Journalisten. Anfang der 60er Jahre gründete man zu diesem Zweck ein "Informations- und Organisationsbüro" in der Ostberliner Charlottenstraße, später umgewandelt zur Abteilung Journalistenreisen des Reisebüros der DDR. In diese "Betreuung" bezog man die Informationsabteilung des Verbandes der Journalisten ein, die ebenso wie alle anderen Institutionen mit Westkontakten von Inoffiziellen Mitarbeitern und Offizieren im besonderen Einsatz des MfS durchsetzt war.[29] Anläßlich sogenannter "journalistischer Höhepunkte" - beispielsweise zur Leipziger Messe - erweiterte man aus durchsichtigen Gründen den Kreis der eingeladenen Journalisten.

Besonders umworben waren vor 1973 solche Journalisten aus der Bundesrepublik, von denen man sich entweder eine wohlwollende Berichterstattung über die DDR oder Spitzelberichte über Redaktionsinterna erhoffte, wie sie beispielsweise der damalige "Spiegel"- Redakteur Dietrich Staritz geliefert hatte. Er avancierte später zum einflußreichen, die DDR beschönigenden habilitierten Politikwissenschaftler.[30]

Vom Abschluß des Grundlagenvertrages bis zum Herbst 1989 waren bis zu 20 ständig akkreditierte westdeutsche Hörfunk-, Fernseh- und Zeitungskorrespondenten in Ostberlin vertreten. Dazu kamen jährlich mehrere hundert Reisekorrespondenten, was DDR-Funktionäre bei jeder passenden oder unpassenden Gelegenheit als Beweis ihrer "Weltoffenheit" anführten. Zuständiger Ansprechpartner für westdeutsche und ausländische Korrespondenten wurde jetzt die Abteilung Journalistische Beziehungen im Ministerium für Auswärtige Angelegenheiten (MfAA), die nach der internationalen Anerkennungswelle der DDR in großer Eile aus einem Sektor der Hauptabteilung Presse und Information zu einer Abteilung mit drei Sektoren und einer Arbeitsgruppe ausgebaut werden mußte.

Die MfAA-Abteilung Journalistische Beziehungen, deren Sektor 2 für akkreditierte Gast- und Reisekorrespondenten aus der Bundesrepublik zuständig war, übte lediglich eine Briefkastenfunktion aus. Unter Ausschluß des üblichen ministeriellen Dienstweges unterstand sie unmittelbar dem Sektor "Arbeit mit den ausländischen Korrespondenten" der ZK-Abteilung Agitation. Dessen langjähriger Leiter, Hans-Joachim Kobert, leitete politisch brisante Vorgänge im Zusammenhang mit westdeutschen Korrespondenten - und das waren nahezu alle - an seinen Abteilungsleiter Geggel weiter, der sie entweder dem ZK-Sekretär Herrmann oder Honecker direkt zur Entscheidung vorlegte.

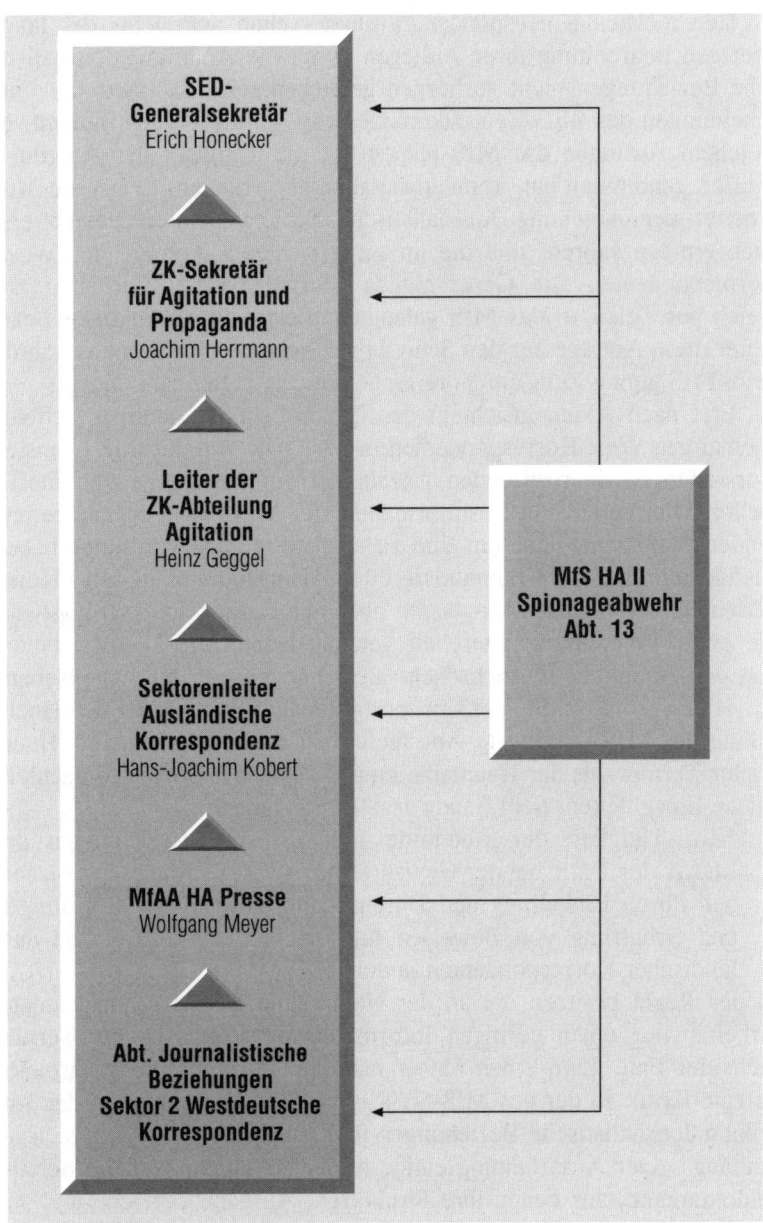

**SED-
Generalsekretär**
Erich Honecker

**ZK-Sekretär
für Agitation und
Propaganda**
Joachim Herrmann

**Leiter der
ZK-Abteilung
Agitation**
Heinz Geggel

**Sektorenleiter
Ausländische
Korrespondenz**
Hans-Joachim Kobert

MfAA HA Presse
Wolfgang Meyer

**Abt. Journalistische
Beziehungen
Sektor 2 Westdeutsche
Korrespondenz**

**MfS HA II
Spionageabwehr
Abt. 13**

Westdeutsche Korrespondenten unter Partei- und
MfS-Kontrolle in den 70er und 80er Jahren

Den meisten Korrespondenten dürfte schon angesichts der langwierigen Bearbeitung ihrer Anliegen durch die Abteilung Journalistische Beziehungen nicht verborgen geblieben sein, daß stets die Entscheidungen des SED-Zentralkomitees abgewartet werden mußten. In welchem Ausmaße das MfS jedoch auf die Tätigkeit der Abteilung Einfluß genommen hat, konnten sie allenfalls erahnen. Selbst die Mitarbeiter der Abteilung Journalistische Beziehungen entdeckten erst nach einigen Jahren, daß die an sie gerichteten Anträge der West-Korrespondenten zur Genehmigung journalistischer Vorhaben zugleich per Telex an das MfS gelangten. Bevor die zuständigen Bearbeiter diese Anträge auf den Schreibtisch bekamen, hatte man dadurch beim MfS genug Zeit, um Vorentscheidungen treffen zu können.[31]

Erst nach Akteneinsicht in der Gauck-Behörde konnten sich die ehemaligen West-Korrespondenten in der DDR von der ihre kühnsten Vorstellungen übertreffenden Anzahl der auf sie angesetzten Inoffiziellen Mitarbeiter und Desinformanten des MfS sowie der sie betreffenden Maßnahmepläne ein Bild zu machen. Einige von ihnen haben ausführlich über die Erkenntnisse ihres Aktenstudiums in den Medien berichtet. Personendossiers lassen aber nur bedingt Rückschlüsse auf die enge Verzahnung zwischen verschiedenen MfS-Diensteinheiten und der Abteilung Journalistische Beziehungen auf der Arbeitsebene zu. Hier vermittelt die 1983 im postgradualen Studium an der Hochschule des MfS vorgelegte Abschlußarbeit des Oberstleutnants Hans-Dieter Ternies aus der Hauptabteilung II (Spionageabwehr) aufschlußreiche Einzelheiten. Sein Bandwurm-Thema lautete:

"Zur Tätigkeit der Abteilung Journalistische Beziehungen des MfAA der DDR bei der Gewährleistung von Ordnung und Sicherheit durch Einhaltung und Durchsetzung gesetzlicher Regelungen und Schaffung von Beweisen für ungesetzliche Aktivitäten ausländischer Korrespondenten in der DDR."[32]

In der Regel besitzen die an der Hochschule des MfS entstandenen Arbeiten nur einen geringen Informationswert. Das ist bei Ternies nicht der Fall. Zum einen übt er massive, mit konkreten Beispielen belegte Kritik an der aus MfS-Sicht laxen Dienstauffassung in der Abteilung Journalistische Beziehungen und zum anderen finden sich im Anhang seiner Ausarbeitung einige in der Abteilung verfaßte Schlüsseldokumente, aus denen ihre Strukturen, Aufgabenbereiche und Arbeitskontakte ersichtlich werden. Diese Dokumente sind deshalb von großer Bedeutung für die Forschung, weil nach Aussage des Bonner

Auswärtigen Amtes, in dessen Zuständigkeit die Archivbestände des MfAA fallen, die Akten der Abteilung Journalistische Beziehungen nicht mehr vorhanden sind.[33] Die Erklärung hierfür liegt auf der Hand: Der Nachwelt sollte durch die vermutliche Vernichtung der Akten die lenkende Hand des MfS verborgen bleiben.

Der Hauptvorwurf von Ternies an die Adresse des MfAA bezieht sich auf die unzureichende Unterstützung des MfS bei der Verfolgung von Verstößen der Korrespondenten gegen die im DDR-Gesetzblatt veröffentlichte "Verordnung über die Tätigkeit von Publikationsorganen anderer Staaten und deren Korrespondenten in der Deutschen Demokratischen Republik" vom 21. Februar 1973, deren erste Durchführungsbestimmung vom gleichen Tage und insbesondere gegen die zweite, verschärfte Durchführungsbestimmung vom 11. April 1979. Sie untersagte beispielsweise Interviews und Straßenbefragungen ohne vorherige Genehmigung. Außerdem mußten jetzt nicht nur für "journalistische Vorhaben" in staatlichen, sondern auch in gesellschaftlichen Einrichtungen vorher Genehmigungen eingeholt werden. Dies richtete sich vor allem gegen die Berichterstattung über das kirchliche Leben, um die sich bis zum Herbst 1989 eine Dauerkontroverse zwischen den staatlichen Organen und den Korrespondenten entwickelte. Letztere vertraten die Auffassung, die Kirchen seien keine "gesellschaftlichen" Organisationen im Sinne der zweiten Verordnung von 1979. In diesem Punkt resignierte selbst Erich Mielke schließlich. Ohne daß es publik werden durfte, unterrichtete er am 27. November 1987 die Leitung seines Ministeriums zunächst über die bekannten Rechtsgrundlagen für die Korrespondententätigkeit zur "Kenntnisnahme, jedoch nicht zur Veränderung der bisherigen Taktik des Vorgehens."[34] Abschließend verfügte Mielke jedoch überraschend die Duldung der "Durchführung journalistischer Vorhaben in Kirchen und kirchlichen Einrichtungen ohne Genehmigung" sowie weiterer nicht erlaubter, aber üblicher Praktiken, wie die Zweitnutzung genehmigter Vorhaben, die Aufnahme von Direktkontakten zu Interviewpartnern, die erst nach der Genehmigung des Interviews gestattet waren, oder die Nichteinhaltung der "Informationsfristen über Reisen außerhalb der Hauptstadt der DDR unter ungenauer Angabe des Reiseziels und des Reisegrunds". Mielkes Großzügigkeit beruhte sicherlich nicht auf einem plötzlichen Sinneswandel, sondern dürfte vielmehr eine Konzession der Parteiführung an die Bundesregierung gewesen sein, die Honecker kurz zuvor in Bonn empfangen hatte.

Bis zum MfAA und zur bundesdeutschen Ständigen Vertretung in Ostberlin war die von Mielke verfügte Tolerierung nicht genehmigter "journalistischer Vorhaben" im kirchlichen Bereich nicht so schnell durchgedrungen. Darauf läßt jedenfalls ein Vermerk von Maritta Carl, Mitarbeiterin der Abteilung Journalistische Beziehungen, über ein Gespräch am 11. Januar 1988 mit Eberhard Grashoff, Pressereferent der Ständigen Vertretung, schließen.[35] Sie notierte darin:

"Auf den [Maritta Carls; G. H.] Einwand, daß die Antragspflicht für Vorhaben im Kirchenbereich eindeutig in der DB [Durchführungsbestimmung der Journalistenverordnung vom 11. April 1979; G. H.] formuliert ist und dennoch vielfach von den Korrespondenten versucht werde, den kirchlichen Bereich als 'Grauzone' zu behandeln, erwiderte Grashoff, daß er diesbezüglich keine Erkenntnisprobleme habe und auch die Korrespondenten entsprechend berate."

Grashoff bestätigte mir die prinzipiell korrekte Darstellung des Vermerks über den Gesprächsverlauf, worauf im folgenden noch zurückzukommen sein wird.

Zurück zu den "Forschungsergebnissen" des Oberstleutnants Ternies, die er aus "unmittelbarem eigenen operativen Erleben", das heißt vermutlich durch seinen verdeckten Einsatz in der Abteilung Journalistische Beziehungen, ermittelt habe. Er beklagt sich unter anderem darüber, daß Verstöße gegen die Journalistenverordnung überwiegend nicht vom MfAA, sondern durch andere staatlicher Organe aufgedeckt worden seien, wobei im Falle des MfS die "inoffiziellen Beweise" in den meisten Fällen nicht hätten verwertet werden können. Indirekt kritisiert Ternies in diesem Zusammenhang sogar die Parteiführung, wenn er feststellt, "wegen politischer Prioritäten" sei es zu keinen nennenswerten Sanktionen gekommen. Die gravierendsten Maßregelungen von Westjournalisten seien nämlich nicht "aufgrund politisch-operativ festgestellter Rechtsverstöße" erfolgt. Damit meinte Ternies die Ausweisungen des "Spiegel"-Korrespondenten Jörg Mettke 1975 als Reaktion auf einen nicht von ihm verfaßten Bericht über Zwangsadoptionen in der DDR, des ARD-Fernsehkorrespondenten Lothar Loewe im Dezember 1976 wegen seines Vergleichs der Mauerschützen mit Hasenjägern, des ZDF-Korrespondenten Peter van Loyen 1979 wegen eines nicht genehmigten Interviews mit Stefan Heym und die des "Stern"-Korrespondenten

Dieter Bub 1983 aufgrund seiner Recherchen über ein vermeintliches Attentat auf Honecker.

Mit dem Ablauf der Akkreditierung des Korrespondenten Ulrich Schwarz mußte Anfang 1978 das "Spiegel"-Büro in Ostberlin geschlossen werden. Schwarz hatte sich von Hermann von Berg, einem früheren im Presseamt für die westdeutschen Journalisten zuständigen Abteilungsleiter und in den 70er Jahren Sonderbeauftragter der DDR-Führung für Westkontakte, ein sogenanntes Manifest eines oppositionellen "Bundes Demokratischer Kommunisten Deutschlands" in die "Feder diktieren lassen"[36]. Die Rolle von Bergs und die Hintergründe des in zwei Folgen veröffentlichten "Spiegel-Manifestes" sind trotz vieler inzwischen bekanntgewordener Details noch nicht gänzlich geklärt.[37] Hochrangige MfS-Offiziere schließen jedenfalls nicht aus, "daß bestimmte Hardliner im MfS ein Interesse an einer solchen Veröffentlichung hatten".[38]

Kein Erfolg war hingegen dem Versuch des damaligen Mielke-Vertreters Generalleutnant Bruno Beater beschieden, der in einem Schreiben an Honecker vom 19. August 1978[39] ein Strafverfahren gegen den ARD-Fernsehkorrespondenten Lutz Lehmann forderte, weil jener zusammen mit seinem Kollegen Fritz Pleitgen eine Sendung mit DDR-Schriftstellern vorbereitet hatte.

Offenbar wirkte die Aussichtslosigkeit, bei der Parteiführung etwas ausrichten zu können, ebenfalls demotivierend bei den mit Routinevorgängen überlasteten Mitarbeitern des für "BRD/WB" zuständigen Sektors 2 der Abteilung Journalistische Beziehungen. Ihr zeitweiliger, vom MfS zugewiesener Kollege Ternies bekundete sein Mißfallen über den in der Abteilung allgemein bekannten MfS-Hintergrund des Sektors und bemängelte zugleich die Überbetonung des "diplomatischen Images". Es herrsche eine schlechte Arbeitsmoral, die Entscheidungsvorbereitungen für die ZK-Abteilung Agitation seien unzureichend, was er mehrfach als Zeuge diesbezüglicher kritischer Vorhaltungen von seiten der zuständigen ZK-Funktionäre gehört habe. Selbst Partei-Entscheidungen würden heimlich kritisiert und nur unvollständig durchgesetzt, um eigene Fehler, etwa das "großzügige Übersehen von unstatthaften Aktivitäten der Korrespondenten", zu kaschieren. Außerdem offenbare "sich ein zu enges politisch-diplomatisches Verständnis der Rolle der Abteilung JB als MfAA-Vertreter im Prozeß der Wahrung der sozialistischen Gesetzlichkeit."

Die seinerzeit ins Außenministerium der DDR zur Abmahnung einbestellten Korrespondenten dürften sich im nachhinein angesichts der vom MfS monierten Großzügigkeit ihrer dort keineswegs diplomatisch agierenden Zensoren verwundert die Augen reiben, wenn sie sich an den harschen Ton erinnern, in dem sie gemaßregelt wurden. Grundsätzlich erhielten sie keine Erläuterungen zu den sterotyp erhobenen Vorwürfen, Falschmeldungen verbreitet oder sich in die inneren Angelegenheiten der DDR eingemischt zu haben. Daß das Nichteinmischungsgebot ein völkerrechtliches Prinzip ist, dem Journalisten allenfalls in Ausnahmefällen verpflichtet sein können, ignorierte die SED-Führung geflissentlich. Einige Beispiele für die kafkaesken Dialoge bei der Abmahnung von Westkorrespondenten finden sich in den Büroakten von Joachim Herrmann, der es nie versäumte, diesbezügliche MfAA-Gesprächsvermerke dem Generalsekretär vorzulegen.

So verfuhr Herrmann auch mit dem vom 9. Mai 1978 datierten Bericht des amtierenden Leiters der Hauptabteilung Presse im MfAA, Siegfried Hoeldtke, der am gleichen Tage den ZDF-Korrespondenten Hans-Joachim Wiessner und den dpa-Korrespondenten Dietmar Schulz wegen ihrer sich auf einen Augenzeugen stützenden Berichte über den Sturm auf einen Delikat-Laden am Maifeiertag in Wittenberge/Elbe verwarnte.[40] Wiessner bestand bis zum Abbruch des Gesprächs beharrlich, aber vergebens auf dem Nachweis, warum es sich bei seiner Darstellung der Vorfälle in Wittenberge um eine Falschmeldung gehandelt haben sollte. Bei der sich unmittelbar anschließenden Vorladung von Schulz entwickelte sich ein ähnliches Szenario, das Hoeldtke im unverfälschten Parteibürokraten-Deutsch wiedergab:

"Aus gleichem Anlaß wurde der DPA-Korrespondent D. Schulz am 9.5.'78, 14.00 Uhr 'nachdrücklichst verwarnt', der eine Falschmeldung über Wittenberge verbreitet hatte. Schulz hatte beim MfAA angefragt, und keine Bestätigung erhalten. Unsere Darlegungen entsprachen denen wie bei Wiessner. Auf die Frage von Schulz, in welchen Punkten die Meldung falsch sei, wurde erwidert, der Feststellung ist nichts hinzuzufügen. Daraufhin sagte Schulz, diese globale Anschuldigung weise er zurück. Nach dem wiederholten Hinweis, daß er eine Falschmeldung verbreitet hat, und der Frage, ob er denn die deutsche Sprache nicht verstünde, ob er die Beziehungen stören wolle, meinte Schulz, er habe Beziehungen weder zu stören noch zu fördern, sondern nur seine Chronistenpflicht zu erfüllen. Nach dem nochmaligen Hinweis auf seinen Verstoß gegen die Verordnung und auf seine Verantwortung für die Einhaltung der Verordnung wurde das Gespräch abgebrochen."

Drei weitere westdeutsche Korrespondenten erhielten ebenfalls eine Verwarnung für ihre Berichterstattung über die Vorfälle in Wittenberge. Sie erfuhren jedoch zunächst nichts von der sofortigen Verhaftung des Informanten, der eine mehrjährige Freiheitsstrafe erhielt und später von der Bundesregierung freigekauft wurde.[41]

Angesichts dieser Arbeitsbedingungen war es erstaunlich, daß die Mehrzahl der westdeutschen Korrespondenten ihre Informationspflicht gegenüber der Öffentlichkeit in beiden deutschen Staaten erfüllen konnte, obwohl sie gezwungen waren, sich ohne jegliche Unterstützung seitens staatlicher Stellen Hintergrundinformationen zu beschaffen. Außerdem mußten sie natürlich - übrigens ebenso wie die Auslandskorrespondenten im Dritten Reich - das "Lesen zwischen den Zeilen" der offiziellen Verlautbarungen beherrschen. Aber auch die intensive Auswertung der Bezirkszeitungen, der Kirchenpresse oder entlegener Fachzeitschriften erbrachte durchaus Aufschlüsse über Alltags- oder Versorgungsprobleme. Dies versetzte wiederum die verantwortlichen Redakteure der im Westen zitierten Publikationen in Angst und Schrecken, weil dann stehenden Fußes Maßregelungen aus dem SED-Zentralkomitee drohten.

Hinweise von Freunden und unbekannten Bittstellern mußten die Korrespondenten mit äußerster Vorsicht behandeln. Entweder galt es, die Betreffenden zu schützen oder sich vor gezielten Desinformationen zu hüten. Auch vor Pastoren konnten sie nicht sicher sein, wie das Beispiel des vermeintlichen Friedenskreisaktivisten, des Pfarrers Gottfried Gartenschläger aus Berlin-Altglienicke, zeigte.[42] Hinzu kam das in der Endzeit der DDR ständig perfektionierte totalitäre Überwachungssystem, zu dem elektronische Lauschangriffe ebenso wie die Post- und Telefonüberwachung gehörten und das selbst die Kontrolle der Mülleimer der Korrespondenten einbezog. Sogar vor handgreiflichen Attacken auf westdeutsche Fernsehteams schreckten MfS-Schlägertrupps nicht mehr zurück.

Klärungsbedarf besteht noch, inwieweit die MfS-Abteilung X der Hauptverwaltung Aufklärung (Aktive Maßnahmen; Desinformation) sowie die für die Westarbeit in der Partei- und Staatsführung zuständigen Funktionäre die Berichterstattung der Korrespondenten inhaltlich beeinflussen konnten. Die organisatorischen Vorausetzungen dafür waren in der Abteilung Journalistische Beziehungen des MfAA jedenfalls geschaffen. Aufschlußreich ist in diesem Zusammenhang eine dort am 24. September 1982 erstellte "Konzeption zur langfristigen Erhöhung der Wirksamkeit der Arbeit mit ausländischen Korrespondenten"[43], in der es hieß:

> "Führende Journalisten bürgerlicher Organe aus Schwerpunktländern sind gezielter zu Informationsreisen in die DDR einzuladen. Besondere Aufmerksamkeit gilt dabei den in Bonn bzw. Westberlin akkreditierten Korrespondenten bürgerlicher Organe. Die Praxis der Lancierung von Informationen über ausgewählte Korrespondenten ist zu intensivieren."

Darüber hinaus sollten Vertragsbeziehungen zwischen den Journalistenverbänden beider deutscher Staaten aufgenommen werden. Den Vorrang bei der Kontaktaufnahme wollte man der Deutschen Journalisten-Union (dju) wegen einer "Reihe von Anknüpfungspunkten (z.B. antiimperialistische Einstellung)" einräumen, weil man offenbar Grund zu der Annahme zu haben glaubte, dju-Mitglieder leichter als die des Deutschen Journalistenverbandes für propagandistische Zwecke instrumentalisieren zu können. Schließlich war die SED-Führung ständig darum bemüht, Schwachstellen in der westdeutschen DDR-Berichterstattung aufzuspüren, um sie für ihre eigene Informations- beziehungsweise Desinformationspolitik im In- und Ausland ausschlachten zu können.

Gratwanderung zwischen Objektivität, Schönfärberei, Anbiederung und Irrtum

Der in den 80er Jahren breiteren Kreisen in der Bundesrepublik durch seine Bismarck-Biographie bekannt gewordene DDR-Historiker Ernst Engelberg hatte ein distanziertes Verhältnis zu Erich Honecker. Er war allerdings verwundert, welches Ansehen Honecker jenseits der Grenzen genoß:

> "Es war in den achtziger Jahren mitunter schwer, westdeutschen Journalisten beizubringen, daß Honecker ein intellektueller Kümmerling ist. Da hielten manche auf ihn solche Lobreden, daß unsereiner nur sehr vorsichtig sein konnte."[44]

Selbst Peter Jochen Winters, nicht zuletzt aufgrund seiner langjährigen Tätigkeit als Berliner Korrespondent der "Frankfurter Allgemeinen Zeitung" einer der wenigen anerkannten DDR-Experten im westdeutschen Journalismus, schien an die vermeintliche Flexiblität Honeckers geglaubt zu haben. Winters zog 1976 folgendes Resümee über die fünfjährige Amtszeit Honeckers, wobei auch er - allerdings noch kurz vor der Ausweisung Wolf Biermanns - der allgemein verbreiteten Legendenbildung erlag:

"Der gelernte Dachdecker aus dem Saarland - einst als Intellektuellen-Fresser verschrien - hat nicht nur die sogenannten Technokraten im Partei- und Staatsapparat für sich einnehmen können, sondern auch ein Verhältnis zu den Wissenschaftlern, ja selbst zu Künstlern und Schriftstellern gefunden, das als entkrampft und gelockert, wenn nicht gar als vertrauensvoll charakterisiert werden kann."[45]

Margot Honecker erschien Winters damals noch als "eine eigenständige und kluge Politikerin", während er ihr 1994 in seinem Honecker-Nekrolog schließlich eine "stalinistische Menschenverachtung" bescheinigt und sie eine "fanatische Ehefrau" des SED-Chefs nennt.[46] Im nachhinein räumte Winters ein, daß er weder den ruinösen Zustand der DDR-Wirtschaft noch einen so schnellen Zusammenbruch des Systems sowie den bis zum Schluß vorhandenen, alles entscheidenden Einfluß der Sowjets für möglich gehalten habe.[47] Zu solchen weitverbreiteten Fehleinschätzungen, die insbesondere das Honecker-Bild in Ost- und Westdeutschland verklärten, leistete die in dieser Beziehung erfolgreiche Desinformationspolitik der SED-Propagandisten einen überaus effizienten Beitrag.

Geradezu euphorisch erinnerte sich Fritz Pleitgen 1982 an den Staatsratsvorsitzenden - unmittelbar nach Beendigung seiner Korrespondententätigkeit in der DDR für das ARD-Fernsehen:

"Während Helmut Schmidt den DDR-Fernsehkorrespondenten in Bonn vermutlich überhaupt nicht kennt, interessierte sich Honekker für unsere Arbeit. Hin und wieder befand er persönlich, ob wir drehen durften oder nicht. So gab er sein Plazet zu Aufnahmen von der Staatsjagd, zu der selbst DDR-Medien nicht zugelassen werden."[48]

Pleitgen zeigte in einem anderen Zeitungsbeitrag sogar Verständnis für die Behinderung und Überwachung seiner journalistischen Arbeit[49]. Dabei wußte er allerdings damals sicherlich nicht, wieviel seiner Arbeitszeit der SED-Generalsekretär den West-Korrespondenten widmete. Da DDR-Journalisten normalerweise keine Kontakte zu ihren westlichen Kollegen pflegen durften, erfuhr er wohl auch nichts von deren Unmut angesichts der Großzügigkeit Honeckers im Umgang mit westlichen Medienvertretern, denn Interviewwünsche von DDR-Journalisten beschied er in der Regel abschlägig. So entstand beispielsweise sein im FDJ-Organ "Junge Welt" am 8. Februar 1989 veröffentlichtes Interview auf der Grundlage eines vom JW-Chefredakteur Hans-Dieter Schütt vorbereiteten Textes.[50] Der FDJ-Zentralratsvorsitzende, Eberhard Aurich, leitete ihn an Egon Krenz weiter und verband dies mit der Bitte:

"Es wäre natürlich schön, wenn Genosse Honecker für wenige Minuten Hans-Dieter Schütt und Peter Neumann [stellvertretender JW-Chefredakteur, G. H.] empfangen könnte. Dann könnte auch ein Foto gemacht werden, das dem Interview hinzugestellt wird. Wenn das nicht möglich sein sollte, dann wählen wir ein geeignetes Foto aus und geben es Dir zur Bestätigung."[51]

Hans-Dieter Schütt galt zu DDR-Zeiten als eifriger Politruk. Nach der Wende bekannte er sich öffentlich zu seinen Irrtümern. Als Reporter für "Neues Deutschland" machte er nach der Wende eine Reihe von beachtenswerten Interviews. Zu seinen Gesprächspartnern gehörte auch Fritz Pleitgen, den er vor seiner Wahl zum Intendanten des Westdeutschen Rundfunks auch nach seinen Erfahrungen als DDR-Fernsehkorrespondent befragte. Pleitgen versuchte, sich defensiv und offensiv zugleich aus der Affaire zu ziehen:

"Sendete man ein Kurz-Interview mit Honecker auf der Leipziger Messe, so machte das sofort dicke Schlagzeilen auch im Westen. Viele Kollegen stürzten sich auf unsere Schnipsel. Die sollten daher sehr vorsichtig sein mit ihrem verächtlichen Hinweis auf zu freundlichen Journalismus. Sicher, aus heutiger Sicht hätte man manchmal souveräner berichten müssen."[52]

Auf die Nachfrage Schütts, ob souveräner auch kritischer heiße, antwortete Pleitgen vielsagend: "Vor allem tiefer, analytischer, komplexer." Eine an Schwammigkeit nicht zu überbietende Wortwahl, die Schütt - schon von der Diktion her - an seine zu DDR-Zeiten in den "Argus" der SED-Medienbürokraten erhaltenen "Orientierungen" erinnert haben dürfte.

Am 2. November 1993 stand auf der Tagesordnung der 51. Sitzung der Enquete-Kommission des Deutschen Bundestages "Aufarbeitung von Geschichte und Folgen der SED-Diktatur in Deutschland" die Berichterstattung westdeutscher Korrespondenten aus der DDR. Der Vorsitzende des Ausschusses, Rainer Eppelmann, beschrieb in einem differenzierten, aber gleichwohl nichts an Deutlichkeit vermissen lassenden Diskussionsbeitrag persönliche Erfahrungen, die er als prominenter Bürgerrechtler im Umgang mit verschiedenen bundesdeutschen Journalisten gesammelt hatte. Ihre Unterstützung wußten er und seine Mitstreiter stets zu schätzen, verschafften sie ihnen doch die von der SED verwehrte öffentliche Resonanz innerhalb und außerhalb der DDR. Darüber hinaus leisteten ihnen einige Korrespondenten wichtige Kurierdienste von und nach Berlin (West) und versorgten sie vereinzelt mit heiß begehrten westdeutschen Zeitungen und Zeitschriften. Ein Privileg weniger Oppositioneller, das ansonsten nur einem kleinen Kreis hoher Funktionäre vorbehalten blieb.

Eppelmann unterschied die ihm damals bekannten westdeutschen Journalisten in mehrere Kategorien: Reisekorrespondenten, die wie "die Blinden von der Farbe geredet" hätten; Korrespondenten, die von Berlin (West) aus und daher - von Eppelmann unausgesprochen - nur mit daraus resultierender Distanz über die DDR berichtet haben, sowie solche, die in Ostberlin gewohnt und von denen sich wiederum einige zusammen mit ihren Familien weitgehend in den DDR-Alltag integriert hätten.[53] Diese unterschiedlichen Arbeits- und Lebensbedingungen, aber auch Konzessionen an den Zeitgeist wirkten sich naturgemäß auf die Qualität der westdeutschen DDR-Berichterstattung aus. Eppelmann verdeutlichte dies anschließend anhand seiner Wahrnehmungen im Sommer 1987, als der Besuch Honeckers in der Bundesrepublik das beherrschende Medienthema war:

"Da habe ich gedacht, der Honecker, von dem die schreiben, das muß ein anderer sein, den du kennengelernt hast. Ich kann mir vorstellen, so mancher, wenn der sich heute anschaut, was er 1987 über Honecker geschrieben hat, kriegt eine rote Birne. Und ich meine jetzt nicht ein 'Neues Deutschland', sondern anerkannte offizielle und weitverbreitete Blätter der alten Bundesrepublik Deutschland. Ich habe aber auch verzweifelte Journalisten von Zeitungen, Rundfunk und Fernsehen erlebt, die gesagt haben: Ich habe hervorragende Sachen über das Leben in der Deutschen Demokratischen Republik. Aber das ist im Vorfeld der Reisevorbereitungen für den größten lebenden Deutschen nicht abgenommen worden. Die Rundfunk- und Fernsehstationen und die Verleger haben kein Interesse daran gehabt. Das sei jetzt nicht opportun."

Tatsächlich verhinderte nicht nur die Selbstzensur der Korrespondenten - etwa um ihre Informanten nicht zu gefährden oder aufgrund von
entspannungspolitischem Wunschdenken -, sondern auch die Ignoranz
westdeutscher Chefredakteure eine offensivere DDR-Berichterstattung.

Der frühere Ostberliner ZDF-Korrespondent, Michael Schmitz,
der sich selbst als "Linker" definiert, bedauerte selbstkritisch, sich an
der Hof- und Protokollberichterstattung bei der Übermittlung von
"Händeschüttel-Bildern" Honeckers mit westdeutschen Politikern im
Übermaß beteiligt zu haben.[54] Als aber beispielsweise der SPD-
Politiker Hans-Jochen Vogel nach einer Begegnung mit Honecker auf
einer Pressekonferenz gefragt worden sei, ob er mit dem Staatsratsvorsitzenden auch über Menschenrechtsverletzungen in der DDR gesprochen habe und warum die SPD mit der SED, aber nicht mit der
Opposition, den Dialog pflege, habe Vogel seine Wut kaum bändigen
können. "Wahrheitswidrig", so Schmitz, "stritt Vogel diesen Unterschied ab. Gesendet haben wir das nicht. Kein Interesse bei den Redaktionen." Rückblickend hält Schmitz es nach wie vor für richtig,
die Entspannungspolitik gegen die Ost-West-Konfrontation durchgesetzt zu haben, doch er stellt zu Recht die Frage, "wann die praktizierte Variante der Entspannungspolitik kontraproduktiv, zu einem
das siche DDR-Regime stabilisierenden Faktor geworden ist."

Die Ulbricht-Biographin und Publizistin Carola Stern gehört wie
Michael Schmitz zu den wenigen, die sich nach 1989 zu ihren Irrtü-
mern schonungslos bekannt haben. Sie gestand freimütig ein - mißbil-
ligt von ihren Freunden und kritisiert von ehemaligen Kollegen im
Westdeutschen Hörfunk, bei dem sie zuletzt die Programmgruppe
"Kommentare und Feature" leitete -, ein zu positives Bild von der
DDR vermittelt zu haben.[55] Auf einer Podiumsdiskussion im Oktober
1992 schilderte sie dafür ein Beispiel aus ihrer redaktionellen Praxis:

"Wir waren nicht genügend unterrichtet über die ökologische Situation in Ostdeutschland. Einmal hat ein freier Autor für mich
ein Feature geschrieben über Zwickau. Also, ich glaube, da hab'
ich zu ihm gesagt, lieber Kollege, dies war das erste und letzte
Mal, daß Sie bei mir über Zwickau oder eine andere Provinzstadt
in der DDR berichtet haben. Solche Hetze, solche kalten Kriegs-
geschichten. Ich glaub' heute, es war der wahrste Bericht über
Zwickau, der je im WDR gesendet worden ist."[56]

Carola Stern, die sich selbst nur im Hinblick auf die Ulbricht-Ära für eine DDR-Expertin hält, führt ihre Schönfärberei bezüglich der DDR auf die vorbehaltlose Begeisterung für die Enspannungspolitik zurück. Sie habe es deshalb bewußt unterlassen, öffentlich die DDR eine Diktatur zu nennen, weil sie sich immer gefragt habe, ob man der DDR-Führung schaden oder nutzen solle. Man habe sich - und das galt in den 70er und 80er Jahren im Westen für viele vermeintliche DDR-Experten - die Sorgen des Politbüros zueigen gemacht. Veränderungen habe sie nur durch eine Revolution von oben, nicht aber von unten erwartet.

Das Recht auf politischen Irrtum kann jedermann für sich beanspruchen. Andere Maßstäbe sind allerdings bei Journalisten anzulegen, die sich aus persönlicher Eitelkeit, Geltungsbewußtsein und Opportunismus nicht mehr um Objektivität bemühen, sondern sich vorrangig an der - natürlich nicht unwichtigen - kommerziellen Komponente der Medienbranche orientieren. Es hat den Anschein, als ob sich der kurzfristig amtierende "Stern"-Chefredakteur, Peter Scholl-Latour, und der damalige Chefredakteur der "ZEIT", Theo Sommer, bei ihrem Umgang mit Honecker und anderen Mitgliedern der DDR-Führung von solchen Motiven leiten ließen. So bezeichnete die ehemalige Bundesministerin für innerdeutsche Beziehungen, Dorothee Wilms, die aus der Aktenlage des Zentralen Parteiarchivs der SED ersichtlichen, später in diesem Kapitel geschilderten Begleitumstände der DDR-Reise Theo Sommers und anderer Redaktionsmitglieder im Jahre 1986 als das "bis heute beschämendste Beispiel" der Zusammenarbeit zwischen bundesdeutschen Journalisten und SED-Funktionären.[57]

Interviews gewährte Honecker westdeutschen Zeitungen äußerst selten. Wenn dies jedoch geschah, schlachtete er sie propagandistisch aus und ließ sie stets parallel im "Neuen Deutschland" veröffentlichen. Das Honecker-Interview vom 5. Juli 1978 mit dem stellvertretenden Chefredakteur der "Saarbrücker Zeitung", Erich Voltmer, verbreitete die Auslandsagentur "Panorama" sogar in mehreren Sprachen und es diente - aus nicht nachvollziehbaren Gründen "nur für den inneren Schulgebrauch" - auch als Studienmaterial an der SED-Parteihochschule. Bereits im Februar des Vorjahres hatte Honecker seinem persönlich geschätzten politischen Kontrahenten aus der Jugendzeit in Wiebelskirchen, Erich Voltmer, ein viel beachtetes, erstes Interview für eine westdeutsche Zeitung gegeben.

Peter Scholl-Latour, der 1983 nach dem Flop des "Stern" mit den gefälschten und von Desinformations-Spezialisten des MfS zur Legende gemachten Hitler-Tagebüchern als neuer Chefredakteur die Illustrierte aus ihrer Krise herausführen sollte, bat am 2. September 1983 Honecker schriftlich um ein Interview[58], das ihm am 28.Oktober auch gewährt wurde. Anknüpfend an gemeinsame saarländische Wurzeln warf Scholl-Latour dafür einen erfolgversprechenden Köder aus: "Persönlich schwebt mir vor, daß dieses Gespräch in einer vergleichbaren Weise geführt würde wie mit meinem alten Freund Erich Voltmer, mit dem mich nicht nur die gemeinsame saarländische Abstammung, sondern lange gemeinsame Jahre bei der 'Saarbrücker Zeitung' verbanden."

Mögen diese Anspielungen auf die gemeinsame landsmannschaftliche Herkunft wie auch der von Honecker unterstrichene Schlußsatz Scholl-Latours: "Bitte verstehen Sie meine Demarche als einen ehrlichen Versuch, dem guten Einververnehmen zwischen den beiden deutschen Staaten zu dienen" als taktisch begründete Anbiederungsmanöver vertretbar erscheinen - so zeugt der erste Teil des Schreibens, in dem der "Stern"-Chefredakteur um die Akkreditierung eines neuen Korrespondenten in Ostberlin ersuchte, doch von einzigartiger journalistischer Skrupellosigkeit. Sie gipfelt in der von Honecker gleichfalls dick markierten Selbstbezichtigung:

"Aufgrund einer bedauerlichen Fehlleistung unserer Redaktion ist der STERN seit einiger Zeit nicht mehr durch einen eigenen Korrespondenten in der DDR vertreten."

Die angebliche Fehlleistung bezog sich auf einen von der Hamburger Redaktion zur Titelstory aufgebauschten gründlich recherchierten Bericht des "Stern"-Korrepondenten Dieter Bub über die Amokfahrt eines vermutlich alkoholisierten, selbständigen Ofensetzers am Silvestertag 1982 ("Stern" Nr.3/1993). Bewaffnet mit einer alten, kaum funktionstüchtigen Pistole lenkte er seinen Lada bei Klosterfelde in die aus Wandlitz kommende Wagenkolonne Honeckers. Er wurde von einem Begleitfahrzeug abgedrängt und gestellt. Nach einem Schußwechsel beging er wahrscheinlich Selbstmord. Die Darstellung Bubs, den man umgehend aus der DDR wegen seiner nicht genehmigten journalistischen Recherchen auswies, zweifelten auch westliche Beobachter an. Doch selbst eine verspätet erschienene und wenig informative ADN-Meldung, die ohne den "Stern"-Bericht wohl kaum über den Ticker gelaufen wäre, schien die Darstellung Bubs schon damals zu bestätigen. Gestützt auf MfS-Aktenfunde "rehabilitierte" der "Stern" (Nr.49/1993) erst elf Jahre später seinen ehemaligen Korrespondenten und bestätigte den Wahrheitsgehalt seiner damaligen Reportage.

Dieter Bubs kritische DDR-Berichte und wohl auch seine enge Verbindungen zu den DDR-Bürgerrechtlern störten seinerzeit offenbar nicht nur seine Chefredaktion. Der Pressesprecher der Ständigen Vertretung der Bundesrepublik in Ostberlin, Eberhard Grashoff, wird in einem Honecker vorgelegten Vermerk der Abteilung Journalistische Beziehungen des MfAA folgendermaßen zitiert:

"Zum Problem des 'Stern' meinte Grashoff, daß die in der neuesten Nummer der Zeitschrift fortgesetzte Berichterstattung über den Vorfall in Klosterfelde sowie die 'Selbstdarstellung des Reporters Bub' die Ständige Vertretung mit großer Sorge erfülle, weil sie der Normalisierung zwischen beiden deutschen Staaten schade. Wenn der 'Stern' - wie er selbst angekündigt hat - diese Linie der Berichterstattung in den nächsten Ausgaben weiter eskaliert und auf andere Bereiche der DDR ausdehnt, befürchte die Ständige Vertretung, daß die DDR dann weitere Maßnahmen gegen den 'Stern' veranlassen könne. G. ließ durchblicken, daß dies die Meinung der meisten in der DDR akkreditierten BRD-Korrespondenten und auch die Meinung von Herrn Bräutigam sei."[59]

Von seiten der Korrespondenten wurde allerdings unter den gegebenen Umständen zu Recht mißbilligt, daß Bub einen Informanten, den Hausarzt des vermeintlichen Attentäters, in seinem Artikel namentlich benannt hatte.

Peter Scholl-Latour gelang es im Herbst 1983, den "Stern" in Ostberlin wieder hoffähig zu machen. Dies geschah mit tatkräftiger Unterstützung seines Ansprechpartners Wolfgang Meyer, dem Hauptabteilungsleiter Presse im DDR-Außenministerium, von dem er zugleich auch schriftlich und mündlich - im vertrauten Stil der SED-Medienbürokraten - redaktionelle "Empfehlungen" erhielt. Laut Meyer war Scholl-Latour übrigens von Honecker im höchsten Maße begeistert, weil er ihn genauso kennengelernt habe, wie ihn sein Freund Voltmer beschrieben hätte: "sympathisch, menschlich, unkonventionell, aufgeschlossen".[60] Der frühere DDR-Korrespondent der "Süddeutschen Zeitung", Peter Pragal, erhielt bemerkenswert kurzfristig seine Akkreditierung als Nachfolger Dieter Bubs, dessen inzwischen in der Hamburger Redaktion verfaßte DDR-Beiträge allerdings weiterhin für Unmut bei der SED-Führung sorgten. Deshalb empfahl Meyer dem Chefredakteur des "Stern" in einem von Honecker gebilligten Briefentwurf vom 8. September 1983 unverhohlen: "Es würde der Sache dienlich sein, wenn die Beiträge des früheren 'Stern'-Korrespondenten Bub über die DDR, die zum großen Teil auf Spekulationen beruhen, in Zukunft unterbleiben."[61] Außerdem verlangte Meyer, der Kollege Bubs, der "Stern"-Fotograf Harald Schmitt, solle aus Ostberlin abgezogen werden. Dazu erstattete Scholl-Latour am 27. September 1983 Meyer schriftlich eine Vollzugsmeldung.[62] Ein Indiz dafür, daß die Mediengängelung der SED auch im Westen funktionieren konnte.

Heiner Bremer, der Nachfolger Scholl-Latours auf dem Sessel des "Stern"-Chefredakteurs und heutige Moderator des RTL-Nachtjournals, verfolgte nahtlos die DDR-freundliche Linie seines Vorgängers. Seinen Leitartikel zum Honecker-Besuch in der Bundesrepublik im September 1987 betitelte Bremer mit "Honecker zwingt zur Ehrlichkeit". Damit war gemeint, die deutsche Teilung wäre nunmehr endgültig festgeschrieben. Bremer nutzte diese Gelegenheit sogleich, um mit allen Andersdenkenden gründlich abzurechnen:

"Eine Horrorvision für alle Ewig-Gestrigen, die noch immer davon träumen, eines Tages könne die DDR in die Bundesrepublik einverleibt werden - eine Annexion, Wiedervereinigung genannt. Eine Provokation für jene, die stets eine Anerkennung als zweiten deutschen Staat bekämpft und sich dabei ständig belogen haben."[63]

Über den Pressechef des DDR-Außenministeriums, Wolfgang Meyer, liefen ebenfalls seit 1983 die aus den SED-Akten ersichtlichen Bemühungen des "ZEIT"-Chefredakteurs Theo Sommer um ein Interview mit Honecker, das er schließlich am 30. Januar 1986 in seinem Blatt veröffentlichen konnte. Am folgenden Tage bedankte sich Sommer schriftlich bei Meyer für dessen Hilfe beim Zustandekommen des Interviews und zog dabei einen nicht nur in der Rückschau grotesk anmutenden Vergleich:

"Wenn ich mir die Bemerkung erlauben darf: Ihr Staatsratsvorsitzender braucht, was die gekonnte Verhandlung mit westdeutschen Journalisten angeht, nicht hinter Herrn Gorbatschow zurückzustehen."[64]

Diese Huldigung interpretiert Karl-Heinz Janßen, der Autor einer ansonsten vorzüglichen Monographie zum 50jährigen Jubiläum der

"ZEIT", Sommer hätte sich damit bei Honecker bedanken wollen, weil der SED-Chef die Einarbeitung des tatsächlichen Wortwechsels gestattet habe, obwohl üblicherweise nur schriftliche Antworten auf schriftlich eingereichte Fragen veröffentlicht werden durften. [65] Im Nachwort seines Buches vermerkt Janßen übrigens, daß sein "Hauslektor", der jetzige "ZEIT"-Herausgeber Theo Sommer, immer dann eingegriffen habe, sobald das "ZEIT-Anekdotische überhandnahm".

Dazu gehörte wohl auch, daß Sommer "besonders glücklich" über die Erlaubnis Honeckers war, seine "Reise in ein fernes Land" - so der Titel der seinerzeitigen Buchveröffentlichung - aus dem Jahr 1964 wiederholen zu dürfen. Meyer leitete Sommers Brief, versehen mit einem kurzen Anschreiben, zur Rückversicherung an Joachim Herrmann weiter, der darauf vermerkte: "Weisung E. H., Reise gut zu organisieren und unsere Hilfe!"[66]

Die zweite "ZEIT"-Reise in die DDR fand schließlich vom 24. Mai bis zum 3. Juni 1986 statt. Teilnehmer waren: Theo Sommer, Marion Gräfin Dönhoff (nur zeitweilig zu Gesprächen mit Politbüromitgliedern), Rudolf Walter Leonhardt, Nina Grunenberg, Peter Christ, Gerhard Spörl sowie die DDR-Korrespondentin Marlies Menge. Sie lieferten anschließend im Sommer 1986 Beiträge zu einer Artikelserie, die auch in eine neuerliche Buchveröffentlichung einflossen. Wolfgang Meyers Berichterstattung für die Parteiführung über den Verlauf und die Ergebnisse der von den Journalisten unprofessionell vorbereiteten "ZEIT"-Expedition in ein "fernes Land" vermittelt - insbesondere bei der Charakterisierung der Autoren - durchaus nachvollziehbare Einblicke in die Gedankengänge seiner Hamburger Gäste.

Das Begrüßungsessen am 24. Mai habe Meyer genutzt, um Sommer unter vier Augen "bei aller Unterschiedlichkeit der Positionen" deutlich zu machen, daß eine andere Tendenz bei den vorab eingereichten Interviewfragen an Verteidigungsminister Keßler erwartet worden wäre. Sommer habe daraufhin erklärt, er möchte auf keinen Fall provozieren, "aber er wolle sich auch nicht von bestimmten Leuten in der Bundesrepublik vorwerfen lassen, er sei ein 'Schlappschwanz', weil er so zahnlose Fragen gestellt habe." Dies sei Sommer nach seinem Interview mit Honecker gesagt worden, aber trotzdem sei er bereit, noch einmal über die Fragen und über eventuelle Vorschläge Meyers nachzudenken.[67]

Beim Abschlußgespräch hätten die Journalisten laut Meyer untereinander lebhaft und teilweise auch kontrovers über den Systemver-
gleich diskutiert.[68] So über die Frage: "möchtest Du, könntest Du in
dieser DDR leben?" Vor 22 Jahren sei nach eigenem Bekunden keiner
auf den Gedanken gekommen, diese Frage zu stellen, da die Antwort
von vornherein "Nein" gelautet hätte. Jetzt aber sei die DDR anders
geworden, als sie es sich vorgestellt hätten, nämlich "souveräner, ge-
lassener, die Partner würden nicht durch Agitation, sondern durch
Leistung und Engagement überzeugen." Sommer, Grunenberg und
mit Einschränkungen auch Menge hätten, "gemessen an der sozialen
Geborgenheit, der Sicherheit des Arbeitsplatzes, am Behütetsein, in
dem die Jugend heranwächst, den niedrigen Mieten und dem gesellschaftlichen Miteinander", zum "Ja" tendiert. Leonhardt habe diese
Fragestellung für sich abgelehnt, denn

> "Sicherheit des Arbeitsplatzes durch Berufslenkung, das Aus-
> wahlprinzip bei der Zulassung zum Studium entsprechend gesell-
> schaftlicher Erfordernisse bedeute für ihn Unfreiheit und Regle-
> mentierung, er wolle die Freiheit des Individuums, wenn sie auch
> mitunter in der Freiheit bestehe, in der Gosse zu landen."

Spörl und Christ hätten sich zwar von der Leistungsfähigkeit der
DDR-Industrie und den sozialen Errungenschaften beeindruckt gezeigt, doch diesen Sozialismus abgelehnt, weil er nicht den Vorstellungen linker Demokraten entspräche. Grunenberg habe betont, daß
sie sich vorher kaum mit der DDR befaßt habe. Jedoch nach allem,
was sie kennengelernt habe, "sei ihr völlig unverständlich, weshalb
bestimmte Leute die DDR verlassen wollten". Christ habe dagegen
versucht, "das offiziell Erlebte" mit Argumenten seiner Bekannten,
die offenbar die Ausreise beantragt hätten, in Zweifel zu ziehen. Dem
sei Sommer mit dem Beispiel seiner Verwandten - "(Cousin, Leiter
einer HO-Verkaufsstelle, zufrieden in der DDR, SED-Mitglied)" -
entgegengetreten. Grunenberg und Menge hätten Christ eindringlich
geraten, die Aussage seiner Bekannten nicht zu verallgemeinern, denn
"Unzufriedene und notorische Meckerer gäbe es überall, man müsse
das große Ganze sehen."

Selbst wenn in Rechnung gestellt werden muß, daß Meyer ein Interesse daran gehabt haben dürfte, die "ZEIT"-Reise als einen Erfolg
seiner organisatorischen und propagandistischen Aktivitäten gegenüber dem Politbüro zu deklarieren, so lassen doch Sommers allgemein
zugänglichen Veröffentlichungen den Schluß zu, daß er im persönli-

chen Gespräch - aus welchen Gründen auch immer - in die Rolle eines SED-Agitators geschlüpft sein könnte. So soll laut Meyer der "ZEIT"-Chefredakteur die von ihm in der DDR ausgemachte Entwicklung zum Positiven folgendermaßen ausgesprochen "systemnah" begründet haben:

"Die Ursache dafür sähe er im neuen Kurs der Partei seit dem VIII. Parteitag, der, verbunden mit dem Wechsel in der Person des Generalsekretärs und veränderten außenpolitischen Bedingungen, deutliche innenpolitische Veränderungen bewirkt habe. Die Reise habe ihm klargemacht, daß sich nicht nur im Wohnungsbau, sondern praktisch auf allen Gebieten des gesellschaftlichen Lebens eine Wende vollzogen hat. Darauf führte er auch die gewachsene Souveränität der DDR-Bürger zurück."

Abschließend habe sich Sommer beim Cocktailempfang zur Vertiefung seiner Erkenntnis bekannt - zu der er auch nach 1989 in dürftig begründeteten öffentlichen Rechtfertigungsversuchen unbeirrt steht -, "daß nicht Vereinigung der beiden deutschen Staaten das Ziel sein könne, sondern Einigung mit dem Ziel der Friedenssicherung." Ein Credo, das der Mitherausgeber der "ZEIT", Helmut Schmidt, keineswegs teilte. Vielleicht enthielt die von Meyer protokollierte Danksagung Sommers an seine Gesprächspartner aus dem Politbüro ja auch eine Spitze gegenüber seinem einstigen politischen Ziehvater, wenn er den SED-Gerontokraten bescheinigte, sie würden, im Gegensatz zu bundesdeutschen Politikern, auch sagen, was sie meinten.

Am 19. August 1986 fertigte Meyer für das Politbüromitglied Joachim Herrmann eine detaillierte Textanalyse der inzwischen erschienenen "ZEIT"-Serie. Unter dem Strich wertete er sie als einen gelungenen Beitrag zur Beeinflussung der öffentlichen Meinung in der Bundesrepublik im Sinne der SED. Eine Passage dieser Analyse verrät erstaunliche Kenntnisse über Redaktionsinterna. Dort heißt es:

"Das vorliegende journalistische Ergebnis der Reise entstand im Verlaufe heftiger Auseinandersetzungen unter den beteiligten Redakteuren sowie innerhalb der Redaktion. Konservative Kräfte in der Redaktion drängten darauf, die Serie kürzer zu fassen und von der Aussage her der Diktion des Buches des ehemaligen DDR-Korrespondenten des ARD-Hörfunks, E. Bethke, 'Jubeln nach Dienstschluß' anzupassen. Sie nahmen Einfluß auf die vorgelegte Konzeption der Serie. Gleichfalls gab es Bestrebungen, der Serie ein anderes Umfeld (Negativbeiträge zum 13. August) zu geben.

Chefredakteur Sommer setzte jedoch durch, daß am Umfang und an wesentlichen Aussagen keine Abstriche gemacht wurden, nahm Einfluß auf den Inhalt anderer DDR-bezüglicher Beiträge (statt eines Negativbeitrages zum 25. Jahrestag der Grenzsicherung ein Artikel von Peter Bender, Zurückhaltung gegenüber der DDR bei der Behandlung der Asylantenfrage)."[69]

Die Diktion dieser Passage und die Formulierungen "konservative Kräfte" oder "Negativbeitrag" deuten auf zusätzliche Informationen Meyers aus der MfS-Zentrale. Nicht auszuschließen ist deshalb, daß auch Inoffizielle Mitarbeiter Mielkes vom Hamburger Redaktionstisch berichtet haben könnten. In dem sicherlich als "Positivbeitrag" angesehenen Artikel hatte Peter Bender wieder einmal die Notwendigkeit des Mauerbaus auf seine Weise begründet: Er sei unvermeidlich gewesen, "weil beide deutsche Regierungen vorher zu Entspannung, Vernunft und Interessenausgleich außerstande waren."[70]

Meine Bemühungen, sowohl mit Theo Sommer als auch mit Wolfgang Meyer über den Inhalt der Niederschriften Meyers über die zweite "ZEIT"-Reise zu sprechen, sind aus mir nicht verständlichen Gründen gescheitert. Sommer teilte mir nach der Lektüre der Erstfassung dieses Kapitels lediglich mit, daß ich den "auf Wirkung angelegten Aufschneidereien von Botschafter Meyer" erlegen sei.[71] Daraufhin befragte ich den mir als temperamentvoll geschilderten Wolfgang Meyer telefonisch, ob die von ihm angefertigten Berichte den Tatsachen entsprächen. Meyer verweigerte jedoch überraschenderweise jegliche Auskunft und wiederholte mehrfach, er wolle nicht den "Schiedsrichter" zwischen mir und Sommer spielen. Mit dem Vorwurf Sommers an seine Adresse könne er leben.

Meyers Aufzeichnungen erscheinen mir dennoch glaubwürdig zu sein. Sie widerspiegeln auch den durchaus vorhandenen Pluralismus in der "ZEIT"-Redaktion, in der allerdings - zumindest in den 80er Jahren - Sommers Appeasement-Journalismus gegenüber den osteuropäischen Diktaturen dominant war. Hinzu kam, daß das Blatt mit Joachim Nawrocki lediglich über einen einzigen ausgewiesenen DDR-Fachmann verfügte, der allerdings unter Sommers Ägide verhältnismäßig selten zu Wort kam. Nawrocki nahm in seiner DDR-Berichterstattung aus Berlin (West) kein Blatt vor den Mund und scheute sich auch nicht, einen Kollegen, den DDR-Korrespondenten des SPD-Organs "Vorwärts", Walter Leo, einen "professionellen Schönfärber" zu nennen.[72]

Leo scheute beispielsweise 1978 nicht davor zurück, seinen Gesprächspartnern im DDR-Außenministerium schriftlich darzulegen, daß er sich nicht dem Protest seiner Kollegen gegen die Schließung des "Spiegel"-Büros im Jahre 1978 anschließen werde. Unter anderem deshalb, weil "ihm die rechte Lust" fehle, sich "an Deklarationen über mangelnde Pressefreiheit in der DDR zu beteiligen."[73] Von der Hand zu weisen ist sicherlich auch nicht die Behauptung des Politbüromitgliedes Werner Lamberz, der bei seinem Zusammentreffen mit Schriftstellern und Künstlern im Ostberliner Haus von Manfred Krug am 20. November 1976 erklärte hatte, auch West-Korrespondenten hätten gefragt, warum Wolf Biermann nicht vor Gericht gestellt wurde, denn vor seiner Ausweisung wäre er doch ein unbekannter Mann gewesen.[74]

Es war sicherlich nicht nur das schillernde Honecker-Bild, das viele westdeutsche Journalisten - auch im Schlepptau prominenter bundesdeutscher Politiker - verinnerlichten und im Zeichen der fraglos im Grundsatz richtigen und auf breiter Front akzeptierten Entspannungspolitik zur Schönfärberei verführte. Auch die "system-immanent" forschenden westdeutschen DDR-Spezialisten, denen das heute wieder gängige Adjektiv "totalitär" in Verbindung mit dem SED-Regime als ein Sakrileg und Rückfall in die Sprache des sogenannten Kalten Krieges vorkam, hatten keinen geringen Anteil an den beschwichtigenden Facetten der westdeutschen DDR-Berichterstattung. So sieht es zumindest der ZDF-Chefredakteur Klaus Bresser, der sich der selbstkritischen Rückschau nicht verschloß, als er 1990 auf den "Mainzer Tagen der Fernsehkritik" erklärte:

"So vernünftig eine pragmatische Anerkennung des Staates DDR war: Hätten wir Journalisten nicht deutlicher sehen und vermitteln müssen, wie die Menschen in der DDR dachten und empfanden? Meine Antwort darauf: Wir waren zu stark ausgerichtet auf die Sichtweisen der Politik und die Lehrmeinungen der Wissenschaft. Wir trauten den Autoritäten, aber unseren eigenen Augen nicht. Was sich seit September 1989 eruptiv auf den Straßen der DDR entlud, das hatte sich ja unter der Oberfläche jahrelang angestaut."[75]

Eine plausible Deutung der Befindlichkeit vieler in Ostberlin akkreditierter westdeutscher Journalisten. Den meisten Reisekorrespondenten - betreut von prinzipienfesten kommunistischen Bärenführern - blieb die DDR dagegen eine terra incognita. Für manche Starjournalisten in den bundesdeutschen Redaktionsstuben gilt, was Herbert Riehl-Heyse treffend zum Tode von Henri Nannen schrieb. Nannen sei kein Heiliger gewesen und in seinen jungen Jahren während des Dritten Reiches "durchaus gefährdet durch jenen gewissen Opportunismus, den man bei vielen großen Journalisten findet, deren Stärke unter anderem in der Flexibilität ihrer Überzeugung liegt."[76]

"Entspannungsbeseelte" Pressearbeit in der bundesdeutschen Vertretung

Karl Eduard von Schnitzler zeigte sich von seinem Besucher beeindruckt. In seiner Eigenschaft als Vizepräsident der Leipziger Dokumentar- und Kurzfilmwoche empfing er am 26. November 1978 Günter Gaus, den Ständigen Vertreter der Bundesrepublik Deutschland bei der Regierung der DDR. Das Gespräch, so Schnitzler in einem knappen Vermerk für die Parteiführung, "verlief in einer aufgeschlossenen, freundlichen bis heiteren, normalen Atmosphäre."[77] Erörtert wurden unter anderem Fragen des Kulturaustausches zwischen beiden deutschen Staaten, Dichterlesungen oder ein geplanter Filmcocktail in der Ständigen Vertretung. Ein Höflichkeitsbesuch mit Routinecharakter, wenn Schnitzler nicht ein vielsagendes Postskriptum hinzugefügt hätte. Darin notierte er über Gaus:
"Im Laufe des Gesprächs erwähnte er beiläufig und ohne ein Lächeln zu verbergen, daß er 'eigentlich gegen das Zeigen der Westberliner Fahne protestieren' müsse."
Vermutlich wird es in dem Bericht von Gaus an das Kanzleramt anders stehen. Sollte er sich tatsächlich so verhalten haben, hätte er den Anschein erweckt, die Drei-Staaten-Theorie der SED zu billigen und die vertraglich festgelegten Bindungen von Berlin (West) an die Bundesrepublik gering zu schätzen. Der Moderator des "Schwarzen Kanals" dürfte sich jedenfalls in seiner montäglichen Falschmünzerei bestärkt gefühlt haben.

Der bereits erwähnte ehemalige ZDF-Korrespondent in Ostberlin, Michael Schmitz, liefert eine zutreffende, wenn auch in ihrer verallgemeinernden Form zugespitzte Beschreibung des Verständnisses breiter Kreise der westdeutschen Politik und Publizistik von der Entpannungspolitik gegenüber der DDR:

"Westpolitiker und Journalisten definierten Entspannungspolitik so, daß sie die Art und Weise, wie die SED die Macht verwaltete, hinnahmen. Die Bürgerrechtler suchten vergeblich nach Unterstützung. Ignorante Zurückweisung entmutigte die Opposition in der DDR. Im Westen nahmen sie die Kirche ernst, die sich als <u>Kirche im Sozialismus</u> [von Schmitz hervorgehoben, G.H.] der SED unterstellte. Das Bemühen, menschliche Erleichterungen zu erreichen und sich mit der Macht zu arrangieren, bedachten Liberale, CDUler und SPDler mit wohlwollender Anerkennung. Durch ihr Verständnis von Entspannung bestimmten sie mit, wie politische Diskussion in der DDR stattfinden sollte. Keine westliche Regierung (außer Österreich) paßte sich so pflegeleicht den Bedürfnissen der östlichen Machthaber an wie das sozial-liberale und das liberal-konservative Bonn."[78]

Wenn auch das harsche Urteil von Schmitz der Differenzierung bedarf, für einige leitende Mitarbeiter der Ständigen Vertretung in Ostberlin war ein solches Verständnis von 'Entspannungspolitik' fraglos prägend für Ihren persönlichen Umgang mit Funktionären des SED-Staates. Diesen Eindruck entnahm ich zumindest aus meinen Gesprächen mit dem von 1982 bis Anfang 1989 amtierenden Leiter der Ständigen Vertretung, Hans Otto Bräutigam, und dessen damaligen Pressereferenten Eberhard Grashoff.[79] Beiden habe ich die sie betreffenden Akten aus dem ehemaligen Zentralen SED-Parteiarchiv zur Stellungnahme vorgelegt und ihre diesbezüglichen Interpretationen und Ergänzungen im folgenden berücksichtigt.

Ein besonderes Vertrauensverhältnis verband den gelernten Diplomaten Bräutigam, mit dem Chefredakteur der außenpolitischen Monatszeitung "horizont", Ernst-Otto Schwabe. Nach Auskunft Bräutigams habe er zahlreiche Gespräche mit Schwabe geführt, weil er in ihm nicht den Journalisten, sondern den Funktionär mit unmittelbaren Verbindungen zur Parteispitze sah, zu der Bräutigam selbst keine Kontakte unterhalten habe. Dabei sei er immer davon ausgegangen, und er habe dies auch beabsichtigt, daß Schwabe dort über die Gespräche berichte. Schwabe habe sich in seiner Gegenwart keine Notizen gemacht. Bräutigam habe keinerlei Aufzeichnungen angefertigt, so daß er sich auch nicht mehr an jede Einzelheit erinnern und deshalb auch nicht nachprüfen kann. Generell beurteilt Bräutigam die beiden vorhandenen Gesprächsvermerke Schwabes über gemeinsame Kamingespräche als eine Mischung aus Wahrheit und Halbwahrheit.

Bemerkungen Bräutigams, die Schwabe besonders interessiert hätten - beispielsweise eine lobende Erwähnung Honeckers -, habe jener über Gebühr herausgestellt. Insgesamt seien Schwabes Gesprächsnotizen verzerrt und nicht authentisch, zumal er nicht in jedem Falle die eigentlichen Motive Bräutigams bei bestimmten Äußerungen habe erkennen können.

Schwabe erhielt am 11. September 1968 vom Sekretariat des SED-Zentralkomitees den Auftrag zur Gründung und Leitung von "horizont". Das Blatt erschien zunächst als Wochenzeitung im SED-eigenen Berliner Verlag. Bis 1989 hielt sich Schwabe strikt an die ihm seinerzeit erteilte Vorgabe, "die Triebkräfte, Ursachen und Zusammenhänge des internationalen Klassenkampfes" zu analysieren.[80] Schwabe war zuvor Sektorenleiter in der ZK-Abteilung Internationale Verbindungen und von 1965 bis 1968 Leiter der Presseabteilung im Außenministerium. Seine enge Anbindung an die Hauptabteilung Aufklärung des MfS war nicht erst seit Mai 1979 ein offenes Geheimnis, als er zu "einem exklusiven Pressegespräch" ins Ostberliner Internationale Pressezentrum einlud.[81] Dort präsentierte er Inge Goliath, die Sekretärin des CDU-Bundestagsabgeordneten Werner Marx, die sich, angestiftet von ihrem Ehemann, als MfS-Agentin verdingt hatte. Auch ohne Insiderwissen hätte die aufmerksame, im Vergleich zu anderen DDR-Zeitungen durchaus aufschlußreiche Lektüre von "horizont" zu außen- und deutschlandpolitischen Themen bei den Mitarbeitern der Ständigen Vertretung zu der Erkenntnis führen müssen, daß Mielkes Presseoffiziere und Desinformationsspezialisten hier wie bei keiner anderer DDR-Publikation die Feder führten und sie auch als "wissenschaftliches Dach"[82] nutzten.

In seiner Aufzeichnung des Hintergrundgesprächs mit Bräutigam vom 1. Februar 1985[83] notierte Schwabe, der Ständige Vertreter habe ihn in seiner Redaktion aufgesucht, weil er sich "mal wieder inoffiziell mit jemandem über einige Fragen austauschen" wolle, "die ihn gegenwärtig sehr bedrückten". So würden die jüngsten politischen Äußerungen von Bonner Politikern zu Schlesien seine Aufgabe in der DDR sehr erschweren. Er müsse sagen, die DDR-Medien und auch offizielle Persönlichkeiten hätten "recht maßvoll" darauf reagiert. In diesem Sinne berichte er auch nach Bonn, aber er sei sich nicht sicher, "ob man das dort überhaupt richtig begreifen würde". Generell habe Bräutigam die Erfahrung gemacht, allgemeine Berichte nach Bonn zu senden, sei politisch wenig effektiv. Es sei vielmehr besser, in Einzelgesprächen mit einflußreichen Persönlichkeiten, aber auch in meinungsbildenden Gremien über die DDR und ihre Politik zu referieren. So folge er einer Einladung des niedersächsischen Ministerpräsidenten Albrecht zu einem diesbezüglichen Vortrag vor dessen Kabinett. Das hätte ihm, "nebenbei gesagt, vom Bundeskanzleramt die Bemerkung eingetragen, wieso er direkt mit Herrn Albrecht verkehre". Auch mit Ministerpräsident Späth sei eine ähnliche Veranstaltung verabredet, denn die "Landesherren" hätten "fast die Rolle von Herzögen, und die politische Arbeit mit ihnen sei sehr wichtig". Ein Hinweis, den Honecker bei seinen zahlreichen Begegnungen mit Ministerpräsidenten der westdeutschen Bundesländer befolgt hat.

Weitere Themen des Geprächs waren laut Schwabe unter anderem die Respektierung der DDR-Staatsbürgerschaft, an die sich die SPD nach Bräutigams Meinung langsam herangetastet hätte, oder der Abbau der Sogwirkung der Bundesrepublik auf einen Teil der DDR-Bevölkerung, den Bräutigam auf fünf Prozent veranschlagt hätte. Dabei habe er jedoch nicht für "allgemeine Reisen von DDR-Bürgern", sondern für eine Politik der kleinen Schritte "ohne Risiko und jederzeit zurücknehmbar" plädiert. Als "offensichtliches Hauptanliegen" Bräutigams eruierte Schwabe dessen Sondierungen, ob ausgereisten und in der Bundesrepublik gescheiterten DDR-Bewohnern die Rückkehr gestattet werden könne. Unter den 40 000 Übersiedlern des Jahres 1984 gäbe es eine erhebliche Zahl, die sich in der Bundesrepublik nicht zurechtfinden würden. Damit habe Bräutigam nicht solche gemeint, die sich nirgendwo zurechtfänden oder Glücksritter wären. Ein wesentlicher Teil von denen, die er vielmehr gemeint habe, hätten sogar bereits Arbeit gefunden. "Aber" - so zitierte Schwabe wörtlich - "sie finden sich in unserem System nicht zurecht. Ihnen fehlt bei uns sehr stark, was bei Ihnen weit mehr ausgeprägt ist: menschliche Wärme, Heimatgefühl etc.". Schwabes Bemühen um eine authentische Wiedergabe des Geprächsinhalts und der Zitate ist unverkennbar. So korrigierte er handschriftlich Bräutigams Besorgnis über die "neuerliche Erkrankung des Genossen Tschernenko" dahingehend, daß er sich an den Wortlaut hielt, "des Genossen" strich und durch "von" ersetzte.

Bei der Niederschrift eines noch offenherziger wirkenden Gesprächs zwischem dem "horizont"-Chefredakteur und dem beamteten Staatssekretär am 15. Juni 1987 ging Schwabe systematisch vor und versah in seinem Vermerk die angesprochenen Themen mit diesen Zwischenüberschriften:

"Zur Person des Genossen Honecker ... Zu einer eventuellen Reise des Genossen Honecker in die BRD ... Zu Berlin ... Zu seiner Arbeit ... Zu den Beziehungen BRD-Sowjetunion ... Zur NATO."[84]

Als Begleiter von "leitenden Herren" aus der Bundesrepublik habe sich, so Schwabe, Bräutigam mehrfach davon überzeugen können, "daß man Herrn Honecker in keiner Weise anmerke, daß er bald seinen 75. Geburtstag begeht". Honecker kenne sich in Detailfragen der deutsch-deutschen Beziehungen und in der Abrüstungsproblematik so gut aus, wie es nach westlichen Vorstellungen eigentlich schon Sache der Spezialisten sei. Dabei konnte Bräutigam natürlich nicht wissen, daß sich Honecker unter grober Vernachlässigung anderer Problembereiche - wie beispielsweise die desolate Wirtschafts- und Sozialpolitik - als Autodiktat zu einem profunden deutschlandpolitischen Spezialisten qualifiziert hatte. Angesichts seiner Allmacht als SED-Generalsekretär war auch keineswegs verwunderlich, daß - was Bräutigam imponiert haben soll - in Gesprächen mit ihm "oft im Handumdrehen komplizierte Fragen gelöst würden, die vorher auf Expertenebene lange und mühevoll diskutiert worden waren". Der Staatssekretär habe auch darauf gedrungen, daß die Reise Honeckers in die Bundesrepublik diesmal stattfinden müsse, denn er sei dort "generell" willkommen. Man erwarte von diesem Besuch, daß für eine lange Zeit Pflöcke zur Gestaltung der Beziehungen eingeschlagen würden. Durch den Regierungswechsel in Bonn hätten sich leider die zwischen Helmut Schmidt und Erich Honecker in Hubertusstock geführten Gespräche nicht voll auswirken können. Die Vorbereitungen für den Besuch müßten von beiden Seiten mit äußerster Behutsamkeit geführt werden, denn "gewisse Leitartikel" in den bundesdeutschen Medien im Zusammenhang mit den Ereignissen am Brandenburger Tor müßten als Warnzeichen verstanden weden. Hier wäre zu fragen, ob Bräutigam damit das brutale Vorgehen der Volkspolizei und der MfS-Schlägertrupps zu Pfingsten 1987 gegen westdeutsche Korrespondenten und musikbegeisterte DDR-Jugendliche oder die dazu geäußerten Meinungen in den westdeutschen Medien tadeln wollte.

Die 750-Jahr-Feier Berlins hätte, wie Bräutigam befürchtet haben soll, manche Belastungen für die innerdeutschen Beziehungen gebracht, denn "beide Seiten hätten die Problematik nicht beherrscht".

Seine Teilnahme am Festumzug in Ostberlin hänge davon ab, daß die Einladung nicht von Oberbürgermeister Krack komme. Bräutigam könne zwar die Gedankengänge der alliierten Schutzmächte "in dieser Frage auch unter statusrechtlichen Gesichtspunkten nicht recht nachvollziehen", doch er müsse sich selbsverständlich deren Meinung anschließen.

Detailliert vorgebrachte Klagen Bräutigams über seine Arbeitsbelastung wurden in der Wiedergabe Schwabes zu massiven Beschwerden über die Personalpolitik des Bundeskanzleramtes. Bräutigam schätze sich zwar glücklich, daß er 1974 in Bonn bei den Vorbereitungen zur Eröffnung der Ständigen Vertretung noch habe durchsetzen können, dem Leiter ein Mitspracherecht einzuräumen. Doch seit einiger Zeit würde im Bundeskanzleramt und in anderen einflußreichen Dienststellen "eine rigorose Personalpolitik im Interesse der CDU durchgeführt". Er habe jedoch bisher verhindern können, daß "ausgesprochene Scharfmacher" zu ihm geschickt worden wären. Von den leitenden Herren in der Vertretung sei nur sein Stellvertreter Mitglied der CDU, "ohne sich nach außen besonders als solches zu engagieren". Jüngst habe man ihm einen persönlichen Referenten, "einen Mann aus dem Verteidigungsministerium andienen wollen", was Bräutigam als symptomatisch für den gegenwärtigen Trend der Personalpolitik im Bundeskanzleramt betrachtet habe. Insgesamt glaube er aber, daß sich auch im "öffentlichen Bonn" gegenüber der DDR manches gewandelt habe. Und: "Hinter den Kulissen leiste Bundespräsident von Weizsäcker in dieser Richtung eine sehr intensive Arbeit."

Hans Otto Bräutigam erläuterte mir gegenüber, seine Bemerkungen zur Personalpolitik der Ständigen Vertretung seien vor dem Hintergrund heftiger Angriffe der DDR-Führung gegen seine Mitarbeiter gefallen. Er habe sich damit vor seine Leute stellen wollen, um das Vertrauen in die Politik der Vertretung nicht aufs Spiel zu setzen. Dafür sorgte auf seine Weise auch der 1993 als langjähriger MfS-Agent enttarnte ehemalige Leiter des politischen Referats der Ständigen Vertretung, Knut Gröndahl. Es bedarf schon einiger Phantasie, um sich vorzustellen, welche zusätzlichen Interna er aus seiner Dienststelle in der Hannoverschen Straße in Berlin-Mitte den Auftraggebern in der Lichtenberger Normannenstraße übermittelt haben könnte.

Zur Tätigkeit der Pressereferenten der Ständigen Vertretung gehörte die Betreuung der westdeutschen Korrespondenten in Ostberlin.

Dazu hatten sie dienstliche Kontakte zur Abteilung Journalistische Beziehungen im Außenministerium und auch - allerdings eher informell - zur Agitationsabteilung im SED-Zentralkomitee. So berichtete der dort zuständige Sektorenleiter Hans-Joachim Kobert in einem für Joachim Herrmann bestimmten Vermerk über ein kurzes Gespräch am 16. März 1978 auf einem Empfang der tschechoslowakischen Botschaft mit Johannes Rieger, dem Pressesprecher von Gaus.[85] Rieger habe dabei sein Bedauern über das Verhalten einiger westdeutscher Korrespondenten in "den für Sie schmerzlichen Stunden" erklärt. Gemeint waren Spekulationen über die mysteriösen Umstände des Hubschrauberabsturzes in Libyen, bei dem Joachim Herrmanns Vorgänger, Werner Lamberz, tödlich verunglückt war. Rieger habe jedoch gemeint, daß die in diesem Zusammenhang erfolgte Abmahnung des ARD-Hörfunkkorrespondenten Armin Beth korrekt gewesen sei. Den ZDF-Journalisten Dirk Sager habe es jedoch unverdient getroffen, "da er es bestimmt anders gemeint habe, als es durch die DDR verstanden wurde". Das sei bei Sager häufiger der Fall. Rieger habe anschließend erläutert, daß einige Korrespondenten anders vorgingen als beispielsweise Lothar Loewe, nach dessen "rabaukenhaften Auftreten" es leichter möglich gewesen wäre, ihn an den "Hammelbeinen" zu ziehen. Loewe hatte sich übrigens nichtsahnend nach seiner spektakulären Ausweisung im Dezember 1976 in seinem Buch "Abends kommt der Klassenfeind" ausdrücklich für seine damalige Betreuung durch die Ständige Vertretung bedankt. Vor dem unvermittelten Abbruch der Unterhaltung habe Rieger Kobert über Loewes Nachfolger, Fritz Pleitgen, noch anvertraut, Pleitgen sei ein anderer Typ und bemühe sich um eine andere Berichterstattung, "obwohl Ihnen Pleitgen politisch mehr schaden könnte als Loewe".

In den Büroakten Herrmanns befindet sich auch die nicht unterzeichnete Niederschrift eines Gesprächs, das Rieger am 30. Mai 1978 mit einem unbekannten Gesprächspartner geführt hatte. Honecker zeichnete den Bericht am 5. Juni ab, und Herrmann verfügte am folgendem Tage "ad West-Korrespondenten".[86] Der nicht genannte, vermutlich dem ZK-Apparat angehörende Gesprächspartner schrieb, Rieger habe sich von den zahlreichen negativen Kommentaren der "BRD-Presse" zur kürzlich beendeten ZK-Tagung distanziert. In der Ständigen Vertretung sei demgegenüber der sachliche Ton der Diskussionsredner, aber auch die "ziemlich scharfe Kritik" an den Mängeln in der Volkswirtschaft aufgefallen. Ein Wirtschaftsminister der

Bundesrepublik würde es angesichts der zu erwartenden Reaktion der Opposition nicht wagen, dies so offen wie Honecker zu enthüllen. Rieger habe sich sinngemäß dahingehend geäußert, die Situation sei in der DDR bedeutend ruhiger und stabiler, als dies ständig in den Massenmedien der Bundesrepublik dargestellt werde. Dort habe aber die Mehrheit der Bevölkerung eine ziemlich negative Meinung von der DDR, die sie in den Massenmedien bestätigt sehen wolle. Positive Informationen über die DDR ließen deshalb die Redaktionen und Verlage nicht durchgehen. Rieger habe jedoch versichert, die Ständige Vertretung sei bestrebt, "ein objektiveres Bild von der DDR" zu vermitteln. Mit Einschränkungen gelang ihr das in der Folgezeit tatsächlich, wie es im vorhergehenden Abschnitt dargestellt wurde. Doch ebenso wie die SED-Führung waren die Pressesprecher der Ständigen Vertretung offenbar zu keiner Zeit mit der westdeutschen DDR-Berichterstattung zufrieden.

Am 12. Januar 1988 berichtete die Mitarbeiterin der Abteilung Journalistische Beziehungen im MfAA, Maritta Carl, über ein am Vortage geführtes Gespräch mit Eberhard Grashoff, Pressereferent der Ständigen Vertretung unter ihren insgesamt vier Leitern.[87] Im offiziellen Teil ging es um die Vorbereitungen eines Besuches des nordrhein-westfälischen Ministerpräsidenten Johannes Rau, die allgemeine Besucherbetreuung in der Ständigen Vertretung sowie um einen von Grashoff angeregten neuerlichen Journalistenaustausch.

"Außerhalb des Protokolls" sei Grashoff von Maritta Carl auf die Berichterstattung der ARD-Fernsehkorrespondenten in den letzten Wochen angesprochen worden, die sie ihm gegenüber als "nicht unbedingt förderlich für die guten nachbarlichen Beziehungen" bezeichnet habe. Grashoff habe sich zunächst einer Meinungsäußerung entziehen wollen, aber nach einigem Nachdenken gemeint, dies treffe weniger auf Hans-Jürgen Börner als auf Claus Richter zu. Grashoffs Problem bestehe darin, er könne mit Neuankömmlingen zwar reden und ihnen Hinweise geben, aber nicht als Zensor auftreten. Die Korrespondenten seien hier "sehr feinfühlig und mimosenhaft". Journalistische Beziehungen seien für Grashoff ein Barometer der politischen Beziehungen. Dies werde aber von der "neuen Journalisten-Generation vor Ort" nicht so ernst genommen, wie es erforderlich wäre, denn:

"Während sich noch vor 10 Jahren die BRD-Journalisten in der DDR - trotz aller Probleme mit Wiessner, Loewe, Mettke - als

Mitgestalter der Beziehungen DDR/BRD fühlten und diese letztlich auch nicht belasten wollten, sei die 'Generation der Richters'
davon weit entfernt, denke vorwiegend an die eigene Karriere".
Der Tenor der DDR-Berichterstattung von Richter stimme Grashoff
auch nachdenklich, da er nicht in jedem Falle mit den erkennbaren
Absichten der Bundesregierung konform gehe. Er wolle darüber
nachdenken, wie er unter diesem Aspekt mit Richter nach dessen Urlaub reden könne, "ohne dessen Sensibilität zu verletzen". Zur Amtszeit von Gaus seien die Journalisten enger an die Politik und die Arbeit angebunden gewesen, weil sich der ehemalige Journalist Günter
Gaus "sehr verantwortungsbewußt" um sie gekümmert habe. Heute
gäbe es nur noch routinemäßige Pressegespräche mit den akkreditierten Korrespondenten in der Ständigen Vertretung. Und auch dort arbeite jetzt eine neue Generation der "Macher" ohne emotionale Bindung an den Arbeitsgegenstand. Grashoff, der mir gegenüber ohne
Umschweife den in Maritta Carls Aufzeichnung beschriebenen Ge-
prächsverlauf als korrekt wiedergegeben bezeichnete, habe mit den
"Machern" diejenigen gemeint, die sich von Bonn nur aus finanziellen
und Karrieregründen nach Ostberlin hätten versetzen lassen. Daß die
Berichterstattung Claus Richters nicht mit den deutschlandpolitischen
Absichten der Bundesregierung konform gehe, sei indessen von Maritta Carl "überhöht" worden.

Zwei weitere im SED-Archiv erhalten gebliebene Vermerke aus
der MfAA-Abteilung Journalistische Beziehungen dürften bei der
SED-Führung den Eindruck vermittelt haben, Bräutigam und Grashoff
hätten eine selbständige, nicht immer den Vorstellungen der Bundesregierung entsprechende Pressepolitik betrieben. So berichtete der
ARD-Hörfunkkorrespondent Robert Röntgen am 9. Juni 1983 im
MfAA zunächst über hausinterne Vorgänge seines Senders, was - wie
aus weiteren Aktenfunden ersichtlich ist - auch andere westdeutsche
Journalisten im Außenministerium gelegentlich taten. Sein dortiger
Ansprechpartner, Rolf Muth, erfuhr von Röntgen anschließend Einzelheiten aus einer Diskussionsrunde in der "Laube", dem abhörsiche-
ren Raum in der Ständigen Vertretung, mit den in Ostberlin akkreditierten westdeutschen DDR-Korrespondenten. Dabei ging es um die
Frage, ob man mit dem Bundesminister für innerdeutsche Beziehungen, Heinrich Windelen, im Verlaufe seiner Privatreise in die DDR
zu einem Pressegespräch zusammentreffen sollte. Dies sei auf Ablehnung gestoßen, obwohl aus der Umgebung Windelens Gesprächsbe-

reitschaft signalisiert worden sei. Abgeraten wurde auch aus der Ständigen Vertretung, wie jedenfalls Muth notierte:
"Darstellung.
Bräutigam und sein Pressesprecher Grashoff hätten auf Befragen erklärt, dies müsse dem politischen Empfinden der Korrespondenten überlassen bleiben - allerdings immer unter dem Gesichtspunkt, daß Veröffentlichungen darüber 'dem Fortkommen vom Stillstand der politischen Beziehungen beider Staaten zu dienen' hätten, und hier lägen die 'tonangebenden Bereiche doch wohl mehr bei anderen Ressorts, z. B. auf dem Gebiet des Handels und der Vertragspolitik'."[88]
Eberhard Grashoff bestätigte mir gegenüber den Wahrheitsgehalt dieser Darstellung.
Wenige Tage darauf, am 29. Juni 1983, hatte Grashoff einen aus Bonn übermittelten Auftrag im MfAA zu erledigen. Es galt, die Aufhebung des Einreiseverbots für den Publizisten und Mitherausgeber der "Welt", Mathias Walden, zu fordern, der über den Kirchentag in Dresden berichten wollte. Dieses Verlangen stieß auf taube Ohren, woraufhin Grashoff erklärt habe, seine Regierung werde dies bedauernd zur Kenntnis nehmen. Dann folgen in dem Vermerk zwei knappe Sätze, die Joachim Herrmann später mit kräftigen Anstrichen versah:
"G. ließ durchblicken, daß für ihn persönlich diese Angelegenheit erfüllt sei. Er habe nur einen Auftrag erfüllt."[89]
Manfred Stolpe schien übrigens nicht nur im DDR-Außenministerium, sondern auch bei Grashoff Unterstützung gesucht zu haben, wenn es darum ging, bundesdeutsche Korrespondenten vom Besuch kirchlicher Veranstaltungen abzuhalten. In diesem Sinne berichtete jedenfalls im Vorfeld eines Friedensdienstes in der Erlöserkirche von Berlin-Lichtenberg der Staatssekretär für Kirchenfragen, Klaus Gysi, schriftlich dem Politbüromitglied Paul Verner am 21. Juni 1982.[90]
Eine differenzierte Wertung des Verhaltens von Bundesbediensteten auf Ostberliner diplomatischem Parkett gehört nicht unmittelbar zur Klärung der Frage, inwieweit die West-Medien die Lenkungsmechanismen der SED-Medienpolitik beinflußt haben. Nachzutragen bleibt allenfalls, daß der brandenburgische Ministerpräsident Manfred Stolpe seine Vertrauten aus DDR-Zeiten, Bräutigam und Grashoff, nach Potsdam holte. Bräutigam wurde Justizminister, und der gelernte Journalist Grashoff leitete bis zu seiner Pensionierung im Jahre 1993 das Presse- und Informationsamt der Landesregierung. Bei seiner

Verabschiedung erhielt er das Bundesverdienstkreuz, wobei Grashoff, den die meisten westdeutschen DDR-Korrespondenten als kenntnisreichen und stets hilfsbereiten Kollegen geschätzt haben, sich nachdrücklich geweigert hat, die Auszeichnung auch in Würdigung von Verdiensten aus seiner zehnjährigen Tätigkeit bei der Ständigen Vertretung entgegenzunehmen. Dort habe er nur seine Pflicht erfüllt.[91]

Die Pressearbeit der Ständigen Vertretung stieß - wie fast alle die westlichen Medien betreffenden Vorgänge - in der SED-Spitze auf größtes Interesse. Beschwichtigungsversuche nahm man dort dankbar zur Kenntnis. Sie bestärkten die alten Männer im Politbüro in ihrer Vogel-Strauß-Politik. Andererseits hinterließen sie bei ihnen wohl auch den Eindruck, die Westdeutschen erfolgreich gegeneinander ausspielen und ihre Standfestigkeit auf die Probe stellen zu können. Schriftliche Quellen gibt es dazu nicht. Diesbezügliche Weisungen erteilte man vorzugsweise mündlich. In gefilterter Form flossen sie dann in diverse "Empfehlungen" ein, die die DDR-Journalisten auf den von der ZK-Abteilung Agitation organisierten "Argus" im "Großen Haus" am Werderschen Markt erhielten. Nach dem Motto: Feind hört mit, aber er darf aus außen- und wirtschaftspolitischer Rücksichtnahme nur in Maßen brüskiert oder gar gereizt werden, weil er sonst die innere Stabilität der DDR ernsthaft gefährden könnte, blieben die West-Medien für die DDR-Führung zwar auch in den letzten zwanzig Jahren ihrer Herrschaft in erster Linie "Klassenfeinde", doch bei Bedarf erwiesen sie sich auch als nützliche Entspannungsfreunde.

MINISTERRAT
DER DEUTSCHEN DEMOKRATISCHEN REPUBLIK
MINISTERIUM FÜR STAATSSICHERHEIT
Der Minister

Berlin, den 19.· August 1978
Tgb.-Nr. VMA/

Ausdr. (0. Juli) auch an Gen. Fischer/ll
(Nachtrag.)

Generalsekretär des ZK der SED und
Vorsitzender des Staatsrates der DDR

Genossen Erich H o n e c k e r

Werter Genosse Generalsekretär!

Für das weitere Vorgehen gegen den BRD-Korrespondenten Lutz
LEHMANN wegen der vorbereitenden Gespräche zu einem Film über
Schriftsteller in der DDR wird vorgeschlagen, den Inhalt dieser
Unterredungen näher zu untersuchen. Das Ziel dieser Prüfung
müßte es sein festzustellen, ob LEHMANN bereits in diesen Unterredungen gegen die ihm durch die Verordnung über die Tätigkeit
von Publikationsorganen anderer Staaten und deren Korrespondenten in der DDR vom 21. 2. 1973 auferlegte Pflicht zur Einhaltung der Gesetze und anderen Rechtsvorschriften der DDR
verstoßen hat. Auf der Grundlage des heutigen Artikels in
"Neues Deutschland" sind dann in Anwendung der 1. Durchführungsbestimmung zu der genannten Verordnung die darin vorgesehenen
Maßnahmen möglich, nämlich Verwarnung oder Entzug der Akkreditierung und Ausweisung sowie die Schließung des Büros.

Der Verdacht der Gesetzesverletzung durch LEHMANN könnte auch
in strafrechtlicher Hinsicht geprüft werden und zwar, ob in
den vorbereitenden Gesprächen der Tatbestand der "Öffentlichen
Herabwürdigung" (§ 220 Abs. 1 StGB) bereits verletzt wurde.

Hierzu wäre erforderlich, daß der Generalstaatsanwalt von Berlin
ein Ermittlungsverfahren einleitet, ohne daß die Volkspolizei in
Erscheinung zu treten brauchte, LEHMANN vorlädt und ihn sowie
einige Zeugen durch einen Staatsanwalt seiner Dienststelle ver-
nehmen läßt. Ein Ermittlungsverfahren dauert nach der Strafprozeß-
ordnung in der Regel bis zu 3 Monaten. Diese Frist kann ausnahmsweise überschritten werden.
Der Einleitung des Ermittlungsverfahrens müssen staatsanwaltschaft-
liche Prüfungshandlungen vorausgehen, in deren Verlauf LEHMANN
schon vorgeladen und vom Staatsanwalt befragt werden kann.
Sollte LEHMANN wie angekündigt den Film trotz der Warnungen herstellen und senden lassen, müßte die inhaltliche Wertung des Filmes
in die vorgeschlagenen Maßnahmen einbezogen werden. Dabei wäre dann
zu prüfen, ob sich daraus weitere Gesetzesverletzungen ergeben.

Nach Ihrer Entscheidung würden wir die konkreten Schritte für das
weitere Vorgehen mit dem Minister für Auswärtige Angelegenheiten
und dem Generalstaatsanwalt der DDR abstimmen und Ihnen die Untersuchungsergebnisse zur Entscheidung vorlegen.

Mit sozialistischem Gruß

Anlage

i. V.
Generalleutnant

Fundort: BStU, ZA, ZAIG 2853.

215

ZENTRALKOMITEE
HAUSMITTEILUNG

An Generalsekretär des ZK der SED Gen. E. Honecker	Mitglied des Politbüros J. Herrmann	Diktatzeichen	Datum 21.4.79	Erledigungs-vermerk
Betr.				

Lieber Genosse Honecker!

Nach Rückkehr von den Besprechungen in Bonn hat der Korrespondent des ARD-Fernsehens Fritz Pleitgen in Fernschreiben an
das Außenministerium die Genehmigung für drei journalistische
Vorhaben beantragt:

1. Interview "mit dem verantwortlichen ADN-Vertreter zum
   Artikel 'Zum Befehlsempfang in Bonn
   Drehtermin möglichst in den nächsten Tagen."

   Unser Vorschlag:
   Pleitgen wird geantwortet, dem Kommentar ist absolut nichts
   hinzuzufügen. Der ADN hat kein Interesse an einer Diskussion
   darüber.

2. Straßenbefragung zur neuen Durchführungsbestimmung zur
   Verordnung über die Tätigkeit ausländischer Journalisten
   in der DDR.

   Unser Vorschlag:
   Pleitgen ist zu antworten: Die Gesetze der DDR sind eine
   innere Angelegenheit der DDR und nicht Gegenstand von Diskussionen ausländischer Korrespondenten mit Bürgern der DDR.

3. Bericht über den Stadtbezirk Prenzlauer Berg verbunden mit
   Aufnahmen im Kreiskulturhaus "Prater" und Interviews mit
   dem "Ortschronisten" und einem weiteren namentlich genannten
   Bürger.

-2-

Unser Vorschlag ist, dem Antrag zuzustimmen, vorausgesetzt
die beantragten Interviewpartner sind dafür geeignet
(wird gegenwärtig geprüft).

Ich bitte um Deine Zustimmung.

Mit vielen Grüßen

J. Herrmann

*Honecker zu „journalistischen Vorhaben", die vom ARD-Fernseh-
korrespondenten Fritz Pleitgen beantragt worden waren (Fundort:
SAPMO-BArch, DY 30/IV 2/2. 037/3, Bl. 120-121).*

216

SED
HAUSMITTEILUNG

An Genossen Erich Honecker	von Abteilung Agitation	Diktatzeichen Ge/He	Datum 29.7.80	Erledigungs-vermerk
Betr.			Telefon Nr.	

Werter Genosse Honecker!

Im Zusammenhang mit den Aktivitäten des ARD-Korrespondenten
Lehmann im Bezirk Rostock und der entsprechenden Sendung in
der Tagesschau des ARD-Fernsehens möchte ich Dir eine Erklärung geben. Lehmann hat sich fernschriftlich bei der
Hauptabteilung Presse des MfAA, entsprechend unserer Ordnung,
nach dem Bezirk Rostock zu "Landschafts- und Stadtaufnahmen"
und Gesprächen mit DDR-Bürgern zum Treffen E. Honecker und
H. Schmidt abgemeldet. In einem Telefongespräch eines Mitarbeiters des MfAA erklärte er, er wolle auf der Grundlage
der ihm für Berlin erteilten Genehmigung noch einige Gespräche
dazu in Rostock führen.

Nach Rücksprache mit mir haben die Genossen des MfAA Lehmann
dies nicht untersagt. Da die ausländischen Korrespondenten
nach Abmeldung beim MfAA in die Bezirke fahren können, ließen
wir uns davon leiten, daß ein Untersagen von Gesprächsauf-
nahmen im Bezirk Rostock gegen uns ausgenutzt werden könnte.

Was den Bericht des Korrespondenten Jochen Peter Winters in
der "FAZ" vom 28. 7. 1980 betrifft, so hat dieser sich beim
MfAA "zu einer Privatreise in den Raum Rostock" abgemeldet.

Wie uns bekannt ist, ist mit weiteren Aktivitäten westlicher
Korrespondenten in dieser Sache zu rechnen. Wir werden Dir
jeden einzelnen Fall zur Entscheidung vorlegen.

Mit sozialistischem Gruß

H. /Geggel

Schreiben des Leiters der ZK-Abteilung Agitation Heinz Geggel an Honecker, der darauf vermerkte: "Verordnung ist einzuhalten - Ur-lauber nicht stören" (Fundort: SAPMO-BArch, DY 30/IV 2/2. 037/53, Bl. 101).

Fazit

Lediglich kurz nach dem Kriege übten sowjetische Besatzungsoffiziere in der SBZ eine Pressezensur aus. In der DDR gab es keine institutionalisierte Zensurbehörde wie beispielsweise in Polen oder in der Sowjetunion. Stattdessen entstand ein bedeutend wirksameres Geflecht von "Empfehlungen" aus dem SED-Zentralkomitee, verbunden mit drastischen Eingriffen in die redaktionelle Arbeit der Zeitungen, Zeitschriften und der elektronischen Medien. Die "Schere im Kopf" der um ihre berufliche Existenz besorgten Journalisten machte eine Vorzensur vollends überflüssig. Vermeintliche Freiräume entpuppten sich im nachhinein als beabsichtigt oder verhältnismäßig selten auch als Pannen in den Lenkungsmechanismen. Parallelen zu den Methoden der Medienlenkung im Dritten Reich sind unverkennbar.

Die sogenannte staatliche Öffentlichkeitsarbeit koordinierte das Presseamt beim Vorsitzenden des Ministerrates, das auch für die unmittelbare inhaltliche Lenkung Blockpartei- und Kirchenpresse zuständig war. In seiner gesamten Tätigkeit unterlag das Presseamt insbesondere der straffen Anleitung der Agitationsabteilung und der Agitationskommission im SED-Zentralkomitee. Formal waren die Nachrichtenagentur ADN und die Staatlichen Komitees für Rundfunk und Fernsehen zwar nachgeordnete Organe des Ministerrates, de facto unterlagen sie jedoch der Weisungsbefugnis des SED-Zentralkomitees. Diese übte nicht selten der Generalsekretär persönlich aus. Die Zuständigkeit des Postministeriums beschränkte sich auf die Organisation des Zeitungsvertriebs und die Bereitstellung und Betreuung der Technik beim Hörfunk und Fernsehen. So erfuhr der Postminister im November 1988 erst aus den Medien die angeblich von ihm veranlaßte spektakuläre Streichung des sowjetischen Magazins "Sputnik" von der Postzeitungsliste.

Die Anwendung der die Presse- und Meinungsfreiheit einschränkenden verfassungs- und strafrechtlichen Normen stand im Belieben der Parteiführung. Schon ihre beabsichtigte abschreckende Wirkung zeitigte bei der Disziplinierung der meisten Journalisten den erwünschten Erfolg, den deren vorauseilender Gehorsam begünstigte.

Die Berichterstattung der Medien konnte das Ministerium für Staatsicherheit seit den 70er Jahren nur noch in Ausnahmefällen inhaltlich beeinflussen. Als die MfS-Abteilung Agitation 1985 aufgelöst wurde, zehrte sie nur noch von den "Erfolgserlebnissen" ihrer Propagandaschlachten gegen die Bundesrepublik Deutschland in den 50er und 60er Jahren. Im Rahmen der staatlichen Öffentlichkeitsarbeit des Ministerrates beschränkte sich die Zuständigkeit des MfS zuletzt hauptsächlich auf "Hühnerdiebmeldungen", wie im Hausjargon beispielsweise ADN-Mitteilungen über vereitelte Fluchtversuche genannt wurden. Nur wenige Zeitungen - so die außenpolitische Monatszeitung "horizont" - übernahmen unter Pseudonym verfaßte Artikel aus der Feder von MfS-Offizieren. Selbst die von Mielke an Honecker übermittelten zur Veröffentlichung bestimmten Kommentarentwürfe fanden nicht immer die Billigung des Parteichefs. Wenn auch im allgemeinen nicht von einer inhaltlichen Steuerung der Medien durch das MfS ausgegangen werden kann, so sind andererseits Fälle bekannt geworden, in denen Spitzel im Sinne ihrer Auftraggeber redaktionelle Eingriffe bei inoffiziellen Publikationen der Friedens- und Bürgerrechtsgruppen vornehmen konnten. Der Schwerpunkt der Medienarbeit des MfS lag bei der Hauptabteilung XX. Sie war verantwortlich für die "politisch-operative" Sicherung der Druck- und Studiotechnik und natürlich auch für die Bespitzelung und Überwachung der Journalisten im Hinblick auf ihre politische Zuverlässigkeit. Dazu plazierte man seit Anfang der 80er Jahre im verstärkten Umfang Offiziere im besonderen Einsatz (OibE) und Inoffizielle Mitarbeiter (IM) direkt in die Redaktionen. Diese Allgegenwart des MfS im unmittelbaren Umfeld dürfte maßgeblich das Mitläufertum vieler Journalisten beeinflußt haben.

Wenn es auch zutrifft, daß es in der DDR keinen hauptamtlichen Zensor gegeben hat, so ist das im Hinblick auf die Kirchenpublizistik einzuschränken. Das Presseamt ließ sich ebenso wie die Arbeitsgruppe für Kirchenfragen im SED-Zentralkomitee und das MfS die Fahnenabzüge vor dem Andruck der Kirchenzeitungen vorlegen. Dies führte beispielsweise im Krisenjahr 1988 - neben sonstigen Eingriffen - zu 17 generellen Auslieferungsverboten. Angesichts des stets spannungsgeladenen Verhältnisses der SED zur Kirchenpublizistik erscheint die bis zur Unterwürfigkeit reichende Kooperationsbereitschaft einiger kirchenleitender Persönlichkeiten bemerkenswert.

Völlig unbekannt blieben bis zur Wende die seit den 70er Jahren unter größter Geheimhaltung vom Politbüro, dem Nationalen Verteidigungsrat und seit 1982 von dem dafür geschaffenen B-Sektor der ZK-Abteilung Agitation erstellten Pläne zur Einführung der Zensur im Mobilisierungsfalle. An den von Joachim Herrmann in seiner Eigen-

schaft als Vorsitzender des Zentralen Nachrichten- und Informationsbüros geleiteten Medienmanövern nahmen hochrangige NVA- und
MfS-Vertreter sowie die Spitzenfunktionäre der elektronischen Medi-
en, die Chefredakteure von "Neues Deutschland", der "Jungen Welt",
der "Berliner Zeitung", der "Neuen Berliner Illustrierten" und der
SED-Bezirkszeitungen teil. Je nach der angenommen Spannungslage
wies man ihnen spezielle Aufgaben für den Kriegsfall zu. Es handelte
sich um Planspiele, die einige Beteiligte zwar nicht sonderlich ernst
genommen haben wollen, deren Ablauf aber gleichwohl einen Einblick in die bürokratisch-militaristischen Denkstrukturen der SED-
Führung gewährt.

Journalisten waren - verkürzt formuliert - Täter und Opfer zugleich. Die Lenkungsmechanismen der SED-Medienbürokratie hätten
jedoch nicht funktioniert, wenn sich die Mehrzahl der Journalisten
ihnen nicht freiwillig unterworfen und ihre Rolle als "Funktionäre der
Arbeiterklasse" angenommen hätten. Neben Selbstverleugnung und
Opportunismus enstanden dabei aber auch Konflikte, die bis zur Exi-
stenzvernichtung führen konnten. Dennoch herrschte in illusionärer
Verkennung des künftigen Berufsalltages ein großer Andrang auf
Volontariatsstellen in den Redaktionen sowie auf die Ausbildungsplät-
ze in Leipzig an der Fachschule für Journalistik des Verbandes der
Journalisten der DDR und an der Sektion Journalistik der Karl-Marx-
Universität. Letztere - auch bekannt als "Rotes Kloster" - war nicht nur
eine Kaderschmiede für Journalisten, sondern auch für leitende Partei-
und Staatsfunktionäre sowie für haupt- und nebenamtliche Mitarbeiter
des MfS. Die politische Kontrolle der Sektion und des Verbandes der
Journalisten oblag ebenso wie die Leipziger Journalistenausbildung
der ZK-Abteilung Agitation.

Die irrationale und kapriolenreiche Medienpolitik der SED erklärt
sich weitgehend - und dies galt auch für ihre Deutschland-, Außen-
und Innenpolitik - aus ihrer ständigen Verunsicherung durch die Präsenz und den nachhaltigen Einfluß der westdeutschen Medien in der
DDR. Bis Anfang der 60er Jahre unternahm die SED noch erhebliche
Anstrengungen, um Parteien, Verbände und sonstige Institutionen der
Bundesrepublik zu unterwandern und in ihrem Sinne politisch aufzu-
weichen. Danach beschränkte sie, angesichts ihrer schleichenden
Destabilisierung, ihre Westarbeit - abgesehen von dem letztlich er-
folglosen Großeinsatz der MfS-Kundschafter - auf hilflose Eindäm-
mungsversuche des unaufhörlich sprudelnden west-östlichen Informa-

tionsflusses. Ihn speisten in erster Linie die westdeutschen Hörfunk- und Fernsehstationen, die in den 80er Jahren fast alle DDR-Bewohner einschalteten. Da sich die bundesdeutschen elektronischen Medien in ihrer Berichterstattung jedoch auch auf schlagzeilenträchtige Vorgänge und Hintergrundberichte stützten, die Mitarbeiter westdeutscher Zeitungen und Zeitschriften in der DDR recherchiert hatten, nahm die SED-Führung die interne und öffentliche Auseinandersetzung mit den bundesdeutschen Printmedien nicht minder ernst, obwohl sie dem Normalbürger nicht zugänglich waren.

Zur Entschärfung innenpolitischer Gefahrenpotentiale wußte sich die Agitationsbürokratie in ihrer Gegeninformation zuweilen nicht anders zu helfen, als stillschweigend die Kenntnis westlicher Quellen vorauszusetzen. Gleichzeitig versuchte man alle Möglichkeiten zur Beeinflussung westdeutscher Journalisten auszuschöpfen. Die Palette reichte von der besonderen "Betreuung" und Desinformation der in der DDR akkreditierten Korrespondenten durch das MfS, über eine großzügige Behandlung von Reisekorrespondenten bis zur Einwirkung auf "entspannungsbeseelte" Angehörige der bundesdeutschen Ständigen Vertretung in Ostberlin, die wiederum westdeutsche Journalisten zur Mäßigung anhalten sollten. Dabei stießen die dafür zuständigen Mitarbeiter der Abteilung 'Journalistische Beziehungen' im DDR-Außenministerium bei einigen Bonner Beamten, aber auch bei prominenten Journalisten, wie beispielsweise Theo Sommer oder Peter Scholl-Latour, durchaus auf Verständnis. Diesbezügliche Gesprächsvermerke und Korrespondenzen landeten umgehend auf Honeckers Schreibtisch. Sie verblieben dann häufig nach einer mündlichen "Auswertung" mit dem Agitationssekretär Joachim Herrmann in dessen Akten.

Die Heimatredaktionen einiger bundesdeutscher Medien konterkarierten auf vielfältige Weise die in der Regel seriöse Berichterstattung ihrer DDR-Korrespondenten durch Schönfärberei der Verhältnisse in der DDR und Anbiederung an deren Machthaber. Da dies den Medienlenkern der SED nicht verborgen blieb, verwundern ihre Versuche nicht, für den Hausgebrauch Kapital daraus zu schlagen.

Abkürzungen

ADN	Allgemeiner Deutscher Nachrichtendienst
Agit/Prop	Agitation und Propaganda
Argus	Argumentationen
BStU	Bundesbeauftragter für die Unterlagen des Staatssicherheitsdienstes der ehemaligen Deutschen Demokratischen Republik (sog. „Gauck-Behörde")
BV	Bezirksverwaltung
DBD	Demokratische Bauernpartei Deutschlands
DDR	Deutsche Demokratische Republik
DEFA	Deutsche Film-Aktiengesellschaft
DFD	Demokratischer Frauenbund Deutschlands
DSF	Gesellschaft für Deutsch-Sowjetische Freundschaft
FDGB	Freier Deutscher Gewerkschaftsbund
FDJ	Freie Deutsche Jugend
HA	Hauptabteilung
IFM	Initiative Frieden und Menschenrechte
IM	Inoffizieller Mitarbeiter des MfS
JHS	Juristische Hochschule des MfS
LDPD	Liberal-Demokratische Partei Deutschlands
MdI	Ministerium des Innern
MfAA	Ministerium für Auswärtige Angelegenheiten
MfS	Ministerium für Staatssicherheit
ND	„Neues Deutschland"
NDPD	National-Demokratische Partei Deutschlands
NS	Nationalsozialismus
NSDAP	Nationalsozialistische Deutsche Arbeiterpartei
NVA	Nationale Volksarmee
NVR	Nationaler Verteidigungsrat
OibE	Offizier im besonderen Einsatz des MfS
PDS	Partei des Demokratischen Sozialismus
RIAS	Rundfunk im amerikanischen Sektor von Berlin
SAPMO-BArch	Stiftung Archiv der Parteien und Massenorganisationen der DDR im Bundesarchiv
SBZ	Sowjetische Besatzungszone Deutschlands

SED	Sozialistische Einheitspartei Deutschlands
VDJ	Verband der Journalisten der DDR
ZAIG	Zentrale Auswertungs- und Informationsgruppe im MfS
ZeNIB	Zentrales Nachrichten- und Informationsbüro (im Kriegsfalle)
ZK	Zentralkomitee der SED

Anmerkungen

Zitierweise der Quellen aus der Stiftung Archiv der Parteien und Massenorganisationen der DDR im Bundesarchiv = SAPMO-BArch.

Zitierweise der Quellen beim Bundesbeauftragten für die Unterlagen des Staatssicherheitsdienstes der ehemaligen DDR (sogenannte Gauck-Behörde) = BStU.

Sofern Monographien in den Anmerkungen nur mit dem Verfassernamen und dem Erscheinungsjahr in Klammern zitiert werden, befindet sich der vollständige Titel unter "Weiterführende Literaturhinweise".

Vorbemerkungen

1 Unsere Presse - Die schärfste Waffe der Partei. Referate und Diskussionen auf der Pressekonferenz des Parteivorstandes der SED vom 9. - 10. Februar 1950 in Berlin, Berlin 1950.
2 Wolfgang Thierse: Mit eigener Stimme sprechen, München 1992, S.303.
3 Das Parlament, Nr. 4-5 vom 28. Januar/4. Februar 1994.
4 Der Tagesspiegel, 3./4. April 1994.
5 Neues Deutschland, 14. August 1968.
6 Reinhold Andert/Wolfgang Herzberg: Der Sturz - Erich Honecker im Kreuzverhör, Berlin und Weimar 1990, S.325.
7 Ulrich Bürger (1990), S.227.
8 Vgl. dazu Heft I (März 1994; S.40 ff) aus der vom Adolf-Grimme-Institut herausgegebenen, insgesamt zehn Hefte umfassenden Reihe "Unsere Medien - Unsere Republik (2) - Deutsche Selbst- und Fremdbilder in den Medien von BRD und DDR.

I. Die Meinungsmacher im SED-Zentralkomitee

1 Vgl. dazu Gunter Holzweißig: Medienlenkung in der SBZ/DDR. Zur Tätigkeit der ZK-Abteilung Agitation und der Agitationskommission beim Politbüro der SED. In: Publizistik, 9. Jg. (1994), Nr. 1, S. 58-72.
2 SAPMO-BArch, DY 30/IV 2/9.02/64.
3 SAPMO-BArch, DY 30/IV 2/2.1/58.
4 SAPMO-BArch, DY 30/IV 2/2.1/98.
5 SAPMO-BArch, DY 30/J IV 2/3/2.
6 Die Planstelle eines politischen Mitarbeiters war Ende 1987 unbesetzt. Vgl. dazu den Bericht der Zentralen Revisionskommission vom November 1987 über die "Prüfung der Abteilung Agitation des ZK der SED". In: SAPMO-BArch, DY 30/IV 2/2.037/44, Bl. 124.
7 Franz Loeser: Die unglaubwürdige Gesellschaft. Quo vadis, DDR, Köln 1984, S. 71 f.
8 SAPMO-BArch, DY 30/J IV 2/2/411.
9 SAPMO-BArch, DY 30/IV A 2/902/106.
10 Günter Herlt: Sendeschluß. Ein Insider des DDR-Fernsehens berichtet. Mit einem Vorwort von Klaus Feldmann, Berlin 1995, S. 70.
11 Gespräch des Verfassers mit Erich Selbmann am 18. November 1994.
12 Neues Deutschland, 27./28. Januar 1990.
13 Gepräch des Verfassers mit Günter Schabowski am 9. März 1993.
14 Neues Deutschland, 24. Januar 1990.
15 SAPMO-BArch, DY 30/IV 2/2.106/14.
16 SAPMO-BArch, DY 30/IV 2/2.106/1.
17 SAPMO-BArch, DY 30/J IV 2/2/1017.
18 Gespräch mit Günter Schabowski am 9. März 1993.
19 SAPMO-BArch, DY 30/2/2.040/4.
20 SAPMO-BArch, DY 30/2/2.040/13.
21 Brigitte Zimmermann/Hans-Dieter Schütt (1992), S. 196 f.
22 In: Das Große Haus. Insider berichten aus dem ZK der SED, Hrsg. von Hans Modrow, Berlin 1994, S. 99.
23 SAPMO-BArch, DY 30/J IV 2/3/348.

24 SAPMO-BArch, DY 30/IV 2/902/13.
25 Ebenda.
26 SAPMO-BArch, DY 30/IV A2/902/38.
27 Hans Modrow: Macht und Ohnmacht des SED-Apparates. In: Lothar Bisky/Uwe Jens Heuer/Michael Schuhmann (Hrsg.): Rücksichten. Politische und juristische Aspekte der DDR-Geschichte, Hamburg 1993, S. 103.
28 Ebenda, S. 112.
29 Materialien der Enquete-Kommission "Aufarbeitung von Geschichte und Folgen der SED-Diktatur in Deutschland" (12. Wahlperiode des Deutschen Bundestages), hrsg. vom Deutschen Bundestag, Bd. II/1, S. 487.
30 SAPMO-BArch, DY 30/IV 2/2.037/2.
31 SAPMO-BArch, DY 30/IV 2/2.037/14.
32 Norbert Frei/Johannes Schmitz: Journalismus im Dritten Reich, München 1989, S. 31.
33 Im Besitz des Verfassers.
34 Brigitte Zimmermann/Hans-Dieter Schütt (1992), S. 240.
35 A.a.O., Anm.22, S. 108.
36 Frankfurter Rundschau, 1. Februar 1990 (LDPD-Materialien); Neue Zeit, 19. Februar 1990 sowie parteiinternes Material der CDU im Besitz des Verfassers. Vgl. dazu auch Gunter Holzweißig (1991), S. 36 ff. und S. 51 ff.
37 Die Union, 27. Februar 1990.
38 Barbara Baerns: Journalismus und Medien in der DDR. Ansätze, Perspektiven, Probleme und Konsequenzen des Wandels, Hrsg. von der Jakob-Kaiser-Stiftung e.V., Königswinter März 1990, S. 4 und RIAS-Monitor-Dienst vom 23. Januar 1990.
39 Karl-Heinz Arnold/Otfried Arnold a.a.O. Anm. 22, S. 105.
40 SAPMO-BArch, DY 30/IV 2/2.037/15.
41 Gunter Holzweißig (1991), S. 189.
42 SAPMO-BArch, DY 30/IV 2/2.037/40.
43 SAPMO-BArch , DY 30/IV 2/2.037/41.
44 SAPMO-BArch, DY 30/IV 2/2.037/41.
45 Mündliche Auskunft an den Verfasser vom 13. Februar 1995.
46 SAPMO-BArch, DY 30/IV 2/9.04/84.
47 SAPMO-BArch, DY 30/J IV 2/3/375.
48 SAPMO-BArch, NY 182/921.
49 SAPMO-BArch, DY 30/IV 2/9.02/24.
50 SAPMO-BArch, DY 30/IV 2/9.02/66.
51 Ebenda.
52 SAPMO-BArch, DY 30/IV A 2/902/38.
53 SAPMO-BArch, DY 30/IV A 2/902/68.
54 Ebenda.
55 SAPMO-BArch, DY 30/IV 2/2.033/10.
56 SAPMO-BArch, DY 24/AA 273. Vgl. dazu auch: Gerd-Rüdiger Stephan (Hrsg.): "Vorwärts immer, rückwärts nimmer". Interne Dokumente zum Zerfall von SED und DDR 1988/89, Berlin 1994, S. 159.
57 Werner Adam: Der große Lehrer der Journalisten. In: Frankfurter Allgemeine Zeitung, 23. Dezember 1994.
58 SAPMO-BArch, DY 30/IV 2./2.033/30.
59 Ebenda.
60 SAPMO-BArch, DY 30/IV 2/9.02/64.
61 Vgl. dazu auch Gunter Holzweißig: Konrad Adenauer in den Medien der DDR: Kampagnen der SED-Agitationsbürokratie. In: Das Adenauer-Bild in der DDR. Hrsg. von Hans Günter Hockerts. Rhöndorfer Gespräche Bd. 15, Bonn 1996, S. 75-106.
62 Der gesamte Vorgang befindet sich in der SAPMO-BArch, NY 182/1377, Bl. 95-107.
63 Vgl. dazu Hans-Peter Schwarz: Adenauer. Der Aufstieg: 1876-1952, Stuttgart 2. Auflage 1986, S. 528.
64 SAPMO-BArch, DY 30/J IV 2/2/759.
65 "Dokumente entlarven Adenauer als Naziförderer. 'Neues Deutschland' antwortet auf eine Anfrage aus Essen", in: Neues Deutschland vom 19. November 1961. Die Wochenzeitung des Kulturbundes "Sonntag" vom 11. November 1962 veröffentlichte ein Jahr später wiederum ei-

nen Ausriß aus dem Adenauer-Brief, den sie aus dem inzwischen erschienenen, vom National-rat der Nationalen Front inspirierten Buch von Joachim Hellwig und Wolfgang Weiss "So macht man Kanzler" (Berlin 1962) entnommen hatte.

66   SAPMO-BArch, DY 30/IV 2/9.02/ 66.
67   SAPMO-BArch, DY 24/3.969.
68   Ebenda.
69   SAPMO-BArch, DY 30/IV/2.106/1.
70   A.a.O., Anm. 10, S. 91
71   Anwort Schnitzlers auf meine diesbezügliche Frage während einer von ihm gestalteten Buchlesung am 10. April 1994 in Berlin-Marzahn.
72   SAPMO-BArch, DY 30/J IV 2/2/1307.
73   Auskunft Erich Selbmanns am 23. Februar 1995 auf einer in Berlin gemeinsam mit dem Ver-fasser veranstalteten Podiumsdiskussion.
74   DLF - Programm und Information, Nr. 2/1990, S. 24.
75   Mündliche Auskunft Günter Schabowskis am 9. März 1993.
76   Neues Deutschland, 2. Oktober 1989.
77   SAPMO-BArch, DY 30/J IV/2A/3249.
78   Das von Honecker redigierte Manuskript Schütts, erschienen in der "Jungen Welt" vom 28. Oktober 1987, befindet sich in den Büroakten von Egon Krenz. In: SAPMO-BArch, DY 30/2.039/276. Die Entstehungsgeschichte des Artikels beschreibt Schütt in: Neues Deutsch-land, 8. März 1994.
79   Gespräch mit dem Verfasser am 9. März 1993.
80   DER SPIEGEL, Nr. 47 vom 16. November 1992.
81   SAPMO-BArch, DY 30/IV 2/2.039/261.
82   SAPMO-BArch, DY 30/IV 2/2.037/2. Vgl. dazu auch Neues Deutschland, 24. Mai 1978, S. 2.
83   Ebenda.
84   SAPMO-BArch, DY 30/386.
85   Neues Deutschland, 9. Juni 1988. Die zitierte Tagebucheintragung vom 11. Juni 1988 findet sich bei Jürgen Kuczynski: Schwierige Jahre - mit einem besseren Ende? Tagebuchblätter von 1987 bis 1989. Berlin 1990, S. 95. Vgl. dazu auch Gunter Holzweißig: Monolog eines Oppor-tunisten. In: Deutschland Archiv, 24. Jg. (1991) Heft 7, S. 767 ff.
86   SAPMO-BArch, DY 30/J IV 2/2/2351.
87   Bundesarchiv Militärarchiv Freiburg, VA-01/39534. Das Politbüro bestätigte am 3. Februar 1987 den diesbezüglich zugeleiteten Beschluß des NVR vom 5. Dezember 1986 (SAPMO-BArch, DY 30/J IV/2/2204). Vgl. dazu auch: Otto Wenzel: Kriegsbereit. Der Nationale Ver-teidigungsrat der DDR. 1960 bis 1989, Köln 1995, S. 170 f.
88   SAPMO-BArch, DY 30/J IV 2/3/3391.
89   Vgl. dazu Otto Wenzel, a.a.O. Anm. 87, S. 52.
90   Ebenda, S. 176 f.
91   SAPMO-BArch, DY 30/IV 2/9.02.
92   Ebenda.
93   Vgl. das Stichwort "Nationaler Verteidigungsrat" in: Lexikon des DDR-Sozialismus. Das Staats- und Gesellschaftssystem der Deutschen Demokratischen Republik (Rainer Eppel-mann/Horst Möller/Günter Nooke/Dorothee Wilms; Hrsg.), Paderborn u. a. 1996, S. 433 ff.
94   SAPMO-BArch, DY 30/IV 2/9. 02.
95   So jedenfalls der ehemalige Chefredakteur der "Jungen Welt", Hans-Dieter Schütt, gegenüber dem Verfasser am 9. Dezember 1993.
96   SAPMO-BArch, DY 30/IV 2/2/1531, Bl. 128.

II. Transmissionsriemen des ZK: Presseamt und ADN

1   BStU, GVS MfS 160-7/71, JHS 21805.
2   Vgl. dazu: Gunter Holzweißig: Das Presseamt des DDR-Ministerrats. Agitationsinstrument der SED. In: Deutschland Archiv, 25. Jg. (1992), Nr. 5, S. 504-512.
3   Im Besitz des Verfassers.
4   Manfred Gerlach: Mitverantwortlich. Als Liberaler im SED-Staat, Berlin 1991, S. 167-170.

5   A.a.O., Anm. 1, S. 147-150. Vgl. dazu auch Gunter Holzweißig: Die Presse als Herrschaftsinstrument der SED, in: Materialien der Enquete-Kommission "Aufarbeitung von Geschichte und Folgen der SED-Diktatur in Deutschland" (12. Wahlperiode des Deutschen Bundestages), hrsg. vom Deutschen Bundestag, Band 3, S. 1707-1710.

6   Gespräch des Verfassers mit Gerhard Thomas am 26. Juni 1996. Thomas ist auch der Autor eines instruktiven Artikels über "Evangelische Publizistik in der DDR", in: Studiengang Öffentlichkeitsarbeit. Studienheft 3: Medien. Hrsg. vom Gemeinschaftswerk der Evangelischen Publizistik e. V. Frankfurt/M. (1994) Blatt 3398-3410.

7   SAPMO-BArch, DY 30/IV 2/2.037/9.

8   Ralf Bachmann (1995), S. 256 ff.

9   SAPMO-BArch, DY 30/30145.

10   Ralf Bachmann (1995), S. 289.

11   Ebenda, S. 290.

12   Feierabendheim.

13   Kopie im Besitz des Verfassers.

14   Neues Deutschland, 10. Dezember 1986.

15   Neues Deutschland, 27. September 1979.

III. Flankenschutz durch das Ministerium für Staatssicherheit

1   Günter Schabowski: Das Politbüro. Ende eines Mythos. Eine Befragung. Hrsg. von Frank Sieren und Ludwig Koehne, Reinbek 1990, S. 43.

2   Gespräch mit dem Verfasser am 9. März 1993 in Rotenburg an der Fulda.

3   Peter Hoff: "Vertrauensmann des Volkes". Das Berufsbild des "sozialistischen Journalisten" und die "Kaderanforderungen" des Fernsehens der DDR - Anmerkungen zum politischen und professionellen Selbstverständnis von "Medienarbeitern" während der Honecker-Zeit. In: Rundfunk und Fernsehen, 38. Jg. (1990), Nr. 3, S. 395 f.

4   Frankfurter Rundschau, 24. Juli 1990.

5   rtv (Fernseh-Programmzeitschrift; Beilage von Tageszeitungen), Nr. 21/1992.

6   Mein Aufsatz "Das MfS und die Medien" (Deutschland Archiv, 25. Jg. [1992], Heft 1, S. 32-41) bedarf inzwischen einiger Korrekturen und Ergänzungen, die in diesem Kapitel vorgenommen werden.

7   Dienstanweisung Nr. 2/84 zur Führung und Organisierung der Öffentlichkeitsarbeit des Ministeriums für Staatssicherheit (MfS VVS 10/84), BStU, ZA, Dokumentenstelle 103011.

8   Nach Auskunft der ehemaligen Mitarbeiter der Zentralen Auswertungs- und Informationsgruppe (ZAIG) Rudolf Turber und Gerd Knauer.

9   Roland Wiedmann: Die Organisationsstruktur des Ministeriums für Staatssicherheit 1989. In: Anatomie der Staatssicherheit. Geschichte, Struktur und Methoden (MfS-Handbuch). Hrsg. vom BStU, Berlin 1995, S. 52.

10   Das Wörterbuch der Staatssicherheit. Definitionen zur "politisch-operativen Arbeit". Hrsg. von Siegfried Suckut, Berlin 1996, S. 261f.

11   Vgl. dazu Ansgar Diller: Massenkommunikationsmittel im Klassenkampf. Der Staatssicherheitsdienst der DDR und die Medien (Einführung und Abdruck des Mielke-Befehls Nr. 20/69 und seiner Dienstanweisung 3/69) in: Studienkreis Rundfunk und Geschichte Mitteilungen, 20. Jg. Nr.2/3 - April/Juli 1994, S. 107-120.

12   Monika Tantzscher: "Maßnahme Donau und Einsatz Genesung". Die Niederschlagung des Prager Frühlings 1968/69 im Spiegel der MfS-Akten. BStU, Abteilung Bildung und Forschung, Analysen und Berichte, Reihe B, Nr.1/94, S. 99-102.

13   BStU, ZA, JHS 20181.

14   Ebenda, S. 9.

15   BStU, ZA, ZAIG 4568.

16   Schreiben von Detlef-Diethard Pries an den Verfasser vom 14. Januar 1996.

17   SAPMO-BArch, DY 30/IV 2/2.037/15.

18   Vgl. dazu Gunter Holzweißig (1991), S. 195ff.

19   Aufzeichnung von Achim Baatzsch (Student an der Universität Leipzig) aus einem Gespräch mit Hans-Herbert Biermann am 3. Februar 1995.

20   BStU, ZA, ZAIG 2214.

21 SAPMO BArch, DY 30/IV 2/2.037/44.

22 Vgl. dazu das diesbezügliche faksimilierte Schreiben der "Leipziger Volkszeitung" in: STASI intern. Macht und Banalität. Hrsg. vom Bürgerkomitee Leipzig, Leipzig 1991, S. 61ff., sowie: Genossen! Glaubt's mir doch! Ich liebe Euch alle. Dokumentation des Archivs Staatssicherheit und der zeitweiligen Kommission "Amtsmißbrauch und Korruption" des Bezirkstages Suhl, Redaktionsschluß 1. März 1990, S. 101.

23 Berliner Morgenpost, 26. März 1992.

24 Vgl. dazu Ellen Bos: Leserbriefe in Tageszeitungen der DDR. Zur "Massenverbundenheit" der Presse 1949-1989, Opladen 1993 und die dazu erschienene Rezension von Verena Blaum in: Deutschland Archiv 27. Jg. (1994), Nr. 8, S. 871-873.

25 BStU, BV MfS Halle 2200/69 Bd. I, Bl. 204. Diesen Hinweis verdanke ich Bernd Eisenfeld, der einen ihn betreffenden Vorgang in seiner Akte fand.

26 Leserbrief von Roman Wronowsky. In: Berliner Zeitung, 14./16. September 1996, S. 28.

27 Das Referat Röhrers ist abgedruckt in: Theorie und Praxis des sozialistischen Journalismus. 15. Jg. (1987), Nr. 4, S. 212-217 (Zitat S. 215). Zur VK-Bewegung vgl. auch Gunter Holzweißig: Volkskorrespondenten wieder gefragt, in: Deutschland Archiv 8. Jg. (1975), Nr. 12, S. 1283-1290.

28 Vgl. dazu: Seid untertan der Obrigkeit. Originaldokumente der Stasi-Kirchenabteilung XX/4. Hrsg. von Tina Krone und Reinhard Schult, Berlin 1992.

29 Ebenda. Vgl. dazu auch: Jaqueline Boysen: IM Walter. In: Genosse Journalist. Eine Senderreihe im DeutschlandRadio Berlin. Hrsg. von Willi Steul, Mainz 1996, S. 76-79.

30 Zitiert nach Deutschland Archiv, 23. Jg. (1990), Nr. 12, S. 1943.

31 Faksimile in: Irena Kukutz/Katja Havemann: Geschützte Quelle. Gespräche mit Monika H. alias Karin Lenz, Berlin 1990, S. 164.

32 extra magazin , Nr. 12 vom 14. März 1991.

33 Frankfurter Allgemeine Zeitung, 1. August 1991.

34 Beispielhaft dafür ist der Fall des Hörfunkjournalisten Gerd Schulze, der 1978 vom MfS massiv unter Druck gesetzt wurde, sich vor seinem geplanten Auslandseinsatz zur Mitarbeit zu verpflichten. Nach seiner Weigerung wurde er von Kollegen denunziert und mußte im Inland bleiben. Vgl. dazu: Radio im Umbruch. Oktober 1989 bis Oktober 1990 im Rundfunk der DDR, Hrsg. Funkhaus Berlin. Lektorat Rundfunkgeschichte, Berlin 1990, S. 537.

35 Neue Zeit, 19. Januar 1990.

36 Heinz Boscheck: Ein böswilliges Spiel mit der Angst der Kinder. Ein Vater berichtet. In: Neue Zeit, 2. März 1990. Ein Faksimile dieses Artikels befindet sich auch in: Gunter Holzweißig (1991), S.54.

37 Kurt Olivier: ADN - "Spitze der Informationskette". Zur Medienpolitik der SED-Führung in: Deutschland Archiv 28. Jg. (1995), Nr. 3, S. 254.

38 Ebenda.

39 Schreiben des Hauptmanns H.U. an Hummitzsch vom 10. November 1989 in: STASI intern. Macht und Banalität. Hrsg. vom Bürgerkomitee Leipzig, Leipzig 2. Auflage 1991, S. 343f.

40 BStU, VVS o001-234/89/I JHS 20086.

41 Günter Förster: Die Dissertationen an der "Juristischen Hochschule" des MfS. Eine annotierte Bibliographie. BStU, Abteilung Bildung und Forschung, Dokumente, Reihe A, Nr. 2/1994, S. 104.

42 A.a.O. Anm. 39, S. 194.

43 Ebenda, S. 462, Anm. 201.

44 Ebenda, S. 415.

45 Ebenda, S. 408 f.

46 Gespräch des Verfassers mit Gerd Knauer am 16. Mai 1991.

47 Günter Herlt: Sendeschluß. Ein Insider des DDR-Fernsehens berichtet. Mit einem Vorwort von Klaus Feldmann, Berlin 1995, S. 24.

48 Aus einem unveröffentlichten Manuskript Gerd Knauers aus dem Jahre 1990 "Die letzte Nacht. Report vom Tod eines Nachrichtendienstes" (S. 61). Darin schildert er seine Eindrücke aus der Nacht vom 15. zum 16. Januar, in der er sich in der von Bürgerrechtlern gestürmten MfS-Zentrale in der Berliner Normannenstraße aufhielt. Knauers Manuskript enthält aber auch eine Retrospektive auf seine Tätigkeit in der Pressestelle und der 1985 aufgelösten Abteilung Agitation des MfS. Die Namen seiner damaligen Kollegen und Vorgesetzten hat er darin verfremdet.

49 In einem Brief an mich vom 3. Januar 1993. Ansonsten nimmt Turber eine etwas distanzierte Haltung gegenüber Knauer ein, weil jener sich "zu schnell jeweils gewünschten Meinungen" anschließe.
50 Siehe Anm. 48.
51 Vgl. dazu Gunter Holzweißig: Massenmedien unter Parteiaufsicht - Lenkungsmechanismen vor der Wende in der DDR. In: Rundfunk und Fernsehen, 38. Jg. (1990), Nr. 3, S. 368.
52 BStU, ZA, ZAIG 4558.
53 Siehe Anm. 48.
54 Günter Bohnsack/Herbert Brehmer (1992), S. 60.
55 Eulenspiegel, Nr. 18/1991, S. 21.
56 Nach Auskunft von Rudolf Turber vom 3. Januar 1993.
57 Siehe Anm. 48, S. 20.
58 Beispielsweise: "Mit Rambo für die Menschenrechte? Relikt des Kalten Krieges" (horizont, Nr. 8/1988); "Treffpunkt Cafeteria. Kriminelle und Neonazis im Dienste von 'Menschenrechtlern'" (horizont, Nr. 3/1989); "Firma unter falschen Namen: IGfM (horizont, Nr. 11/1989).
59 BStU, ZA, AOP 6072/91, Bd. 9, Blatt 38-39.
60 Siehe Anm. 48, S. 112.
61 Siehe Anm. 46.
62 BStU, ZA, Dokumentenstelle 103011.
63 SAPMO-BArch, DY 30/IV 2/2.033/109.
64 Der Vorgang befindet sich in der SAPMO-BArch, DY 30/IV 2/2.037/42 (Blatt 127-134). Dabei handelt es sich um ein Schreiben Wolfs an Mielke vom 20. September 1984 sowie um zwei Briefe Egels an Wolf vom 18. und 19. September 1984.
65 Gespräch mit dem Verfasser am 9. März 1993.
66 Ich liebe euch doch alle! Befehle und Lageberichte des MfS. Januar-November 1989. Hrsg. von Armin Mitter und Stefan Wolle, Berlin 1990, S. 150.
67 SAPMO-BArch, DY 30/IV 2/2.037/14.

IV. Die Journalisten: Täter, Mitläufer und Opfer zugleich

1 Wörterbuch der sozialistischen Journalistik. Hrsg. von der Karl-Marx-Universität Leipzig (Sektion Journalistik). 2., wesentlich veränderte Auflage, Leipzig 1981, S. 111.
2 SAPMO-BArch, DY 34/A 12215.
3 SAPMO-BArch, DY 30/IV 2/2.037/14.
4 Ebenda.
5 SAPMO-BArch, DY 30/IV 2/2.037/43.
6 Vgl. dazu Gunter Holzweißig: Volkskorrespondenten wieder gefragt. In: Deutschland Archiv, 8. Jg. (1975), Nr. 12, S. 1283-1290.
7 Auf einer Tagung des Bundespresseamtes, die vom 11. bis zum 12. Juni 1992 gemeinsam mit der Arbeitsgruppe Kommunikationsforschung München (AKM) durchgeführt wurde. In: Pressemarkt Ost. Nationale und internationale Perspektiven. Hrsg. von Walter A. Mahle. AKM-Studien, Band 38, München, 1992, S. 119-123.
8 Ebenda, S. 121f.
9 SAPMO-BArch, NY 182/921, Blatt 370.
10 Neue Deutsche Presse, Heft 4/1988, S. 10.
11 Schritte zur Erneuerung. Schriftlich eingereichte Diskussionsbeiträge. 10. Tagung des ZK der SED - 8. bis 10. November 1989, Berlin 1989, S. 116.
12 Interview mit Peter Wensierski in: Frankfurter Rundschau, 21. Dezember 1988.
13 Neue Deutsche Presse, Heft 1/1971, S. 2.
14 Vgl. dazu Otto Köhler unter Mitarbeit von Monika Köhler: Unheimliche Publizisten. Die verdrängte Vergangenheit der Medienmacher, München 1995 sowie Peter Köpf: Schreiben nach jeder Richtung. Goebbels-Propagandisten in der westdeutschen Nachkriegspresse, Berlin 1995. Während Köhler ausführlich recherchiert und analysiert, beschränkt sich Köpf weitgehend auf die Aufzählung NS-belasteter Journalisten, wobei er auch einige in den Medien der SBZ/DDR tätig gewesene namentlich aufführt.

15 Der 150. "Treffpunkt Berlin" antwortet dem "Untersuchungs-ausschuß freiheitlicher Juristen" (Stenographische Wiedergabe; ohne Herausgeber-, Erscheinungsort- und Jahresangabe), S. 8f.

16 Gerhard Dengler: Zwei Leben in einem, Berlin 1989 (insbesondere S. 26 und S. 36).

17 Ehemalige Nationalsozialisten in Pankows Diensten. Zusammengestellt und herausgegeben vom Untersuchungsausschuß freiheitlicher Juristen. Fünfte, ergänzte Ausgabe, Berlin 1965, S. 24.

18 A.a.O. Anm. 15, S. 10.

19 Hans Bentzien: Meine Sekretäre und ich, Berlin 1995, S. 55.

20 Brigitte Zimmermann und Hans-Dieter Schütt (1992) S. 197.

21 Der Spiegel, Nr. 49 vom 4. Dezember 1989.

22 SAPMO-BArch, NY 4070/5.

23 Zitiert nach Ansgar Diller: Der Rundfunk als Herrschaftsinstrument der SED, in: Materialien der Enquete-Kommission "Aufarbeitung von Geschichte und Folgen der SED-Diktatur in Deutschland" (12. Wahlperiode des Deutschen Bundestages), hrsg. vom Deutschen Bundestag. Baden-Baden und Frankfurt am Main 1995, Band II/2, S. 1228.

24 Ebenda.

25 Vgl. dazu Wolfgang Kießling: Partner im "Narrenparadies". Der Freundeskreis um Noel Field und Paul Merker, Berlin 1994.

26 Vgl. dazu Lothar Dralle: Von der Sowjetunion lernen ... Zur Geschichte der Gesellschaft für Deutsch-Sowjetische Freundschaft. In: Osteuropastudien der Hochschulen des Landes Hessen. Reihe I. Gießener Abhandlungen zur Agrar- und Wirtschaftsforschung des europäischen Ostens, Band 198, Berlin 1993, insbesondere S. 222 f. und S. 353 ff.

27 Vgl. dazu Silvia Müller: Der Rundfunk als Herrschaftsinstrument der SED, in: Materialien der Enquete-Kommission (a.a.O. Anm. 23), Band II/4, S. 2295.

28 Vgl. dazu diesbezügliche Schreiben im Nachlaß Endes: SAPMO-BArch NY 7040/1.

29 Vgl. dazu Wolfgang Kießling, a.a.O., Anm. 25, S. 263 ff.

30 Faksimile in: Bibliographische Beschreibung des Sonderbestandes 'Die Bücher aus dem Nachlaß Otto Grotewohl' in der Bibliothek der Stiftung Archiv der Parteien und Massenorganisationen der DDR im Bundesarchiv. Bearbeitet von Marina Meskath, Berlin 1994, Abb. 7. Klärungsbedürftig ist dabei die Frage, wie das für Lex Ende bestimmte Exemplar in den Nachlaß Grotewohls gelangte. Möglicherweise hat es Lex Ende gar nicht erhalten.

31 Rudolf Herrnstadt: Das Herrnstadt-Dokument. Das Politbüro der SED und die Geschichte des 17. Juni 1953. Hrsg., eingeleitet und bearbeitet von Nadja Stulz-Herrnstadt, Reinbek 1990.

32 Vgl. dazu Gerhard Dengler a.a. O. Anm. 16, S. 300 ff und Rudolf Herrnstadt a. a. O. Anm. 31, S. 144 ff. sowie die dort von Nadja Stulz-Herrnstadt verfaßte Anmerkung 80 auf S. 145 ff.

33 Ein Faksimile der Todesanzeige befindet sich in: Helmut Müller-Enbergs: Der Fall Rudolf Herrnstadt. Tauwetterpolitik vor dem 17. Juni. Berlin 1991, S. 343.

34 SAPMO-BArch, DY 30/IV 2/2.037/44, Blatt 98-120. Das Schreiben datiert vom 24. April 1988 und ist von Honecker am 26. April abgezeichnet und an Joachim Herrmann zur weiteren Veranlassung gegeben worden.

35 Ebenda, Blatt 104.

36 Klaus Polkehn: Nur ein Komma fehlte. In: Neue Deutsche Presse, Nr. 4/1990, S. 10f.

37 Aus einem von Erxleben unterzeichneten Kollegiums-Beschluß vom 9. März 1953. In: SAPMO BArch, DY 34/A 3711.

38 Nach einer internen Übersicht vom 10. März 1996. Ebenda.

39 Protokoll der Sekretariatssitzung des FDGB-Bundesvorstandes vom 17. März 1953. In: SAPMO-BArch, DY 34/A 4197.

40 Ebenda.

41 Siehe Anm. 36.

42 Günter Schabowski (1991), S. 86.

43 Vgl. dazu Günter Simon: TischZeiten. Aus den Notizen eines Chefredakteurs, Berlin 1990, S. 72. In einem Schreiben an die stellvertretende FDGB-Vorsitzende Johanna Töpfer vom 3. Juni 1985 (SAPMO-BArch, DY 34/A 13447) setzte sich Simon für eine gewerkschaftliche Auszeichnung und redaktionelle Würdigung Polkehns ein, da dieser bereits im Oktober 1945 bei der Gründung der "Freien Gewerkschaft", der Vorgängerin der "Tribüne", aktiv beteiligt war.

44 Günter Schabowski (1991), S. 90.

45 Vgl. dazu E. M. Herrmann (Pseudonym von Elisabeth Löckenhoff): Zur Theorie und Praxis der Presse in der Sowjetischen Besatzungszone Deutschlands, Berlin 1963.

46 Horst Sindermann: Objektivität und Aktualität der sozialistischen Presse. In: Einheit, 12. Jg. (1957), S. 95.
47 Ebenda, S. 97.
48 Auszüge aus diesem Brief vom 27. Oktober 1956, der nie beantwortet wurde, sowie ein Interview mit Rudi Wetzel in: Neue Deutsche Presse, Nr. 2/1990, S. 16f.. Vgl. dazu auch Karl-Heinz Baum: Kopf hoch und nicht die Hände, ist sein Motto, Frankfurter Rundschau, 10. Januar 1989 sowie Klaus Polkehn: Gegen den Strom - Rudi Wetzel. Nachruf auf den ersten Chefredakteur der "Wochenpost", Wochenpost, Nr. 40 vom 24. September 1992.
49 Vgl. dazu Klaus Polkehn, a.a.O. Anm. 46.
50 Hans Bentzien a.a.O., Anm. 19.
51 Schreiben vom 21. September 1978 in: SAPMO-BArch, DY 30/IV 2/2. 037/40, Blatt 137-142.
52 Schreiben vom 22. Dezember 1978: Ebenda, Blatt 207.
53 Günter Simon a.a.O. Anm. 43, S. 14f.
54 SAPMO-BArch, DY 30/IV 2/2. 037/15.
55 SAPMO-BArch, DY 34/A 12215.
56 In einem Telefonat mit dem Verfasser am 25. Mai 1993.
57 SAPMO-BArch, DY 30/J IV 2/2/2317.
58 Gespräch des Verfassers mit Egon Krenz am 8. November 1993.
59 Gespräch des Verfassers mit Hans-Dieter Schütt am 9. Dezember 1993.
60 Die Darstellung der aus den eingesehenen Akten nicht zu erschließenden Hintergründe stützt sich auf telefonisch erhaltenene Auskünfte von Ilsa und Detlef-Diethard Pries vom 8. und 9. Januar 1996. Ergänzende Hinweise gab mir Detlef-Diethard Pries in einem Brief vom 14. Januar 1996.
61 SAPMO-BArch, DY 30/IV 2/2.037/50.
62 Schreiben an den Verfasser vom 14. Januar 1996.
63 Gespräch mit dem Verfasser am 9. März 1993.
64 Ralf Bachmann (1995), S. 106.
65 Ebenda, S. 115.
66 In einem Brief an den Verfasser vom 28. Juli 1992.
67 Ebenda.
68 Telefonische Auskunft von Franz Knipping am 6. Dezember 1996.
69 Vgl. dazu Franz Knipping: Das Ende der "Republik". In: Neues Deutschland, 30. November./1. Dezember 1996, S. 11.
70 Neue Deutsche Presse (Untertitel: "Inoffizielles Mitteilungsblatt für Mitglieder des Presseverbandes") Nr. 17, Mai 1958.
71 SAPMO-BArch, DY 30/IV 2/9.02/22, Blatt 230-242. Der Vorname von Stolpe konnte aus den Akten bisher nicht ermittelt werden.
72 In einem Telefonat vom 30. Oktober 1995 mit dem Verfasser konnte sich Rudolf Reinhardt nicht mehr an den Brief erinnern und wollte ihn zunächst auch nicht zugesandt bekommen, weil es "alte Kamellen" wären. Nach Erhalt des Briefes verbat sich Reinhardt in einem Schreiben an den Verfasser vom 28. November 1995 dessen Interpretation ohne seine Einwilligung.
73 In einem Gespräch mit Achim Baatzsch, Journalist und Student am Institut für Kommunikations- und Medienwissenschaft der Universität Leipzig, am 3. Februar 1995.
74 Aufgefunden im Berliner Pressearchiv des ehemaligen Gesamtdeutschen Instituts.
75 Im Gespräch mit dem Verfasser am 9. März 1993.
76 Protokoll der 25. Sitzung der Enquete-Kommission am 26. Januar 1993. In: Materialien der Enquete-Kommission "Aufarbeitung von Geschichte und Folgen der SED-Diktatur in Deutschland" (12. Wahlperiode des Deutschen Bundestages), hrsg. vom Deutschen Bundestag, Baden-Baden 1995, Band I, S. 519.
77 Günter Schabowski (1991), S. 93.
78 Hans-Dieter Schütt: Treu bis zur Geschichtslosigkeit. In: Hans Modrow (Hrsg.): Unser Zeichen war die Sonne. Gelebtes und Erlebtes, Berlin 1996, S. 257.
79 Ebenda, S. 254.
80 Ebenda, S. 256.
81 Ebenda, S. 257.
82 Günter Herlt: Sendeschluß. Ein Insider des Fernsehens berichtet. Mit einem Vorwort von Klaus Feldmann, Berlin 1995, sowie Ralf Bachmann (1995).
83 Hallesches Tageblatt, 18. Dezember 1995.

84 So Schnitzler bei der Vorstellung seines Buches "Provokation" am 10. April 1994 in Berlin-Marzahn.
85 Karl-Eduard von Schnitzler: Der rote Kanal. Armes Deutschland, Hamburg 1992, S. 219.
86 Ebenda, S. 61.
87 Ebenda, S. 195.
88 Ebenda, S. 59.
89 Ebenda, S. 60.

V. West-Medien: Klassenfeinde und "Entspannungsfreunde"

1 Ulrich Bürger (1990), S. 228.
2 Peter Schulze: Dialog im Klartext. In: Freie Presse, 13. Oktober 1989.
3 Anita Weiß: Einflüsse der Westsender auf Denk-und Verhaltensweisen Jugendlicher (Manuskriptdruck, Leipzig August 1978, S. 14) mit der Stellungnahme von Bernd Heider vom 19. September 1978, S. 1. Fundort: Bibliothek SAPMO-BArch, FDJ/5852.
4 Walter Friedrich: Mentalitätswandlungen der Jugend in der DDR. In: Aus Politik und Zeitgeschichte B 16-17/1990, S. 32.
5 SAPMO-BArch, DY 30/IV 2/2.040/4.
6 SAPMO-BArch, DY 30/IV 2/2.039/17.
7 Heinz Niemann: Meinungsforschung in der DDR. Die geheimen Berichte des Instituts für Meinungsforschung an das Politbüro der SED, Köln 1993, S. 31.
8 SAPMO-BArch, DY 30/IV A 2/902/68.
9 Materialien der Enquete-Kommission "Aufarbeitung von Geschichte und Folgen der SED-Diktatur in Deutschland" (12. Wahlperiode des Deutschen Bundestages), hrsg. vom Deutschen Bundestag, Bd. V/1, S. 637f.
10 DIE ZEIT, Nr. 41 vom 8. Oktober 1993.
11 A.a.O. Anm. 9, S. 655.
12 Kurt R. Hesse: Westmedien in der DDR. Nutzung, Image und Auswirkungen bundesrepublikanischen Hörfunks und Fernsehens, Köln 1988, S. 41 ff.
13 SAPMO-BArch, DY 30/IV 2/2.037/14.
14 SAPMO-BArch, DY 30/IV 2/2.039/276.
15 SAPMO-BArch, DY 30/J IV 2/2/2317.
16 Rainer Eppelmann: Fremd im eigenen Haus. Mein Leben im anderen Deutschland, Köln 1993, S. 168f.
17 Ulrich Bürger (1990), S. 224 f.
18 SAPMO-BArch, NY 70/5.
19 SAPMO-BArch, DY 30/IV 2/902/64.
20 SAPMO-BArch, DY 34/A 201, 12215.
21 Gunter Holzweißig (1991), S. 317.
22 Sonntag, Nr. 42/1979.
23 SAPMO-BArch, DY 30/J IV A 2/902/66.
24 Thomas Falkner: Bürgerlicher Journalismus in konterrevolutionären Kampagnen. In: Theorie und Praxis des sozialistischen Journalismus, Heft 4/1983, S. 208.
25 Wissenschaftliches Kolloqium zu neuen Aspekten der ideologischen Diversion von BRD-Funkmedien gegen den realen Sozialismus. In: Theorie und Praxis des sozialistischen Journalismus, Heft 2/1984, S. 125.
26 Renate Schubert: Ohne größeren Schaden? Gespräche mit Journalistinnen und Journalisten der DDR, München 1992, S. 26.
27 Ideologische Diversion gegen die DDR. Hrsg. von der Presseabteilung des MfS. Informationsmaterial für die Öffentlichkeitsarbeit Nr. 4/1987, S. 40.
28 SAPMO-BArch, DY 30/IV 2/2.040/8.
29 Günter Bohnsack/Herbert Brehmer: Auftrag: Irreführung. Wie die Stasi im Westen Politik machte. Hrsg. von Christian von Ditfurth, Hamburg 1992, S.192 ff.
30 Der Spiegel, Nr. 38 vom 19. September 1994.
31 Aufzeichnungen von den ehemaligen Mitarbeitern der Abteilung Journalistische Beziehungen im MfAA Rolf Muth und Werner Claus über ihre Tätigkeit; in Kopie im Besitz des Verfassers.

32 BStU, ZA, HA II/13 1249.
33 Bericht der Enquete-Kommission "Aufarbeitung von Geschichte und Folgen der SED-Diktatur in Deutschland". Deutscher Bundestag, 12. Wahlperiode, Drucksache 12/7820 vom 31. Mai 1994, S. 240.
34 BStU, ZA, SdM 2240.
35 SAPMO-BArch, DY 30/IV 2/2.037/58. Joachim Herrmann verfügte auf dem Vermerk Rücksprache "bei nächster Gelegenheit" mit dem Leiter der Hauptabteilung Presse im MfAA, Wolfgang Meyer.
36 So der am "Spiegel-Manifest" mitbeteiligte Heinz Niemann. In: Neues Deutschland vom 27. Juli 1994.
37 Dominik Geppert (1996).
38 A.a.O. Anm. 29, S. 183.
39 BStU, ZA, Z 2853.
40 SAPMO-BArch, DY 30/IV 2/2.037/2.
41 Karl-Heinz Baum: Einmischung als Beruf. Arbeitsbedingungen und DDR-Bild der bundesdeutschen Korrespondenten. In: Unsere Medien - Unsere Republik 2, hrsg. vom Adolf-Grimme-Institut, Heft 5 (Mai 1993), S. 36.
42 Christoph Dieckmann: Missionar der Stasi. In: DIE ZEIT, Nr. 44 vom 25. Oktober 1991.
43 Fundort siehe Anm. 32.
44 Thomas Grimm: Was von den Träumen blieb. Eine Bilanz der sozialistischen Utopie. Vorwort von Heiner Müller, Berlin 1993, S. 40.
45 Frankfurter Allgemeine Zeitung, 29. Mai 1976.
46 Frankfurter Allgemeine Zeitung, 30. Mai 1994.
47 A.a.O., Anm. 9, S. 666.
48 DIE ZEIT, Nr.34 vom 20. August 1982.
49 Süddeutsche Zeitung, 2. Juli 1982. Dort schrieb Pleitgen: "Held mußte man als Korrespondent in der DDR ganz gewiß nicht sein. Die DDR hat ihre Rechtsvorschriften eingebracht nicht als Jux und Dollerei, auch nicht, um uns zu schikanieren. Es war aus meiner Sicht eine Abwehrmaßnahme, eine Notwehr, die ich nicht billigen kann, aber irgendwo verstehen kann. Man hat uns immer wieder dann Entgegenkommen gezeigt, wenn man derartige Dinge nicht aufs Spiel gesetzt sah."
50 Diese Auskunft erhielt ich von Hans-Dieter Schütt am 9. Dezember 1993.
51 SAPMO-BArch, DY 30/IV 2/2.039/276.
52 Neues Deutschland, 7. März 1995.
53 A.a.O. Anm. 9 , S. 632.
54 DIE ZEIT, Nr. 8 vom 14. Februar 1992.
55 journalist, Nr.8/1990.
56 Mit uns zieht die neue Zeit...40 Jahre DDR-Medien. Eine Ausstellung des Deutschen Rundfunk-Museums 25. August 1993 bis 31.Januar 1994. Hrsg. von Heide Riedel, Berlin o. J, S.183.
57 A.a.O. Anm. 9, S. 646.
58 Das von Honecker am 5. September 1983 abgezeichnete Schreiben trägt die Signatur: SAPMO-BArch, DY 30/IV 2/2.037/56.
59 SAPMO-BArch, DY 30/IV 2/2.037/56, Bl. 6.
60 Ebenda, Bl. 116.
61 Ebenda, Bl. 89.
62 Ebenda, Bl. 107.
63 Stern, 3. September 1987.
64 SAPMO-BArch, DY 30/IV 2/2.037/58, Bl. 7.
65 Karl-Heinz Janßen: Die Zeit in der ZEIT. 50 Jahre einer Wochenzeitung, Berlin 1995, S. 310.
66 Siehe Anm. 64, Bl. 6.
67 Siehe Anm. 64, Bl. 37.
68 Siehe Anm. 64, Bl. 55-59.
69 Siehe Anm. 64, Bl. 65.
70 DIE ZEIT, Nr. 33 vom 8. August 1986.
71 Schreiben an den Verfasser vom 26. Juni 1995.
72 DIE ZEIT, Nr. 5 vom 6. Februar 1976.
73 Berliner Zeitung, 17. Mai 1995.

74 Manfred Krug: Abgehauen. Ein Mitschnitt und ein Tagebuch, Düsseldorf 1996, S. 24.
75 Frankfurter Rundschau, 31. Mai 1990.
76 Süddeutsche Zeitung, 14. Oktober 1996.
77 SAPMO-BArch, DY 30/IV 2/2.037/51.
78 Michael Schmitz: Wendestress. Die psychosozialen Kosten der deutschen Einheit, Berlin 1995, S. 109.
79 Mit Hans Otto Bräutigam habe ich am 28. März 1995 darüber ein ausführliches Telefonat geführt, während ich Eberhard Grashoff am folgenden Tage zu einem persönlichen Gespräch aufgesucht habe.
80 SAPMO-BArch, DY 30/J IV 2/3/1445.
81 Karl-Heinz Baum: Das "Sündenregister" des Abgeordneten Marx. in: Frankfurter Rundschau vom 19. Mai 1979.
82 Siehe a.a.O., Anm. 29, S. 194.
83 SAPMO-BArch, DY 30/IV 2/2.037/17.
84 SAPMO-BArch, DY 30/IV 2/2.037/58.
85 SAPMO-BArch, DY 30/IV 2/2.037/51.
86 SAPMO-BArch, DY 30/IV 2/2.037/51.
87 SAPMO-BArch, DY 30/IV 2/2.037/58.
88 SAPMO-BArch, DY 30/IV 2/2.037/56.
89 Ebenda, Bl. 83.
90 Rainer Eppelmann: Fremd im eigenen Haus. Mein Leben im anderen Deutschland, Köln 1993, S. 250.
91 Der Tagesspiegel, 25. Februar 1993.

Weiterführende Literaturhinweise

Ralf Bachmann: Ich bin der Herr. Und wer bist du? Ein deutsches Journalistenleben, Berlin 1995.

Ulrich Bürger (Pseudonym): Das sagen wir natürlich so nicht! Donnerstags-Argus bei Herrn Geggel, Berlin 1990.

Karl Wilhelm Fricke: Akteneinsicht. Rekonstruktion einer politischen Verfol-gung. Mit einem Vorwort von Joachim Gauck, Berlin 1995.

Dominik Geppert: Das "Manifest der Opposition" und die Schließung des Ost-Berliner "Spiegel"-Büros im Januar 1978, Berlin 1996.

Rolf Geserick: 40 Jahre Presse, Rundfunk und Kommunikationspolitik in der DDR, München 1989.

Rolf Geserick/Arnulf Kutsch (Hrsg.): Publizistik und Journalismus in der DDR. Acht Beiträge zum Gedenken an Elisabeth Löckenhoff, München u.a. 1988.

Jens Hacker: Deutsche Irrtümer. Schönfärber und Helfershelfer der SED-Diktatur im Westen. Um ein Nachwort erweiterte, durchgesehene Taschenbuchausgabe (auf der Grundlage der dritten Auflage), Frankfurt am Main, Berlin 1994.

Gunter Holzweißig: Massenmedien in der DDR. Zweite, völlig überarbeitete Auflage, Berlin 1989.

Ders.: DDR-Presse unter Parteikontrolle. Kommentierte Dokumentation. Ana-lysen und Berichte des Gesamtdeutschen Instituts Nr. 3, Bonn 1991 (nicht im Buchhandel).

Eberhard Kuhrt (Hrsg.) in Verbindung mit **Hannsjörg F. Buck** und **Gunter Holzweißig** im Auftrag des Bundesministeriums des Innern: Am Ende des realen Sozialismus. Beiträge zu einer Bestandsaufnahme der DDR-Wirklichkeit in den 80er Jahren. Band 1: Die SED-Herrschaft und ihr Zusammenbruch. Band 2: Die wirtschaftliche und ökologische Situation in den achtziger Jahren, Opladen 1996.

Siegfried Mampel: Das Ministerium für Staatssicherheit der ehemaligen DDR als Ideologiepolizei. Zur Bedeutung einer Heilslehre als Mittel zum Griff auf das Bewußtsein für das Totalitarismusmodell, Berlin 1996.

Michael Minholz/Uwe Stirnberg: Der Allgemeine Deutsche Nachrichten-dienst (ADN). Gute Nachrichten für die SED, München u. a. 1995.

Heinz Pürer/Johannes Raabe: Medien in Deutschland. Band 1: Presse, Mün-chen 1994.

Günter Schabowski: Der Absturz, Berlin 1991.

Otto Wenzel: Kriegsbereit. Der Nationale Verteidigungsrat der DDR, 1990 bis 1989, Köln 1995.

Jürgen Wilke: Medien DDR. In: Fischer Lexikon Publizistik - Massenkom-munikation, Hrsg. von Elisabeth Noelle-Neumann, Winfried Schulz und Jürgen Wilke, Frankfurt am Main 1994.

Brigitte Zimmermann/Hans-Dieter Schütt (Hrsg.): ohnMacht. DDR-Funk-tionäre sagen aus, Berlin 1992.

Namenregister